Dr. Micha

EXPERI
PSIHOLOGICE

Redactare: *Ciprian Voicilă*
Tehnoredactare: *Mariana Radu*
Corectură: *Adrian Daniel Olaru*
Copertă: *Luca Emil Cornel*

Titlul original: ***PSYCH EXPERIMENTS***

Contact:
Tel./Fax: 021.222.83.80
E-mail: editura@meteorpress.ro

Distribuție la:
Tel./Fax: 021.222.83.80
E-mail: carte@meteorpress.ro
www.meteorpress.ro

ISBN 978-973-728-731-1

Descrierea CIP este disponibilă la Biblioteca Națională a României

Dr. Michael A. Britt

EXPERIMENTE PSIHOLOGICE

Traducere din limba engleză
de *Eugen Damian*

METEOR PRESS

CUPRINS

INTRODUCERE

Mă credeţi sau nu, dar să ştiţi că, în viaţa de zi cu zi, faceţi destul de des experimente. Poate că nu le ziceţi aşa, dar, ori de câte ori încercaţi să aflaţi *de ce* s-a întâmplat un anumit lucru, efectuaţi un experiment. De pildă, imaginaţi-vă că vi se face rău. Vă hotărâţi să depistaţi alimentul pe care l-aţi mâncat cu o zi în urmă şi v-a provocat această stare. Căutaţi ceva care să iasă în evidenţă – ceva neobişnuit, care nu face parte din alimentaţia zilnică. Bănuiţi că aţi identificat vinovatul (cel puţin aveţi o ipoteză), aşa că în această zi decideţi să păstraţi aceeaşi dietă, cu excepţia alimentului respectiv. Sunteţi pe cale să eliminaţi posibilităţile. Felicitări, sunteţi un om de ştiinţă!

Singura deosebire dintre dumneavoastră şi un „om de ştiinţă" clasic constă în faptul că ceea ce faceţi în fiecare zi este oarecum „dezordonat" din punct de vedere ştiinţific. Nu dispuneţi de grupuri de control şi de observatori imparţiali, nu definiţi sau nu comensuraţi clar variabilele şi nu întocmiţi statistici, însă toate aceste metode folosite de oamenii de ştiinţă nu au decât un singur scop: să ne facă nişte observatori mai atenţi, astfel încât să răspundem cu mai multă încredere la întrebarea „De ce".

Poate că nu veţi face toate exerciţiile descrise în cartea de faţă. E în ordine, deoarece veţi învăţa totuşi o mulţime de lucruri despre comportamentul uman. Dar dacă vă hotărâţi să le parcurgeţi pe toate, atunci cred că vă veţi distra de minune şi veţi şi afla foarte multe despre acest subiect. Veţi găsi în lucrarea de faţă aproape toate numele mari din istoria experimentelor psihologice: Pavlov, Skinner, Rorschach, Festinger, Piaget, Kohlberg şi Asch, alături de alţi reprezentanţi mai recenţi ai acestei ştiinţe, cum ar fi Seligman, Loftus, Cialdini şi Zimbardo. Veţi face cunoştinţă cu unele dintre cele mai recente cercetări întreprinse în vremurile noastre de psihologi precum Barrett, Eastwick, Diehl, Wiseman şi Ariely.

Cercetarea psihologică încă se practică şi nu se face în „turnuri de fildeş", ci pe site-uri (a se vedea „efectul curiozităţii"), în restaurante (a se vedea articolul despre modalitatea de creştere a bacşişurilor), la tribunal (a se vedea articolele despre amintirile false şi noile testări cu detectorul de minciuni), în reclame (veţi fi surprinşi să aflaţi cât de tare vă influenţează culoarea roşie) şi chiar pe smartphone (de ce sunteţi dependenţi de el şi dacă fotografiile pe care le faceţi vă diminuează experienţa de viaţă).

E surprinzător să vedeţi cu ce se ocupă în prezent psihologii. Dar, aşa cum am spus, chiar dacă nu puneţi în practică niciun experiment sau demonstraţie dintre cele descrise în cartea de faţă, cred că veţi descoperi că, de fapt, experimentarea este totuşi fascinantă. Atunci când realizaţi un experiment, sunteţi un fel de Sherlock Holmes. Examinaţi toate dovezile, căutând indicii (în acest caz, indicii despre „de ce"-ul comportamentului uman), apoi faceţi o încercare ca să vedeţi ce se întâmplă. La urma urmei, oare nu asta fac oamenii de ştiinţă şi curioşii? Încearcă diverse lucruri pentru a vedea ce se întâmplă.

Prin urmare, încercaţi câteva dintre propunerile din cartea de faţă şi vedeţi ce se întâmplă...

O INTRODUCERE ÎN EXPERIMENTUL PSIHOLOGIC

Câini care salivează, pisici confuze, porumbei superstiţioşi, gorile perspicace, copii agresivi, adulţi fricoşi – lista studiilor psihologice e lungă. Uneori, e dificil să urmăreşti cercetarea fiinţelor umane, care poate fi nonconformistă, neobişnuită, răsunătoare, stânjenitoare chiar. Am învăţat multe şi am parcurs un drum lung de când Wilhelm Wundt (cel care a „fondat" în 1879 psihologia) îi punea pe participanţi să asculte bătăile regulate ale unui metronom şi să-şi analizeze experienţa. La ora actuală avem teste sofisticate de personalitate şi tehnica RMN (rezonanţă magnetică) pentru a privi în „interiorul cutiei negre" a creierului în timp ce gândeşte. Dar pentru că anumite cercetări sunt „vechi" – cum sunt experienţele lui Skinner cu porumbei –, asta nu înseamnă şi că sunt „demodate" sau greşite. În schimb, sunt foarte utile. Dacă utilizăm rezonanţa magnetică asupra creierului, asta nu înseamnă că şi înţelegem ceea ce vedem. Ne întoarcem în timp la munca lui Sigmund Freud şi ne gândim cât de absurdă a fost o parte din ea. Dar, peste o sută de ani, ne vom uita în urmă la ceea ce facem astăzi şi vom avea aceeaşi părere.

DE CE SUNT IMPORTANTE EXPERIMENTELE PSIHOLOGICE

În cartea de faţă ne vom referi la o parte dintre cele mai faimoase şi mai puţin cunoscute studii din istoria psihologiei. Cred că vi se va părea amuzant, chiar dacă nu aţi pus în practică niciunul dintre studiile descrise. Iată câteva exemple de studii ciudate, impresionante şi importante (vom recrea o parte dintre ele în cele ce urmează).

EXPERIMENTE CIUDATE

Ce-ar fi dacă v-aţi prezenta ca să daţi o mână de ajutor unui experimentator, iar acesta v-ar cere să staţi în cabina unei toalete şi să filmaţi bărbaţii care urinează în pisoar? Da, un astfel de studiu a fost realizat în anii '70 de R. Dennis Middlemist şi colegii lui. Sună ciudat, dar au vrut să vadă efectul pe care-l are asupra noastră prezenţa în apropiere a unei persoane care ne urmăreşte... urinând. Nu e deloc surprinzător faptul că „începerea micţiunii" e întârziată de prezenţa cuiva în apropiere. Probabil că numiţi o astfel de situaţie „invadarea spaţiului personal". Acest studiu, deşi puţin cam ciudat, a fost de mare ajutor pentru cei care suferă de sindromul vezicii timide.

EXPERIMENTE SURPRINZĂTOARE

Mulţi oameni se tem de sfârşitul lumii. Uneori chiar au şi o dată precisă (amintiţi-vă de 12 decembrie 2012, când se presupunea că lumea se va sfârşi). Ce se întâmplă în mintea oamenilor atunci când cred cu tărie în aşa ceva, iar lumea nu se sfârşeşte la termenul respectiv? Cum fac faţă acestei situaţii? Leon Festinger şi colegii lui au decis să se alăture unei secte a „sfârşitului lumii" şi să afle ce se petrece în ultima zi. Acest studiu ne-a învăţat foarte multe despre ideea de *disonanţă cognitivă.* Aşa cum veţi vedea mai târziu, disonanţa cognitivă este prezentă zilnic în viaţa dumneavoastră.

EXPERIMENTE RĂSUNĂTOARE

Nu mulţi psihosociologi care au efectuat studii pot pretinde că au fost inspiraţi de o relatare din Biblie, însă chiar aceasta este originea studiului realizat de John M. Darley şi C. Daniel Batson. Ei au recurs la parabola bunului samaritean şi au transformat-o într-un studiu psihologic. Parabola vorbeşte despre mai mulţi oameni care treceau pe lângă un bărbat ce avea, evident, nevoie de ajutor. Mulţi nu l-au ajutat. Unul a făcut-o. Prin urmare, Darley a organizat un studiu în cadrul căruia participanţilor (studenţi la seminar) li s-a cerut să spună câteva cuvinte despre parabolă. Dar, ce să vezi? Participanţii trebuiau să se ducă să vorbească într-o clădire din partea opusă a campusului. Pe drum, Darley şi Batson au pus pe cineva să stea pe jos şi să pretindă că avea nevoie de ajutor. Am învăţat o mulţime de lucruri despre situaţiile în care ajutorul vine sau nu şi ce trebuie să facem pentru a-l primi când avem nevoie de el.

EXPERIMENTE INFLUENTE

Mulți dintre noi credem că amintirile noastre sunt exacte. Suntem de părere că avem „amintiri bliț", iar pentru că „am văzut totul cu propriii noștri ochi!", în mod sigur s-a întâmplat așa cum ne aducem noi aminte. Psihologul Elizabeth Loftus ne-a demonstrat cât de inexacte și de ușor de influențat sunt amintirile noastre. Ea le-a prezentat participanților înregistrări cu accidente de mașini, apoi i-a întrebat ce anume au văzut. O simplă modificare a formulării a fost de-ajuns pentru a-i face să creadă că au văzut lucruri care nu erau acolo sau nu s-au întâmplat. Această cercetare este astăzi extrem de importantă (poate nu chiar într-atât cât își doresc psihologii să fie) la tribunal, când jurații examinează dovezile și iau decizii.

REPRODUCERI CONCEPTUALE

Nu vom realiza o replică a cercetării lui Stanley Milgram, în care participanții erau convinși că aplicau unei persoane un șoc electric letal. Nici nu-i vom închide în false celule de închisoare, încredințându-le rolurile de „prizonier" sau „gardian" (Philip Zimbardo). Nu le vom aplica unor câini mici șocuri electrice (Martin Seligman), nu ne vom interna singuri în instituții psihiatrice (David Rosenhan), nu vom vârî șoareci într-un labirint și nici nu vom modela comportamentul porumbeilor (Skinner). Cu toate acestea, mai putem învăța câte ceva despre puterea supunerii, roluri sociale, etichetare, modelare și neajutorare realizând „replici conceptuale". Adică putem examina aceste idei importante făcând studii de mici dimensiuni, care sunt diferite de cele inițiale, dar reușesc să demonstreze existența fenomenului.

De pildă, vom analiza aceste concepte, dar o vom face într-o manieră originală:

- **Disonanța cognitivă**: în loc să urmărim membrii unei secte, vom observa modul în care apare disonanța cognitivă când facem cumpărături pe internet.
- **Rolurile sociale**: în loc să creăm o închisoare falsă, așa cum a procedat Zimbardo, vom observa cum ne afectează rolurile sociale când lucrăm ca grup în cadrul unei discuții în clasă.

- **Neajutorarea învăţată**: în loc să aplicăm unor câini şocuri electrice, aşa cum a făcut Seligman, vom examina efectele neajutorării cerându-le participanţilor să dezlege anagrame – unele dintre acestea fiind chiar greu de rezolvat.
- **Petele de cerneală ale lui Rorschach**: în loc să le prezentăm oamenilor pete de cerneală pentru a vedea dacă interpretările lor indică schizofrenie, vom examina dificultatea de a aprecia aceste pete de cerneală arătându-le participanţilor şi atribuind răspunsurilor denumiri neobişnuite.
- **Detectarea minciunilor**: probabil că nu aveţi la îndemână un detector de minciuni, totuşi putem cerceta modul în care minciunile pot fi detectate folosind o abordare amuzantă de tipul „poveştilor".
- **Modificarea comportamentului**: presupun, de asemenea, că nu aveţi la îndemână o „cutie Skinner" sau un stol de porumbei. Totuşi, puteţi experimenta ideea de modificare a comportamentului utilizând claviatura pianului (veţi afla cum anume).

RESPECTAŢI PARTICIPANŢII

Deşi reproducerile descrise aici ar trebui să fie amuzante, una dintre preocupările fanatice ale psihologilor este legată de grija şi respectul faţă de cei care acceptă să participe la studii. De exemplu, toate colegiile şi universităţile au o comisie internă de revizuire – câţiva oameni care citesc propunerile referitoare la cercetările dorite de psihologi. Comisia verifică dacă studiile conţin următoarele elemente-cheie:

- **Consimţământul în cunoştinţă de cauză**: fiecare participant trebuie să primească suficiente informaţii despre studiu, pentru a decide dacă doreşte sau nu să colaboreze.
- **Libertatea de retragere**: nimeni nu e forţat, păcălit sau constrâns să participe la un studiu psihologic. Deşi multe colegii şi universităţi solicită ca la cercetare să participe 101 studenţi de la Psihologie, cei sub 18 ani sau care, pur şi simplu, nu doresc să participe au posibilitatea să aleagă o temă alternativă (cum ar fi scrierea unei lucrări scurte despre un subiect care-i interesează).

- **Raportul şi urmarea**: după încheierea studiului, toţi participanţii au dreptul să cunoască exact subiectul studiului, cum să găsească rezultatele dacă sunt interesaţi de ele şi pe cine să contacteze dacă au întrebări sau nelămuriri referitoare la participarea lor la studiu. Pentru a găsi răspunsurile pe care le caută, unele studii presupun o anumită doză de amăgire sau omit informaţii importante, pentru ca participanţii să se comporte cât mai natural cu putinţă. Totuşi, odată cu încheierea studiului, participanţilor li se explică totul.

ESTE ETIC?

Ca investigatori ai comportamentului uman, cercetătorii trebuie să pună în balanţă posibilitatea de a învăţa ceva important şi eventualul risc la care ar putea fi expuşi participanţii. Aceasta este dilema morală pe care comisiile de revizuire trebuie s-o evalueze atunci când citesc o propunere.

RISCURI

Care sunt potenţialele riscuri pentru participanţi? În afară de riscurile referitoare la rănirea fizică, este, oare, posibil ca participanţii să sufere de pe urma unui stres excesiv? Este posibil ca la finalul studiului să aibă o stare negativă? Să fie anxioşi sau trişti? În mod ideal, ne dorim ca participanţii să încerce sentimentul pozitiv că au contribuit la înţelegerea condiţiei umane. Însă orice studiu poate declanşa emoţii pe care cercetătorii nu le-au anticipat. Anumite situaţii stârnesc îngrijorări evidente, de pildă cercetările despre abuzul asupra copiilor, când oamenilor li se pun întrebări referitoare la trecutul lor, de care e posibil să nu vrea să-şi amintească. Alte situaţii sunt mai subtile. Să presupunem că sunteţi interesaţi de memorie şi le cereţi participanţilor să memoreze cuvintele dintr-o listă. Pare să fie o solicitare inofensivă, însă unii dintre subiecţi nu se vor descurca deloc bine, iar dacă sunt mai în vârstă, încep să se îngrijoreze, gândindu-se că, poate, suferă de Alzheimer, aşa cum s-a întâmplat cu unul din părinţii lor. Acesta este unul dintre motivele pentru care raportul final şi informaţiile despre un eventual contact le sunt oferite participanților în cazul apariției unor preocupări sau îngrijorări ulterioare.

BENEFICII

Care sunt beneficiile pe care această cercetare le oferă omenirii? De obicei, comisia de revizuire caută să vadă dacă riscurile pentru participanți sunt minime. Totuşi, un oarecare risc poate fi inevitabil, de pildă atunci când cercetătorii testează un medicament nou şi nu cunosc dozajul optim sau care vor fi eventualele efecte secundare. În astfel de cazuri, membrii comisiei trebuie să se întrebe: „Oare vom învăța ceva important de aici, care să justifice asemenea riscuri?" Este o întrebare importantă şi dificilă.

STUDII PSIHOLOGICE ŞI DILEME ETICE

Iată câteva exemple de studii care sunt însoțite de dileme evidente şi mai puțin evidente:

STUDIUL LUI MILGRAM DESPRE AUTORITATE

Oare oamenii se vor supune unei autorități chiar dacă asta ar însemna să-i facă rău unei alte persoane? Probabil că ați auzit de studiul realizat de Stanley Milgram, în care participanții, instruiți să se comporte ca nişte „profesori", le aplicau şocuri electrice „elevilor" atunci când aceştia răspundeau greşit la întrebări. Studiul ne-a dat veşti neliniştitoare despre ființele umane care-i pot răni pe alții atunci când o persoană cu autoritate le cere acest lucru. De asemenea, am aflat cum şi când poate fi diminuată obediența față de o autoritate. Evident că nimeni nu a primit şocuri electrice. Țipetele elevilor au fost, de fapt, înregistrare pe bandă, pentru ca fiecare participant să asculte exact acelaşi lucru. Totuşi, a fost un studiu care pe unii dintre participanți i-a zguduit, ca să nu spunem decât atât. Ulterior, a fost conceput Codul de conduită al Asociației Psihologice Americane. Studiul s-a desfăşurat la începutul anilor '60 şi s-a intenționat, în pofida faptului că descoperirile erau importante, ca el să nu se mai repete, din cauza potențialei vătămări psihologice a participanților. Cu toate acestea, psihologul Jerry Burger a descoperit o modalitate ingenioasă de a repeta studiul, reducând semnificativ riscurile. El a analizat cu atenție cercetarea lui Milgram și a descoperit că 79% dintre „profesorii" care i-au aplicat „elevului" un șoc electric de 150 de volți au mers mai departe, până la 450 de volți (un nivel notat cu XXX pe „aparatul de șocuri"). Prin urmare, 150 de volți reprezentau un fel de punct de cotitură. Dacă erai dispus să ajungi acolo, probabil că ai fi mers până la capăt. Ce ar fi dacă am repeta studiul, dar ne-am opri la 150 de volți? De ce să mergem mai departe? Comisia de revizuire a lui Burger a aprobat acest raționament și renumitul experiment al lui Milgram a fost repetat în 2009. Burger le-a oferit participanților un raport mult mai detaliat decât cel al lui Milgram, iar stresul acestora a fost mult mai mic. Din păcate, se pare că, între timp, nu prea s-au schimbat multe în psihicul uman: și Burger a descoperit că două treimi dintre participanți au făcut ce le-a spus persoana cu autoritate și au administrat șocul de 150 de volți. Aparent, ascultarea oarbă este încă prezentă printre noi.

FRUSTRARE ȘI CREATIVITATE

Oare frustrarea îi ajută pe oameni să devină mai creativi? Probabil că ați trăit o situație frustrantă care v-a făcut să găsiți o soluție creativă pentru rezolvarea problemei. Prin urmare, întrebarea este rezonabilă: oare frustrarea ne face mai creativi? Pentru a răspunde, ar trebui să-i frustrăm pe participanți. Hmm... Cum frustrați pe cineva?

1. I-ați putea cere să îndeplinească o sarcină care nu poate fi realizată.
2. Îi oferiți informații false, de pildă îi spuneți că nu și-a îndeplinit bine sarcina (când, de fapt, a făcut-o la fel de bine precum ceilalți).
3. Le spuneți studenților că programa lor s-a pierdut și că trebuie să se înscrie din nou la toate cursurile (o astfel de propunere a fost făcută la una dintre universitățile pe care le-am urmat).

Trebuie să găsim o modalitate care să frustreze subiecții, dar să nu le cauzeze un stres prea mare, permițându-ne să examinăm ceea ce ne interesează (în cazul de față, creativitatea). Vezi capitolul intitulat „Cum funcționează, de fapt, creativitatea?" pentru a afla una dintre modalitățile descoperite de cercetători.

LUPTA VIRTUALĂ ÎMPOTRIVA FRICII

Pot fi folosite dispozitivele care creează o realitate virtuală (RV) pentru a trata fobiile? Să presupunem că vă temeți de înălțimi (mulți se tem, și pe bună dreptate), însă vreți să vă biruiți frica, deoarece la noul loc de muncă trebuie să vă aflați adeseori în locuri înalte. Ei bine, una dintre abordările folosite la tratarea fobiilor de acest tip se numește *imersiune* (*flooding*). În cazul de față, asta presupune ca psihoterapeutul să vă ducă, efectiv, pe acoperișul unei clădiri înalte și să vă ceară să stați aproape de marginea acestuia. Veți fi neliniștiți, probabil o bună bucată de timp, dar, în cele din urmă, anxietatea se va diminua. Cercetări anterioare au demonstrat deja eficiența acestei tehnici. Dar astăzi avem la dispoziție aparate care creează o realitate virtuală. O întrebare rezonabilă este următoarea: ar fi la fel de eficient ca pacientul să poarte acești ochelari și să stea pe marginea acoperișului unei clădiri virtuale? Ar ajuta la vindecarea fobiei? Unul dintre studiile cu acest subiect pare destul de tranșant: fă rost de un dispozitiv pentru crearea realității virtuale, angajează un expert în programare RV, creează o simulare a „marginii acoperișului" și publică un anunț în care spui că te afli în căutarea unor participanți care se tem de înălțime pentru a încerca un nou tratament și a vedea câți vor reuși să-și învingă teama utilizând acest dispozitiv. Sună mai sigur decât să-i urci pe un acoperiș real, de unde ar putea cădea în gol. Cu toate acestea, veți descoperi că mulți au senzația că purtarea ochelarilor RV nu e doar derutantă, ci le produce, literalmente, greață. Cum îi veți proteja pe participanții care nu sunt deocamdată conștienți de această tendință?

POSTĂRI POZITIVE ȘI POZITIVITATE

Dacă vedeți postări pozitive pe Facebook, aveți și dumneavoastră tendința să postați tot ceva pozitiv? Poate ați auzit că în 2012 cercetătorii de la Facebook au realizat un studiu în cadrul căruia le-au arătat unor oameni mai mult postări pozitive, în timp ce alții au văzut mai multe postări negative. Au vrut să stabilească dacă citirea unor postări pozitive îi face pe oameni să aibă sentimente pozitive și să scrie ei înșiși mesaje pozitive. Conturile de Facebook deținute de peste 700 000 de oameni au fost manipulate în acest fel. S-a descoperit că respectiva manipulare a fluxului de informații nu a avut un efect puternic asupra subiecților. Dar, oare, a fost o inițiativă etică? Probabil că vi se pare o acțiune relativ inofensivă, dar dacă anumite persoane ușor depresive au început să vadă o mulțime de postări deprimante? E posibil să fi devenit din această cauză și mai depresive? Dacă ar fi avut ocazia să examineze acest studiu înainte de a fi încheiat, o comisie de revizuire ar fi insistat asupra consimțământului în cunoștință de cauză. Cei de la Facebook ar putea susține că, atunci când ați fost de acord cu condițiile de utilizare a serviciului, ați consimțit și la utilizarea unor asemenea manipulări. Ați putea răspunde că, practic, foarte puțini oameni citesc condițiile de utilizare a serviciului de pe site-urile pe care le vizitează. Care este varianta corectă?

„PSEUDOȘTIINȚA"

Studenții sau profesorii de psihologie au observat, probabil, că am evitat folosirea multor termeni vehiculați la cursuri, referitori la metodele de cercetare din psihologie – termeni precum variabile independente și dependente, definiții operaționale și variabile de control, dar și termeni care au de-a face cu detaliile analizei statistice. Am procedat în acest fel pentru ca lucrarea de față să fie citită cu plăcere și de un public fără pregătire universitară. Totuși, toate experimentele descrise în carte pot fi realizate, datele pot fi analizate, iar rezumatele rapoartelor pot fi comentate. Variabilele – atât cele independente (ceea ce este manipulat), cât și cele dependente (ceea ce este comensurat[1]) – nu sunt greu de identificat.

În cea mai mare parte a studiilor, datele au forma „scalelor Likert". Asta înseamnă că participanții încercuiesc un număr de

---

[1] A comensura – a măsura prin comparație; a compara *(n.red.)*

la 1 la 5, 7 sau 10. În acest caz şi atunci când studiul implică două grupuri de participanţi, testul statistic corect ar fi testul t între grupuri (nu sunt descrise aici tipurile de teste în interiorul grupului). Unele studii includ trei grupuri, iar în acest caz se apelează la ANVA între subiecţi (analiza variabilităţii). Dacă răspunsurile participanţilor au forma da/nu, se impune testul chi-pătrat. Oricum, nu este necesară realizarea testelor statistice, iar în aproape toate cazurile studenţii calculează, pur şi simplu, mediile şi aranjează rezultatele într-o diagramă cu bare.

Niciunul dintre studiile descrise în cartea de faţă nu este realizat în aşa fel încât să elimine toate variabilele imaginabile, dar care nu au legătură cu subiectul. Totuşi, dacă se face o analiză a datelor, nu e sigur că veţi găsi un rezultat semnificativ din punct de vedere statistic. În cercetare, un rezultat semnificativ nu e niciodată garantat (şi nici nu ar trebui să fie). Dacă realizaţi un test şi nu obţineţi un rezultat semnificativ, probabil că v-aţi lovit de o variabilă externă. Sau poate că studiul iniţial s-a dovedit a fi greşit şi aţi descoperit faptul că, în realitate, efectul căutat nu există. În acest caz, poate că ar fi bine să vedeţi dacă puteţi publica studiul!

Bun, destul cu informaţiile generale. Sunteţi pregătiţi? Atunci, să trecem la experimente!

CONDIȚIONAREA CLASICĂ PE CARE O PUTEȚI FACE SINGURI

POATE CĂ NICI NU SUNTEM CHIAR ATÂT DE DIFERIȚI DE CÂINI

CONCEPT PSIHOLOGIC: condiționarea clasică
DENUMIREA EXPERIMENTULUI: funcționarea glandelor digestive
CERCETĂTORUL/CERCETAREA INIȚIALĂ: Ivan P. Pavlov (1897/1902)

ÎNVĂȚARE

În afară de Sigmund Freud, Ivan Pavlov este cea mai cunoscută personalitate din psihologie. Cine nu a auzit de faimosul său câine care salivează? Mulți cred că tot ceea ce a realizat Pavlov nu poate fi făcut decât cu câini, dar lucrurile nu stau deloc așa. Condiționarea clasică apare și la oameni. În experimentul de față vom vedea că putem condiționa oamenii printr-un stimul care până la momentul acela nu a avut niciun efect asupra lor.

Mai întâi, o clarificare legată de activitatea lui Pavlov: el nu a fost psiholog. Era un fiziolog interesat în special de digestie. În studiile pe care le-a făcut pe câini a fost preocupat, în principal, de reflexul salivației. Când introducem alimente în gură, eliberăm automat salivă ca parte a procesului digestiv, iar el a vrut să înțeleagă mai în amănunt acest proces.

Activitatea lui Pavlov s-a concentrat asupra acțiunilor corporale care sunt, de obicei, automate și a demonstrat cum pot fi învățate aceste reacții. Nu trebuie să le confundăm cu acțiunile care sunt învățate prin intermediul recompenselor. De exemplu, câinele vine la dumneavoastră după ce l-ați dresat să facă asta dându-i ceva de mâncare de fiecare dată când vă asculta. În psihologie, învățarea apărută ca răspuns la o anumită recompensă se numește *condiționare operantă*.

EXPERIMENTUL ORIGINAR

Ca să fim siguri că avem în minte toate elementele studiului lui Pavlov, să trecem rapid în revistă ce a făcut el. În primul rând, a făcut o mică incizie pentru a implanta un tub (similar ca mărime cu o eprubetă) în falca fiecărui câine. Tubul colecta şi comensura saliva câinelui. Apoi a aşezat câinii pe o masă, legaţi cu hamuri, ca să nu plece. În final, le-a adus o pulbere făcută din carne (nicidecum un antricot, aşa cum se spune). Puteţi găsi imagini pe internet printr-o simplă căutare.

Pavlov s-a aşteptat ca animalele să saliveze ca răspuns la pulberea pusă în faţa lor. Dar nu s-a aşteptat şi la ceea ce a observat ulterior: câinii au salivat când l-au auzit pe asistentul lui Pavlov urcând scara spre laborator ca să le aducă pulberea de carne. Foarte important este faptul că Pavlov a fost atent la ceea ce se petrecea în laborator. Apoi a decis să vadă dacă putea stimula salivaţia ca răspuns şi la alte evenimente.

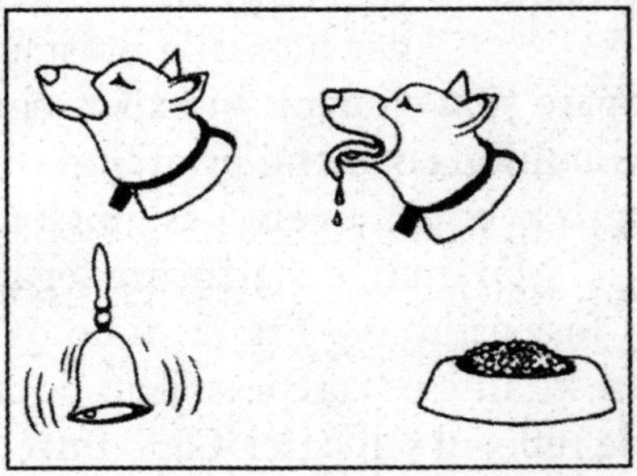

Iată cum a procedat. A urcat câinii pe masă şi le-a pus hamurile. A pornit metronomul. Astăzi credem că Pavlov a folosit un clopoţel, dar nu a făcut-o de la început. În schimb, a dorit un sunet pe care câinii nu-l mai auziseră până atunci – un „stimul neutru" –, aşa că a utilizat un metronom. Pe vremea lui Pavlov, metronoamele erau întoarse cu cheia şi emiteau un ţăcănit în timp ce pendulul se legăna de la dreapta la stânga.

Probabil că, la început, câinii s-au uitat curioşi la metronom, după care şi-au întors privirile în altă parte. Apoi, chiar înainte de a le da câinilor o farfurie cu pulbere de carne, Pavlov a pornit metronomul. A repetat această dublă acţiune de mai multe ori. Pe urmă a pornit metronomul şi a urmărit ce se întâmplă. Saliva a început să picure în tuburi. Câinii făcuseră o asociere. Învăţaseră un lucru pe care l-au executat într-o manieră previzibilă şi ştiinţific observabilă. Descoperirile lui Pavlov au fost incitante, şi pe bună dreptate.

SĂ ÎNCERCĂM ŞI NOI!

În cazul demonstraţiilor obişnuite ale condiţionării clasice (numită şi „condiţionare pavloviană"), unui student i se cere să îmbrace un poncho sau să-şi pună pe umeri o pungă din plastic. Apoi profesorul îi citeşte o listă de cuvinte. De fiecare dată când este rostit un anumit „cuvânt-cheie" (de pildă, „scaun"), profesorul îl stropeşte pe student cu apă. Evident că studentul tresare. După mai multe repetări, studentul tresare la auzul cuvântului „scaun" chiar dacă profesorul nu-l mai stropeşte cu apă. Şi cam asta e tot. În cazul de faţă, cuvântul „scaun" este la început un stimul neutru. Apoi, prin împerecherea lui repetată cu apa (stimulul necondiţionat), persoana tresare ca răspuns la cuvântul „scaun". Cuvântul „scaun" este acum un stimul condiţionat (sau deprins), iar tresărirea ca reacţie la cuvânt este un răspuns condiţionat. Poftim, Pavlov la lucru!

Iată o altă modalitate amuzantă de a încerca ideile lui Pavlov. Aveţi nevoie de:

- două zaruri
- un pahar pentru zaruri
- un claxon – de preferat unul zgomotos şi enervant
- o masă la care să staţi împreună cu participanţii
- un loc în care zgomotul puternic să nu deranjeze pe nimeni.

Pentru a realiza acest experiment e nevoie de două grupuri. O să le numim grupul A şi grupul B.

CUM SE PROCEDEAZĂ:

GRUPUL A

- **PASUL 1:** aşezaţi subiecţii la masă şi pregătiţi zarurile şi claxonul.
- **PASUL 2**: spuneţi-le membrilor grupului A că urmează să aruncaţi zarurile pe masă, iar dacă numărul rezultat din adunare este cu soţ, o să sunaţi din claxon. Dacă numărul este fără soţ, claxonul rămâne tăcut. Claxonul trebuie să fie suficient de puternic pentru ca subiecţii să tresară.

- **PASUL 3**: agitați zarurile în pahar, aruncați-le pe masă și acționați claxonul când e cazul.
- **PASUL 4**: repetați acțiunile de vreo zece ori.

GRUPUL B

- **PASUL 1**: așezați subiecții la masă și pregătiți materialele.
- **PASUL 2**: spuneți-le subiecților că veți acționa claxonul doar atunci când suma zarurilor va fi mai mică de 6.
- **PASUL 3**: agitați zarurile în pahar, aruncați-le pe masă și acționați claxonul când e cazul.
- **PASUL 4**: repetați acțiunile de vreo zece ori.

REZULTATELE

Ceea ce faceți este să condiționați subiecții când agitați zarurile. La început, agitarea zarurilor este un stimul neutru. Adică la primele mișcări nu veți observa nicio reacție din partea subiecților. În cazul grupului A, veți atinge claxonul aproape de fiecare dată când agitați zarurile, iar participanții vor fi condiționați să tresară atunci când scuturați paharul. Probabil că subiecții din grupul B nu vor tresări când vor vedea și vor auzi cum agitați zarurile, deoarece conexiunea cu sunetul claxonului este foarte slabă. Într-un fel, scuturarea paharului este similară cu asistentul lui Pavlov care urcă scările.

DE CE CONTEAZĂ

Dacă aveți simț de observație, veți înțelege cum funcționează principiile lui Pavlov în viața de zi cu zi. Aveți o senzație de disconfort când vă duceți la spital – chiar și atunci când doar vizitați pe cineva? Acest lucru se întâmplă pentru că imaginile, sunetele și mirosurile din spital sunt asociate cu anxietatea. Exemplul clasic de condiționare pavloviană este freza dentistului. La început, zgomotul pe care-l face e neutru, dar pe măsură ce aveți tot mai mult de-a face cu ea (experiența fiind uneori dureroasă), veți tresări chiar și la simpla ei vedere.

CUM SUNTEŢI MANIPULAŢI CA SĂ PLĂTIŢI MAI MULT DECÂT AŢI VRUT SĂ CHELTUIŢI

PUN PARIU CĂ V-AŢI AŞTEPTAT SĂ PLĂTIŢI CÂTEVA MII PENTRU ASTA!

CONCEPT PSIHOLOGIC: ancorare

DENUMIREA EXPERIMENTULUI: „arbitraritate coerentă": cererea stabilă descrie o curbă fără preferinţe stabile

CERCETĂTORUL/CERCETAREA INIŢIALĂ: Dan Ariely, George Loewenstein şi Drazen Prelec (2003)

Titlul acestei cercetări sună oarecum descurajant, dar de fiecare dată când vă duceţi la magazin sau faceţi cumpărături pe internet probabil că sunteţi influenţaţi de descoperirea cercetătorilor de mai sus. Iată un exemplu: aţi cumpărat vreodată o aplicaţie pentru telefonul mobil? O aplicaţie obişnuită din iTunes sau Google Play este fie gratuită, fie costă unul sau doi dolari. Dar ce se întâmplă dacă daţi peste o aplicaţie care costă 5,99 dolari? Vi se pare scump, nu-i aşa? Totuşi, gândiţi-vă puţin – şase dolari? Aţi putea cheltui suma asta pe o sticlă de suc şi câteva felii de pizza. Asta e şi ideea: percepţia dumneavoastră despre ceea ce e scump sau ieftin depinde de preţul produselor despre care aţi auzit sau pe care le-aţi văzut.

Acesta este motivul pentru care un agent de publicitate vă spune „cât trebuie să vă aşteptaţi să plătiţi" pentru un produs, după care vă indică un preţ încă foarte ridicat. Să zicem că urmăriţi la televizor o reclamă referitoare la ultimul echipament de fitness pentru arderea caloriilor, apărut pe piaţă. Agentul de publicitate ar vrea să vândă echipamentul cu 300 de dolari. Probabil că nu aveţi aşteptări în privinţa preţului acestui echipament, dar agentul spune că „vă aşteptaţi, probabil, să plătiţi 600 de dolari pentru un astfel de produs" şi că „anumite magazine îl vând cu 500 de dolari". Când se ajunge, în sfârşit, la 300 de dolari, probabil că vi se pare un preţ al naibii de bun.

Un alt exemplu: atunci când cumpăraţi o maşină, agentul de vânzări vă întreabă cât vreţi să cheltuiţi. Să zicem că doriţi o maşină care să nu coste mai mult de 15 000 de dolari. Agentul începe prin a vă arăta maşini care costă mult mai mult – să spunem 25 000 de dolari. El încearcă să stabilească un concept care în psihologie se numeşte o „ancoră" de nivel înalt. Ancora este preţul pe care-l veţi folosi în minte când vă uitaţi la maşini. Următorul pas al acestui proces de influenţare constă în faptul că vă va arăta maşini care costă ceva mai puţin decât cele scumpe, dar continuă să depăşească suma pe care aţi vrea s-o cheltuiţi. Dacă agentul de vânzări utilizează cu succes această tehnică, veţi sfârşi prin a crede că o maşină care costă 18 000 de dolari este un chilipir.

Tocmai aţi fost manipulaţi prin efectul ancorării.

EXPERIMENTUL ORIGINAR

Aţi fi uimiţi dacă aţi şti cât de uşor pot fi manipulaţi oamenii prin această tehnică. Dan Ariely şi colegii lui au reuşit să manipuleze percepţia despre preţul pe care cineva este dispus să-l plătească folosind numere-ancoră care nu aveau nimic de-a face cu produsul respectiv. Mai întâi, au ales produse cu care oamenii nu erau familiarizaţi, cum ar fi trackpad-uri sau touchpad-uri digitale fără fir, tastaturi şi o cutie cu bomboane de ciocolată belgiene. Aveţi idee cam cât costă, de obicei, aceste produse? Probabil că aveţi în minte o gamă largă de preţuri – să zicem, între 10 şi 100 de dolari. Ariely a ales produse având un preţ mediu de 70 de dolari.

Prin urmare, cum vă conving să plătiţi de bunăvoie un preţ cât mai ridicat cu putinţă? Ariely a folosit manipularea prin ancorare, dar n-a procedat ca agentul de publicitate, care v-a indicat preţurile unor „produse similare". În schimb, i-a întrebat pe oameni dacă vor să cumpere aceste produse pentru o sumă egală cu ultimele două cifre ale codului numeric personal. De asemenea, li s-a cerut suma maximă pe care ar fi dispuşi s-o plătească pentru aceste produse.

Şi ce să vezi! Participanţii ale căror ultime două cifre din codul numeric personal erau mici (sub medie) au plătit preţuri mici, iar cei ale căror ultime două cifre erau mari (peste medie) au plătit preţuri ridicate. Astfel, simpla reamintire a codului numeric personal – care, desigur, nu are nimic de-a face cu preţul produselor – a fost suficientă pentru a influenţa suma plătită de participanţi pentru un produs. De pildă, participanţii ale căror ultime două cifre din codul numeric personal erau mari au plătit de bunăvoie un preţ mediu de 57 de dolari pentru o tastatură fără fir. Cei ale căror ultime două cifre din codul numeric personal erau mici au plătit aproximativ 16 dolari!

SĂ ÎNCERCĂM ŞI NOI!

Vă puteţi amuza cu acest efect. Iată de ce e nevoie:

- un grup de prieteni
- fişe de cartotecă
- cinci imagini cu produse mai puţin familiare.

CUM SE PROCEDEAZĂ:

- **PASUL 1:** spuneţi-le prietenilor că faceţi o mică cercetare pentru şcoală sau că sunteţi interesaţi de părerea lor despre câteva produse noi pe care intenţionaţi să le cumpăraţi.
- **PASUL 2:** pe fiecare fişă de cartotecă scrieţi în partea stângă un preţ mic (mai mic de 20) sau un preţ mare (mai mare de 80 şi mai mic de 100).
- **PASUL 3:** înainte de a începe experimentul, daţi-le participanţilor câte o fişă pe care aţi scris un număr (cereţi-le să nu arate numărul nimănui dacă desfăşuraţi studiul în cadrul unui grup). Dacă sunt curioşi în legătură cu acest număr, spuneţi-le că vă veţi uita pe informaţiile lor mai târziu, însă doriţi să fie anonime, acesta fiind motivul pentru care le-aţi alocat la întâmplare un „număr de identificare”.
- **PASUL 4:** Spuneţi-le participanţilor că urmează să le arătaţi câteva produse şi rugaţi-i să scrie în partea dreaptă a fişei

numele produsului şi preţul *maxim* pe care ar fi dispuşi să-l plătească pentru el.

- **PASUL 5:** Arătaţi-le pe rând imaginile produselor. Puteţi recurge la aceleaşi produse utilizate de cercetători – tastaturi fără fir, bomboane de ciocolată scumpe, o sticlă rară cu vin etc. Dacă vor să afle multe detalii despre produse, spuneţi-le că trebuie să ia o decizie bazându-se doar pe ceea ce văd în imagini.
- **PASUL 6:** Acordaţi-le maximum 2 minute pentru a se uita la produs şi a scrie răspunsul în partea dreaptă a fişei.

REZULTATELE

Experimentul se încheie în momentul în care le arătaţi ultimul produs. Adunaţi fişele şi examinaţi informaţiile strânse. Pun pariu că cei care au primit „numere de identificare" mici au indicat preţuri mai mici decât cei cu numere mai mari. Dacă efectuaţi experimentul într-un cadru de grup, vă puteţi amuza lăsându-i pe participanţi să-şi arate reciproc fişele şi să se uite la rezultate. Continuarea ar putea fi o conversaţie interesantă.

DE CE CONTEAZĂ

Această „manipulare prin ancorare" este folosită în multe domenii, în scopul de a-i convinge pe oameni să plătească mai mult pentru un produs decât erau dispuşi s-o facă la început. Prin urmare, ca de obicei, „cumpărători, atenţie!" Singura modalitate prin care vă puteţi proteja împotriva acestei practici este să vă informaţi înainte să ajungeţi la momentul cumpărării. Acest lucru este adevărat mai ales în cazul cumpărării unei maşini. Căutaţi pe internet sau consultaţi pliantele cu vânzări de automobile, pentru a afla cât ar putea să coste maşina pe care vi-o doriţi. Dacă descoperiţi că preţul maşinii care vă interesează este stabilit, de obicei, la 17 000 de dolari, atunci faceţi din acest număr propria ancoră şi comparaţi preţurile altor maşini cu el. Nu vă lăsaţi influenţaţi de agentul de vânzări sau de reclamă. Când cumpăraţi o aplicaţie pentru telefonul mobil, nu uitaţi că 3,99 dolari nu este un preț ridicat doar pentru că alte aplicații învecinate sunt gratuite. Faceți mental un pas înapoi și observați ce anume primiți pentru acești bani. În cazul în care cumpărați de pe internet, nu uitați că anumite produse scumpe nu sunt puse pe pagina principală a site-ului pentru că furnizorul se așteaptă să le cumpărați. Se află acolo pentru a stabili o ancoră ridicată. Vânzătorul se așteaptă să derulați pagina și să găsiți un produs cu un preț puțin mai mic decât cel scump – dar, probabil, mult mai mare decât cel pe care ați vrut să-l plătiți.

ESTIMAREA DISTANȚELOR – MAI MULTĂ PSIHOLOGIE DECÂT CREDEȚI

FRICA POATE ALTERA CAPACITATEA CREIERULUI DE A MĂSURA

CONCEPTUL PSIHOLOGIC: percepție

DENUMIREA EXPERIMENTULUI: rolurile jucate de altitudine și frică în perceperea înălțimii

CERCETĂTORUL/CERCETAREA INIȚIALĂ: Jeanine K. Stefanucci și Dennis R. Proffitt (2010)

PERCEPȚIE

Mulți oameni se tem de înălțime și, din punct de vedere evoluționist, probabil că e un lucru bun; la urma urmei, doar cei care s-au temut de înălțimi au supraviețuit. Știați că percepția distanței la care se află obiectele (și frica ce rezultă de aici) depinde de locul în care vă aflați atunci când sunteți întrebați? Există o cercetare despre această idee, numită *navigație elaborată*. De pildă, să zicem că stați pe sol, în fața unei clădiri, și vă uitați la acoperiș. Apoi presupuneți că sunteți pe acoperiș și vă uitați în jos, spre pământ. Credeți că veți estima diferit înălțimea clădirii din aceste două poziții? S-a dovedit că da.

EXPERIMENTUL ORIGINAR

Cercetătorii Jeanine Stefanucci și Dennis Proffitt au realizat un astfel de experiment pe care, cu o singură modificare, îl puteți face și dumneavoastră.

Iată cum au procedat. Au ales o clădire din campus cu un balcon pe care se putea sta în picioare. Balconul se afla la vreo 8 metri înălțime. Unora dintre participanți li s-a cerut să stea la marginea balconului (având balustrada în fața lor, pentru a preveni prăbușirea în gol) și să se uite în jos. Au fost rugați să privească un disc plat așezat pe sol și să estimeze distanța dintre el și marginea superioară a balustradei. Alţi participanţi au primit aceeaşi însărcinare, însă ei stăteau pe sol şi se uitau în sus la discul plasat pe marginea balustradei. În ambele cazuri, distanţa fizică dintre persoana respectivă şi disc era aceeaşi. Cum a afectat poziţia persoanei estimarea distanţei?

Aşa cum, probabil, aţi ghicit, privitul spre sol de la înălţime a provocat o oarecare teamă şi i-a făcut pe participanţi să aprecieze că distanţa era mult mai mare decât cea percepută atunci când se uitau de jos în sus. Participanţii care au privit de sus în jos au fost de părere că distanţa până la sol era de 12,5 metri. Cei care s-au uitat în sus spre balcon au estimat că distanţa era de 9,5 metri.

În cazul în care v-aţi întrebat vreodată dacă percepem realitatea aşa cum este, se pare că răspunsul este negativ. Percepţiile noastre depind, într-adevăr, de locul în care ne aflăm în momentul respectiv.

SĂ ÎNCERCĂM ŞI NOI!

Puteţi efectua acest experiment găsind un loc înalt de pe care prietenii dumneavoastră ar putea estima câţi metri sunt între tălpile lor şi sol. Un alt grup de prieteni se află pe sol şi se uită în sus (spre punctul în care s-ar afla tălpile persoanei respective dacă ar sta în picioare acolo). Rugaţi-i să estimeze cât de înalt este locul acela. Veţi descoperi, probabil, că prietenii care se uită în jos sunt de părere că e mai înalt, comparativ cu cei care privesc în jos.

Cercetătorii au mai descoperit, totodată, şi un alt aspect al percepţiei, care poate fi testat în condiţii mai sigure. S-a dovedit că subiecţii supraestimează distanţa dacă e nevoie de mult efort fizic pentru a ajunge acolo. Prin urmare, dacă vă aflaţi în aer liber şi aveţi în faţă un teren accidentat (multe pietre şi dâmburi), vi se pare că distanţa parcursă pentru a-l traversa este mai mare decât în cazul unei fâşii de pământ plate – chiar dacă ambele distanţe sunt identice. Acest experiment este mult mai uşor de realizat şi nu necesită urcarea prietenilor pe o clădire înaltă. Iată ce vă trebuie:

- 2-4 prieteni
- o parcare spaţioasă (sau un teren întins)
- un rucsac plin cu cărţi grele.

CUM SE PROCEDEAZĂ:

- **PASUL 1**: stați la marginea parcării și rugați un prieten sau mai mulți să estimeze câți metri sunt până în partea opusă a suprafeței respective. Asigurați-vă că niciun participant nu aude estimările celorlalți.
- **PASUL 2**: întoarceți-vă spre al doilea prieten, ori spre ceilalți prieteni, dar, înainte de a-i întreba același lucru, rugați-i să-și pună în spate rucsacul cu cărți.

Oare din cauza greutății suplimentare ei apreciază că distanța până în partea cealaltă a parcării este mult mai mare?

REZULTATELE

Dacă Stefanucci și Proffitt au avut dreptate, greutatea suplimentară îi va face pe participanți să creadă că ținta este mai departe decât în realitate. Probabil că estimările participanților cu rucsac în spate vor fi mai mari.

DE CE CONTEAZĂ

Ați putea folosi acest experiment pe post de exemplu dacă participați la o discuție cu subiectul: „Oare corpul și mintea sunt entități separate?" Nu. Așa cum arată studiile, senzațiile corpului influențează clar modul în care gândim.

Este bine să țineți minte că, dacă mergeți pe jos o distanță mare sau participați la un maraton, e posibil să vi se pară că linia de sosire este mai departe când sunteți obosiți sau aveți în față câteva coline.

MEMORIA DUMNEAVOASTRĂ ESTE MAI BUNĂ DECÂT CREDEȚI

CUM O SĂ MEMOREZ TOATE ASTEA?

CONCEPT PSIHOLOGIC: mnemotehnică

DENUMIREA EXPERIMENTULUI: Memoria: o contribuție la psihologia experimentală

CERCETĂTORUL/CERCETAREA INIȚIALĂ: Hermann Ebbinghaus (1885)

MEMORIE

Probabil vi s-a întâmplat de multe ori să asistați la o conferință în care v-au fost prezentate multe informații, astfel încât v-ați întrebat: „Cum o să-mi amintesc, oare, toate astea?" Știți că nu puteți păstra în memoria pe termen scurt decât un număr redus de informații și doar pentru o perioadă limitată – câteva zile, în eventualitatea în care repetați în minte informațiile primite. E firesc deci să nu fiți convinși că vă veți aminti prea multe. Totuși, există posibilitatea să nu vă folosiți memoria la capacitatea ei maximă. În cazul experimentului de față, veți fi surprinși de faptul că vă puteți aminti mult mai mult decât vă așteptați. De fapt, există câteva mici „trucuri de memorie" pe care, probabil, nu le cunoașteți. Să le examinăm prin intermediul acestui experiment psihologic.

EXPERIMENTUL ORIGINAR

În urmă cu mii de ani, grecii erau fascinați de strategiile de memorare, însă primele studii amănunțite au fost realizate la mijlocul secolului al XIX-lea de Hermann Ebbinghaus. Interesant este faptul că a decis ca subiectul studiilor lui să fie el însuși. Ebbinghaus era o persoană foarte meticuloasă, iar abordarea lui a fost foarte directă. Și-a prezentat sieși o mulțime de cuvinte, unul după altul, apoi le-a scris pe hârtie pe cele pe care și le-a amintit, atât imediat după ce s-a uitat la ele, cât și în zilele următoare.

Ebbinghaus nu a vrut să utilizeze liste aleatorii de cuvinte obişnuite, cum ar fi „pisică" sau „urzică", mai uşor de reţinut datorită familiarizării cu ele. Pentru a rezolva problema, a recurs la ceea ce el a numit „silabe absurde": cuvinte din trei litere cu un tipar constant. Toate începeau cu o consoană. În felul acesta, a creat cuvinte precum „baj" sau „juf".

De asemenea, fiind un priceput om de ştiinţă, şi-a dat seama că trebuia să privească fiecare cuvânt nefamiliar exact acelaşi interval de timp. Pe vremea aceea, muzicienii foloseau metronoame pentru a asigura un ritm constant. Ebbing a utilizat şi el un metronom când s-a uitat la cuvinte, ca să fie sigur că nu-l va privi pe niciunul un timp mai îndelungat decât pe celelalte.

La început, a scris corect multe cuvinte. Apoi a descoperit că, după şase zile, nu-şi mai amintea niciun cuvânt. Din acest studiu a rezultat *curba uitării*, care ne ajută să înţelegem mai bine cât de puţin timp funcţionează memoria pe termen scurt.

În anii '50, George Miller a continuat munca lui Ebbinghaus. El s-a concentrat asupra *anvergurii memoriei*, adică asupra numărului de elemente pe care le memorăm imediat după ce le auzim. De exemplu, dacă rostesc cu glas tare trei litere, mi le puteţi repeta cu uşurinţă imediat după aceea. Dar câte litere ar trebui să mai adaug ca să începeţi să fiţi nesiguri şi să faceţi greşeli? Miller a descoperit că mintea umană nu poate păstra în memoria pe termen scurt decât aproximativ şapte elemente. Aproape nimeni nu e capabil să repete corect zece litere alese la întâmplare.

SĂ ÎNCERCĂM ŞI NOI!

Puteţi reproduce foarte simplu experimentele lui Ebbinghaus şi Miller cerându-i unei persoane să repete cele zece litere pe care le-aţi rostit. Veţi descoperi că începe să facă greşeli pe la litera şapte. Dar haideţi să facem ceva mai distractiv.

Cercetătorii de după Miller au descoperit că există o modalitate de a depăşi această „limită" a celor şapte caractere. Ne putem aminti mai mult de şapte caractere dacă găsim un *tipar*. Iată câteva exemple. Credeţi că puteţi repeta toate cele zece cifre de mai jos?

7294682534

Probabil că vă veţi încurca pe la cifra numărul şapte, deoarece au fost alese la întâmplare. Dar ce ziceţi de următoarele cifre:

248163264128

Poate aţi observat că lista aceasta de cifre nu este chiar aşa de greu de reţinut. Primele trei cifre sunt numere cu soţ. Dar există şi o structură mai profundă: cifrele se dublează pe măsură ce înaintăm de la stânga la dreapta. Cunoscând toate acestea, pun rămăşag că le veţi putea repeta pe toate douăsprezece.

Să reproducem acum acest studiu asupra memoriei. Iată ce vă trebuie:

- un grup de 2-4 prieteni
- un pix
- fişe de cartotecă
- un cronometru.

CUM SE PROCEDEAZĂ:

- **PASUL 1**: scrieţi pe o fişă cifrele 248163264128.
- **PASUL 2**: daţi-i fişa unui prieten sau grup de prieteni şi rugaţi-i să se uite la cifre 15 secunde, pe urmă să vă dea fişa înapoi.
- **PASUL 3**: cereţi-le să repete cât de multe cifre pot. Faceţi asta în mod individual. Scrieţi ce spune fiecare.
- **PASUL 4**: daţi-i acum acelaşi şir de cifre unui alt prieten sau grup de prieteni. Înainte de a le înmâna foaia, aduceţi-le la cunoştinţă faptul că există un tipar al cifrelor. (Acest indiciu va fi suficient pentru ca ei să-şi dea seama că cifrele se dublează mergând de la stânga la dreapta.)
- **PASUL 5**: lăsaţi-i să se uite pe fişă 15 secunde.
- **PASUL 6**: Cereţi-le individual membrilor celui de-al doilea grup să repete cifrele. Scrieţi răspunsurile.

REZULTATELE

Veţi descoperi că primul grup şi-a amintit cel mult şapte cifre şi că, probabil, a repetat corect prima şi ultima pereche de cifre. Această tendinţă de a ne aminti primele şi ultimele lucruri auzite poartă numele de efectul întâietăţii sau efectul noutăţii. Probabil că al doilea grup de prieteni a reţinut corect toate sau cea mai mare parte a cifrelor (dacă a identificat tiparul).

DE CE CONTEAZĂ

Poate vi se pare că e vorba despre un interesant „truc de salon", dar ce semnificaţie are pentru viaţa de zi cu zi? Potrivit acestuia, ori de câte ori găsim sau aplicăm un tipar în cazul unei aparente informaţii întâmplătoare, probabilitatea de a ne-o aminti este mare. Probabil că faceţi deja acest lucru. De exemplu, un număr de telefon care se termină cu, să spunem, 8228 e mai uşor de reţinut decât unul ale cărui ultime cifre sunt 9437. Cifrele 8228 conţin un tipar uşor detectabil şi, într-un fel, rimează. În cazul cifrelor 9437 este greu de găsit un astfel de tipar. Dar dacă aţi *crea dumneavoastră un tipar*? Să luăm grupuri mai mici de cifre: 94 şi 37. Cunoaşteţi o persoană în vârstă care să aibă 94 de ani? Ce ziceţi de un prieten care s-a căsătorit la 37 de ani? Aţi avut vreodată o adresă care să conţină numerele 94, 43, 37, 493 sau 437? Dacă vă jucaţi un pic cu numerele şi descoperiţi sau aplicaţi o asociere familiară cu ele, veţi fi surprinşi cât de multe lucruri puteţi face cu memoria.

CUM POT FI INDUȘI ÎN EROARE MARTORII OCULARI

MEMORIA DUMNEAVOASTRĂ NU E CHIAR AȘA DE BUNĂ CUM CREDEȚI

CONCEPT PSIHOLOGIC: depoziția martorului ocular

DENUMIREA EXPERIMENTULUI: reconstrucția distrugerii automobilului: un exemplu de interacțiune între limbaj și memorie

CERCETĂTORUL/CERCETAREA INIȚIALĂ: Elizabeth F. Loftus și John C. Palmer (1974)

MEMORIE

Cei mai mulți oameni cred că au o memorie foarte bună. De câte ori nu ați auzit replica „Știu exact unde mă aflam atunci când s-a întâmplat XYZ". Știm că nu ne amintim tot ce ni s-a întâmplat în viață, însă atunci când o amintire devine foarte vie, credem că tot ce s-a întâmplat a fost înregistrat de creier într-o manieră exactă. Așa cum s-a dovedit, această convingere este departe de adevăr. În pofida încrederii în memoria noastră, cercetătorii au descoperit că amintirile sunt formate adesea din fragmente ale întâmplării reale și din fragmente legate de ceea ce *credem* că s-a întâmplat. Construim în minte o poveste despre ceea ce s-a întâmplat – o poveste logică pentru noi și cei cărora le-o spunem. Cu alte cuvinte, alcătuiți din fragmente o „poveste din memorie" – dar nu din toate fragmentele care s-au întâmplat în realitate.

EXPERIMENTUL ORIGINAR

Dr. Elizabeth F. Loftus a început să studieze memoria martorilor oculari la începutul anilor '70, iar descoperirile ei au avut un mare impact asupra judecătorilor și avocaților atunci când lucrează cu martorii oculari. Unul dintre cele mai convingătoare studii ale psihiatrului clinician Loftus având ca subiect fragilitatea amintirilor noastre a fost cel cu filmul unui accident rutier. Toţi participanţii au văzut acelaşi film, apoi au fost întrebaţi cât de repede rula una dintre maşini când a avut loc accidentul. Până acum pare simplu.

Ce anume a fost diferit în cadrul experimentului? Tocmai *cuvintele* folosite pentru a descrie viteza maşinii. Participanţii dintr-un grup au fost întrebaţi cât de repede rula maşina care a „izbit-o" pe cealaltă. Altor participanţi li s-a cerut să estimeze viteza maşinilor în momentul „contactului".

Poate că n-o să fiţi surprinşi dacă vă spun că, în medie, participanţii au fost de părere că maşinile rulau cu 65 de kilometri pe oră când li s-a spus că s-au „izbit" una de alta şi cu 50 de kilometri când s-au „ciocnit". În cadrul altor studii, Loftus i-a întrebat dacă îşi aminteau să fi văzut „sticlă spartă", deşi în film nu exista aşa ceva. Ia ghiciţi! Mulţi subiecţi au răspuns că văzuseră sticlă spartă.

Aceste studii ne arată că percepţia vizuală (viteza maşinilor) şi amintirea celor văzute (sticla spartă) pot fi manipulate. Şi încă suntem încrezători în privinţa a ceea ce credem că s-a întâmplat.

Să vedem dacă putem reproduce ideea de bază.

SĂ ÎNCERCĂM ŞI NOI!

OBSERVAŢIE: acest studiu implică vizionarea unui film cu accidentul de maşină. Poate că unii dintre participanţi au avut un accident de maşină sau cunosc pe cineva care a fost rănit sau a murit în urma unui astfel de eveniment. Evident că vizionarea chiar şi a unui film simplu despre un accident de maşină ar putea scoate la suprafaţă amintiri neplăcute. Ca de obicei, respectaţi dorinţa participanţilor în cazul în care nu vor să participe la experiment.

Pentru a reproduce studiul lui Loftus, aveţi nevoie de:

- filmul unui accident de maşină
- participanţi care să vadă filmul
- două foi de hârtie care conţin o întrebare (sau două întrebări): în una din foi li se cere să estimeze viteza maşinilor „atunci când s-au ciocnit", iar în cealaltă sunt

rugați să precizeze același lucru, cu deosebirea că „ciocnit" este înlocuit cu „izbit".

Un filmuleț scurt cu un accident de mașină este suficient. Găsiți astfel de clipuri pe YouTube, căutând „accident de mașină". Totuși, e greu de găsit un film scurt și probabil că nu doriți să folosiți unul care să-i tulbure pe participanți. Important este să fie un accident simplu, fără detalii sângeroase.

Puteți utiliza următorul clip:
www.youtube.com/watch?v=_uZq5-Fb47o).

CUM SE PROCEDEAZĂ:

- **PASUL 1**: spuneți-le participanților că le veți cere să estimeze viteza celor două mașini din film.
- **PASUL 2**: înmânați-le foile de hârtie. Sunt la fel, cu excepția unui singur cuvânt: „ciocnit" în loc de „izbit", așa cum am descris mai înainte.
- **PASUL 3**: prezentați filmul.
- **PASUL 4**: nu permiteți discuții.
- **PASUL 5**: cereți-le participanților să răspundă la întrebarea de pe foaia de hârtie.
- **PASUL 6**: opțional: linkul de pe YouTube prezintă un accident în care nu e vizibil vreun indicator STOP. I-ați putea întreba pe participanți dacă au văzut un astfel de indicator – Da, Nu, Nu sunt sigur.

REZULTATELE

Veți descoperi, probabil, ceea ce a aflat și Loftus: că estimările vitezei sunt mai mari în cazul subiecților cărora accidentul le-a fost descris folosind cuvântul „izbit".

Discutați cu participanții despre reacțiile lor la studiu. Mai sunt acum la fel de încrezători în amintirile lor cum erau înainte de test?

DE CE CONTEAZĂ

De ce e de dorit să cunoaşteţi acest fenomen? La un moment dat, poate că veţi fi solicitaţi să faceţi parte dintr-un juriu. Mulţi dintre colegi vor fi convinşi că amintirile sunt foarte corecte şi vor fi influenţaţi de încrederea cu care martorii oculari relatează ceea ce au văzut. Atunci când faceţi parte dintr-un juriu, îi puteţi ajuta pe ceilalţi să înţeleagă cât de fragile sunt amintirile noastre şi să se concentreze asupra celor mai puternice dovezi – şi nu asupra gradului de încredere al martorilor.

DA – INTRAREA PE UȘĂ VĂ FACE SĂ UITAȚI

DE CE AM INTRAT AICI?

CONCEPT PSIHOLOGIC: codificare și uitare

DENUMIREA EXPERIMENTULUI: intrarea pe ușă provoacă uitarea: modele de situații și spațiul experimentat

CERCETĂTORUL/CERCETAREA INIȚIALĂ: Gabriel A. Radvansky și David E. Copeland (2006)

MEMORIE

Probabil că, la un moment dat, ați trăit așa ceva: vă aflați într-o cameră și lucrați sau vă spălați pe dinți. Brusc, vă gândiți că aveți nevoie de un lucru și plecați să-l aduceți. Lăsați deoparte ceea ce faceți, vă duceți într-o altă cameră și, din senin, stați acolo și nu mai știți de ce ați venit.

Dacă vi s-a întâmplat și dumneavoastră, nu vă îngrijorați; nu sunteți singurii. Mulți, foarte mulți oameni se identifică uneori cu o astfel de experiență. În plus, oamenii de știință au trăit-o uneori și ei și au realizat o serie de studii pentru a afla despre ce e vorba. Sunt de părere că au găsit câteva răspunsuri, iar dumneavoastră le puteți reproduce studiul acasă sau la birou.

Căutăm ceea ce cercetătorii numesc *codificare*, iar noi îi zicem „uitare". Codificarea reprezintă modalitatea în care informația pătrunde în creierul nostru. Oare vine prin ochi? Urechi? Unde ne aflam atunci când am văzut sau auzit informația pentru prima dată? Ce oră era? Cât timp am petrecut asimilând informația? Toate acestea au legătură cu cât de bine am reținut informația și cu cât de bine ne-o putem aminti după câteva minute, zile sau chiar ani. Fenomenul „intrării pe ușă" analizează modul în care ieșirea dintr-o cameră și intrarea în alta generează uitarea. Se numește *modelul de eveniment* al memoriei și, în realitate, nu e chiar așa de complicat. Să vedem.

EXPERIMENTUL ORIGINAR

Imaginați-vă că vreți să studiați efectele intrării pe ușă asupra memoriei unei persoane. Evident că va trebui ca subiecții să meargă și veți avea nevoie de mai multe camere despărțite de uși. Puteți face asta în „lumea reală" dacă aveți la dispoziție suficient spațiu, dar de ce să nu folosiți tehnologia computerizată, făcându-i pe subiecți să se plimbe printr-o realitate virtuală? Utilizarea realității virtuale prezintă un avantaj față de lumea reală, iar oamenii de știință îl apreciază în mod deosebit: controlul exercitat asupra mediului. De pildă, dacă vă folosiți de lumea reală, iar subiecții se deplasează dintr-un capăt al clădirii în celălalt, e posibil să nu puteți controla peste cine dau aceștia, cine începe cu ei o conversație sau ce alte evenimente neprevăzute mai pot avea loc pe parcurs. Toate aceste evenimente necontrolate le pot afecta capacitatea de a-și aminti. Pe de altă parte, dacă ați creat o realitate virtuală pe un computer, vă plasați subiecții într-un cadru care conține camere și uși, iar aceștia se „plimbă" prin ele utilizând mouse-ul, aveți un control total asupra evenimentelor din timpul „mersului". „Plimbarea" este, evident, virtuală, dar, cel puțin în timpul cercetării inițiale, acest element de control este important. În plus, poate că cercetătorii sunt pasionați de computere.

Radvansky și colegii lui au decis să-și creeze propria lume virtuală, cu încăperi și uși, utilizând același motor grafic ca în cazul jocului video *Half-Life*. „Lumea" creată de Radvansky este foarte simplă comparativ cu numeroase jocuri video populare astăzi (a căror creare costă uneori milioane), dar, la urma urmei, nu avem nevoie decât de câteva camere și uși prin care subiecții să „treacă".

Dar ce se întâmplă cu cealaltă componentă importantă a fenomenului – acel lucru pe care trebuie să ți-l amintești când treci dintr-o cameră în alta? În lumea reală, probabil că ieși dintr-o încăpere și te duci în alta, pentru că ai nevoie de telefonul mobil, de o anumită carte sau trebuie să hrănești pisica. Deci cum recreăm această idee în lumea virtuală? Radvansky le-a dat subiecților obiecte pe care aceștia trebuiau să le „ia" trecând dintr-o cameră în alta. Obiectele erau simple și aveau diverse forme geometrice: de triunghi sau de pătrat. Subiecții se apropiau de o masă și alegeau un obiect. În acel moment, obiectul dispărea din raza vizuală, de parcă l-ar fi pus în sacoșa pe care o aveau la ei. Apoi li se cerea să se ducă la o ușă, s-o deschidă și să intre într-o altă încăpere virtuală. Când ajungeau în noua cameră, li se cerea să-și aducă aminte ce luaseră din camera anterioară. Alți subiecți au ales și ei un obiect și au parcurs aceeași distanță în spațiul virtual, însă nu li s-a cerut să deschidă o ușă.

Ce credeți că s-a întâmplat? Celor care au ales un obiect, au intrat apoi în camera următoare și au fost întrebați ce anume aleseseră le-a trebuit mai mult timp să răspundă și au răspuns corect de mai puține ori decât cei care au ales același obiect, au parcurs aceeași distanță virtuală, dar nu au deschis nicio ușă.

Acesta este motivul pentru care Radvansky a sugerat faptul că există o componentă „evenimențială" a memoriei. Se pare că, atunci când ne aflăm într-un spațiu fizic, ne putem aminti ce facem acolo, însă în momentul în care survine un eveniment – adică intrăm într-o altă cameră – creierul nostru „se golește" parțial de ceea ce am făcut sau gândit în locul anterior. Probabil că pregătim mai mult „spațiu" în memorie pentru ceea ce urmează să se întâmple în noul loc.

SĂ ÎNCERCĂM ȘI NOI!

Cum puteți reproduce această experiență – mai ales dacă nu vă pricepeți la programarea computerizată, ca Radvansky? O puteți face în modul clasic, punând subiecții să meargă pe jos. De ce anume veți avea nevoie:

- Veți alege două grupuri, așa că ar fi ideal să existe câte 10 oameni în fiecare, adică, în total, 20 de participanți.
- Un spațiu cu câteva încăperi separate de uși. Vă puteți folosi de propria casă, spațiul experimental fiind constituit, de pildă, din sufragerie, birou și dormitor. (Încercați să reduceți la minimum ocaziile de distragere a atenției. Nu deschideți televizorul și scoateți din încăperi eventualele persoane care ar putea interacționa cu subiecții.)

- Un spaţiu cu un hol lung sau camere care nu sunt despărţite de uşi.
- 4 obiecte mici pe care subiecţii să le pună în rucsac. (Nu e nevoie de ceva greu. De exemplu, o cutie de lapte goală, un set de chei de maşină, un carneţel sau un ceas deşteptător.)
- 4 mese pe care veţi aşeza obiectele.
- 4 cutii mari, fără capac, pe care le veţi aşeza deasupra obiectelor, pentru a le ascunde privirii.
- Un rucsac sau o valiză mare.
- Un cronometru.
- Un clipboard cu o foaie de hârtie pe care să înregistraţi datele.

CUM SE PROCEDEAZĂ:

Să ne referim acum la cele două condiţii:

GRUPUL A: INTRAREA PE UŞĂ

- **PASUL 1**: aşezaţi pe mesele din camere câte un obiect ascuns sub o cutie.
- **PASUL 2**: participantul trebuie să înceapă dintr-un colţ al primei camere. Daţi-i rucsacul. Spuneţi-i să se ducă la masă, să ia obiectul de sub cutie şi să-l pună în rucsac. Apoi se duce la uşă, o deschide şi intră în cealaltă cameră.
- **PASUL 3**: dacă realizaţi singuri acest studiu, va trebui să mergeţi în spatele fiecărui participant în timp ce trece dintr-o încăpere în alta. Pregătiţi clipboardul pentru a nota răspunsul subiectului, precum şi cronometrul (lângă sau în spatele dumneavoastră). Imediat după ce participantul intră în următoarea cameră, întrebaţi-l: „Ce duci în rucsac?” Imediat după ce puneţi întrebarea, porniţi cronometrul. Imediat după ce subiectul răspunde (corect sau greşit), opriţi cronometrul. Scrieţi pe clipboard:

1. Numărul subiectului (de la 1 la câţi participanţi aveţi).
2. Camera în care vă aflaţi („camera 1”, „camera 2” şi aşa mai departe).
3. Obiectul despre care subiectul a afirmat că-l duce în rucsac.

4. Durata exactă de care subiectul a avut nevoie pentru a da răspunsul (până la sutimi de secundă).

- **PASUL 4**: scoateți obiectul din rucsac și puneți-l pe podea. Spuneți-i subiectului să intre în camera următoare și să ia obiectul de pe masă.

GRUPUL B: DEPLASARE, DAR FĂRĂ UȘI

Această condiție seamănă cu cea anterioară, cu excepția faptului că subiecții nu vor intra pe nicio ușă. În mod ideal, vor parcurge o distanță în linie dreaptă (în mare, aceeași distanță), de la o masă la alta. Dacă asta nu e posibil, probabil că veți obține totuși aceleași rezultate ca Radvansky chiar dacă subiecții trebuie să facă mai multe ture prin hol.

- **PASUL 1**: așezați în hol patru mese, la distanțe egale unele de altele. Pe fiecare masă ascundeți un obiect sub o cutie.
- **PASUL 2**: spuneți-i participantului să înceapă de la capătul holului. Dați-i rucsacul. Spuneți-i să se ducă la prima masă, să ia obiectul de sub cutie și să-l pună în rucsac. Apoi se va îndrepta direct spre următoarea masă.
- **PASUL 3**: pregătiți clipboardul, pentru a înregistra răspunsul participantului, precum și cronometrul (alături sau în spatele dumneavoastră). Imediat după ce participantul ajunge la masa următoare, întrebați-l: „Ce duci în rucsac?" După ce puneți întrebarea, porniți cronometrul. După ce răspunde la întrebare (corect sau greșit), opriți cronometrul. Scrieți pe clipboard:

1. Numărul subiectului (de la 1 la câți participanți aveți).
2. Masa la care vă aflați („masa 2", „masa 3" și așa mai departe).
3. Obiectul despre care subiectul a afirmat că-l duce în rucsac.
4. Durata exactă de care subiectul a avut nevoie pentru a da răspunsul (până la sutimi de secundă).

- **PASUL 4**: scoateți obiectul din rucsac și puneți-l pe podea. Spuneți-i subiectului să ia obiectul de pe următoarea masă.

REZULTATELE

Poate că subiecţii îşi vor aminti corect ce obiect au în rucsac de fiecare dată când îi întrebaţi, dar veţi descoperi, fără îndoială, că au nevoie de mai mult timp dacă tocmai au trecut pragul unei uşi. Probabil că subiecţii din hol se vor uita miraţi la dumneavoastră când le veţi pune în mod repetat o întrebare al cărei răspuns li se pare evident, dar veţi folosi aceste date ca bază de comparaţie cu subiecţii care „intră pe uşă".

DE CE CONTEAZĂ

Oamenilor de ştiinţă le place să reproducă şi să explice diverse situaţii din viaţa de zi cu zi, iar acest studiu tocmai asta face. Atunci când le veţi explica subiecţilor ce anume aţi făcut, pun rămăşag că unii dintre ei vor da din cap şi vor spune: „Da, mi s-a întâmplat şi mie". Explicaţi un pic modelul evenimenţial al memoriei şi vor crede, probabil, că e destul de interesant. Faptul că oamenii de ştiinţă le-au confirmat o experienţă cotidiană îi poate impresiona pe mulţi. Un sfat practic ce reiese din aceste studiu se referă la următorul lucru: dacă urmează să ieşiţi dintr-o cameră şi să intraţi în alta, probabil că, înainte de a trece la fapte, ar fi bine să repetaţi în gând, o dată sau de două ori, de ce faceţi acest lucru. O astfel de repetiţie va păstra mai mult timp informaţia în memoria pe termen scurt, împiedicând creierul să-şi „golească" astfel conţinutul când ieşiţi din cameră şi sporind probabilitatea de a vă aminti de ce naiba v-aţi dus acolo!

METODA LOCI – UNA DINTRE CELE MAI EFICIENTE TEHNICI DE MEMORARE

NU-MI VINE SĂ CRED CĂ MI-AM AMINTIT TOATE ASTEA!

CONCEPTUL PSIHOLOGIC: Memorie – metoda Loci

DENUMIREA EXPERIMENTULUI: utilizarea repetată a metodei Loci creează interferență?

CERCETĂTORUL/CERCETAREA INIȚIALĂ: Rossana De Beni şi Cesare Cornoldi (1988)

Cei mai mulți oameni nu sunt conştienți de faptul că-şi pot aminti nenumărate lucruri. Există o varietate de tehnici de memorare (numite mnemotehnice) de care oamenii, pur şi simplu, nu profită. Atunci când le veți folosi, veți fi surprinşi de cât de rapid puteți memora o listă lungă de elemente. Metoda *Loci*, devenită cunoscută după ce a fost utilizată de greci, este o tehnică vizuală prin care vă reprezentați în minte interiorul unei case sau al unui apartament, inclusiv obiectele de acolo. Aceste obiecte sau „colțuri" din interiorul casei sunt „locurile" (*locus* înseamnă loc, iar *loci* este forma de plural). De pildă, vă puteți imagina bucătăria. Fiecare obiect din bucătărie va fi unul dintre „Loci". Prin urmare, privind bucătăria de la stânga la dreapta, probabil că vedeți un dulap, chiuveta, aragazul, frigiderul şi aşa mai departe. De asemenea, vă puteți imagina că mergeți prin casă şi, de fiecare dată când întâlniți un loc sau un obiect distinct, încercați să le legați de ceea ce vreți să țineți minte. Apoi, pentru a vă aminti mai târziu elementele, vă „plimbați" din nou prin casă, iar asociațiile pe care le-ați făcut în cazul diverselor obiecte (sau „locuri") vă vor activa memoria. Pentru demonstrație vom folosi o listă cu alimente de cumpărat de la supermarket, dar puteți utiliza această tehnică şi la şcoală când trebuie să țineți minte mai multe detalii pentru un test.

EXPERIMENTUL ORIGINAR

Metoda Loci a fost creată de greci cu mii de ani în urmă, dar puteți folosi pe post de punct de pornire excelentul studiu realizat de De Beni şi Cornoldi. Unui grup de elevi de liceu i s-a explicat cum funcționează metoda Loci, apoi i-a fost dat spre citire un text lung. Membrilor grupului li s-a cerut să întrebuințeze această metodă pentru a memora punctele-cheie ale lecturii. Unui alt grup i s-a dat acelaşi text, dar nu i s-a explicat cum funcționează metoda Loci. I s-a cerut doar să memoreze cât mai mult cu putință, recurgând la ceea ce fac aproape toți oamenii – repetiția. Ambele grupuri au fost testate imediat după ce au terminat de citit şi de studiat. Au mai fost testați încă o dată după o săptămână. Deloc surprinzător, grupul care a folosit metoda Loci a memorat mult mai mult decât cel care a utilizat repetiția.

SĂ ÎNCERCĂM ŞI NOI!

Să încercăm această tehnică de memorare cu ajutorul mai multor prieteni. În primul rând, aveți nevoie de o listă cu articole pe care vreți ca prietenii să le memoreze. Să folosim ideea mersului la supermarket pentru a cumpăra alimente. Să ne străduim să întocmim o listă care să conțină zece astfel de articole. Puteți trece pe ea orice doriți, dar iată ce vă propun:

1. Pâine
2. Lapte
3. Unt
4. Broccoli
5. Cereale
6. Pizza congelată
7. Ouă
8. Mâncare pentru pisică (sau câine)
9. Hârtie igienică
10. Morcovi

Iată de ce mai aveți nevoie:

- 2 grupuri de participanți
- o listă cu 10 articole de băcănie
- o foaie de hârtie albă pentru note
- un cronometru
- un creion sau un pix

CUM SE PROCEDEAZĂ:

GRUPUL A: METODA LOCI ÎN GRUP

- **PASUL 1**: cereți-le participanților din grupul A să memoreze 10 articole care ar putea fi cumpărate de la băcănie. Lăsați-i 5 minute să se uite pe listă. Pregătiți cronometrul, dar nu-l porniți încă.
- **PASUL 2**: explicați-le mai întâi metoda Loci. După ce terminați, cereți-le să aleagă zece „locuri". Acestea pot fi în casele sau apartamentele lor sau de-a lungul drumului către școală ori serviciu. Dacă-și imaginează o casă, plimbați-vă împreună prin ea și cereți-le să comenteze cu glas tare, începând din subsol. Trebuie să scrie lângă fiecare articol din listă un loc aflat pe traseul parcurs în interiorul casei. Iată câteva locuri pe care, probabil, le vor alege (sau le puteți sugera dumneavoastră):

1. garajul
2. un loc din subsol, de pildă boilerul. Trebuie să fie un loc anume – nu doar un simplu colț.
3. scările care duc la primul etaj.
4. un obiect din camera de la capătul scărilor – dacă e vorba despre bucătărie, un loc potrivit ar fi aragazul sau frigiderul.
5. intrați în camera următoare. Ce se află acolo? Poate un televizor? Există acolo o masă? Sau o canapea? Puteți folosi mai multe obiecte pentru o cameră.
6. scările care duc la etajul al doilea.
7. camera de la capătul scărilor. Dacă e vorba despre o baie, atunci alegeți toaleta sau cada.
8. probabil că următoarea încăpere este fie un dormitor cu pat, dulap și fereastră, fie un birou cu masă de lucru și lampă.
9. intrați în camera următoare... Ați prins ideea.

Continuați până când aveți 10 locuri în casa sau apartamentul fiecărui participant. În cazul apartamentelor cu încăperi puține, participanții pot folosi în fiecare cameră mai multe obiecte. În bucătărie pot recurge la frigider, aragaz, cuptorul cu microunde, chiuveta și un dulap. La fel și în sufragerie – probabil că au acolo o canapea, o măsuță, o fereastră, un fotoliu, un televizor etc. Toate aceste obiecte pot fi întrebuințate ca loc sau colț de care memoria se poate folosi.

- **PASUL 3**: urmează partea distractivă. Eficiența metodei Loci depinde de imaginație. În cazul acestui pas, puneți-o la treabă. Sarcina participanților este aceea de a crea o imagine mentală care leagă un loc din casa sau apartamentul lor de un articol de pe listă. S-ar putea să aibă nevoie de ajutorul dumneavoastră pentru a compune aceste imagini. Iată câteva sugestii pentru lista și locurile menționate mai sus:
  1. Pâine – garaj: creați o imagine în care persoana vede două pâini uriașe puse acolo unde ar trebui să fie parcate două mașini.
  2. Lapte – boiler: imaginați-vă că boilerul este plin cu lapte. E bine și dacă persoana își imaginează că puțin lapte curge din boiler.
  3. Unt – scările spre primul etaj: imaginați-vă că fiecare treaptă este acoperită cu un strat unsuros de unt.
  4. Broccoli – aragaz: imaginați-vă că pe aragaz se află patru oale pline cu broccoli sau că prin ușa deschisă a cuptorului se revarsă mai multe broccoli arse.
  5. Cereale – televizor: vă puteți imagina că televizorul e aprins și că vă uitați la o reclamă pentru cereale.... dar nu e suficient de bizar. Cu cât imaginea e mai trăsnită, cu atât mai bine. Imaginați-vă, de pildă, că mai multe castroane cu cereale așezate pe televizor s-au vărsat și că laptele amestecat cu cerealele înmuiate se scurge pe ecran.
  6. Pizza înghețată – masa din sufragerie: din nou, puteți crea cu ușurință o imagine, de exemplu câte o farfurie în dreptul fiecărui scaun, iar pe ea o felie de pizza. Sau recurgeți la ceva mai neobișnuit. Ce-ar fi să vă imaginați că masa nu este dreptunghiulară, ci triunghiulară, la fel ca feliile de pizza, și că pe ea se află o singură felie uriașă.
  7. Ouă – scările spre etajul al doilea: imaginați-vă că pe fiecare treaptă sunt ouă crăpate.

8. Mâncare pentru pisică (sau câine) – baia de la capătul scărilor: vă puteţi imagina că în cadă se află o mare cantitate de mâncare pentru pisică.
9. Hârtie igienică – dormitor: încercaţi să vă imaginaţi că cearşafurile sau păturile de pe pat sunt făcute din hârtie igienică.
10. Morcovi – birou: imaginaţi-vă că picioarele mesei de lucru sunt făcute din morcovi.

- **PASUL 4**: după ce subiecţii au înţeles metoda Loci, spuneţi-le că au la dispoziţie 5 minute pentru a utiliza tehnica şi a memora articolele de pe listă. Porniţi cronometrul şi daţi-le startul.
- **PASUL 5**: după trecerea celor 5 minute, înmânaţi-le membrilor grupului A o foaie albă de hârtie şi rugaţi-i să scrie cuvintele pe care şi le amintesc.

GRUPUL B: GRUPUL DE CONTROL

- **PASUL 1**: daţi-le aceeaşi listă cu articole de băcănie şi ziceţi-le că au la dispoziţie 5 minute pentru a se uita pe ea şi a o memora. Porniţi cronometrul. Evident că nu-i veţi învăţa metoda Loci, dar s-ar putea să descoperiţi după aceea că subiecţii au încercat să inventeze propria lor metodă. O strategie foarte bună constă în a compune un cuvânt din primele litere ale fiecărui articol de pe listă. Indiferent de lista pe care le-o propuneţi, asiguraţi-vă că primele litere ale articolelor nu formează un cuvânt.
- **PASUL 2**: după expirarea celor 5 minute, daţi-le membrilor grupului B o foaie albă de hârtie şi rugaţi-i să scrie cuvintele pe care şi le amintesc.

REZULTATELE

Ceea ce căutaţi (*variabila dependentă*, cum o numesc oamenii de ştiinţă) se referă la articolele de pe listă (şi numărul lor) pe care fiecare persoană şi le-a amintit corect. E posibil ca grupul Loci să-şi amintească toate sau aproape toate articolele, în timp ce grupul de control îşi aminteşte doar cinci. Din cauza efectelor întâietăţii şi noutăţii (vezi capitolul intitulat „Memoria dumneavoastră este mai bună decât credeţi"), grupul de control îşi va aminti, probabil, vreo două cuvinte de la începutul listei şi câteva de la sfârşitul acesteia. Asta se întâmplă când ne sunt prezentate mai multe informaţii – ne amintim ceva de la început şi ceva de la sfârşit.

De asemenea, pun rămăşag că membrii grupului Loci sunt foarte surprinşi de faptul că şi-au amintit atât de multe articole. Acest lucru se întâmplă, de obicei, atunci când oamenii învaţă să folosească o mnemotehnică. Puteţi duce această cercetare la un nivel superior: aşteptaţi o săptămână, apoi cereţi-le participanţilor să scrie articolele pe care şi le amintesc. Spre mirarea tuturor, e posibil să descoperiţi că membrii grupului Loci îşi amintesc, dacă nu toate,atunci măcar cea mai mare parte a articolelor.

DE CE CONTEAZĂ

Memoria poate fi mai bună decât credeţi. Puteţi folosi metoda Loci la şcoală sau la serviciu. Mulţi încearcă să-şi amintească ce au învăţat la ore, scriind termenii şi definiţiile pe fişe. E o tehnică bună, însă cel care învaţă nu face altceva decât să repete continuu definiţiile în minte. Nu e o metodă prea eficientă, deoarece informaţia nu poate fi „lipită" de nimic. Pe de altă parte, metoda Loci foloseşte locuri familiare din viaţa de zi cu zi, dar şi imagini neobişnuite. Astfel, informaţiile noi se „lipesc" de cele vechi şi au o formă (vizuală) suficient de neobişnuită pentru a fi ţinută minte. Încercaţi să utilizaţi această metodă când o să mai aveţi de memorat o listă cu alimente de cumpărat sau idei importante comunicate în timpul orelor de curs.

CUM ÎI FACEM PE LUCRĂTORI SĂ FIE MAI EFICIENȚI

MUNCĂ MULTĂ SAU PUȚINĂ?

CONCEPT PSIHOLOGIC: stabilirea motivației/țelului

DENUMIREA EXPERIMENTULUI: stabilirea țelurilor prin impunere sau prin participare în cazul tâmplarilor calificați și necalificați

CERCETĂTORUL/CERCETAREA INIȚIALĂ: Gary P. Latham și Gary A. Yukl (1975)

SOCIAL

Automotivarea sau motivarea altora este una dintre cele mai dificile provocări cu care se confruntă psihologii. Veți găsi pe internet o sumedenie de așa-zise clipuri motivaționale și vă puteți, într-adevăr, inspira din ele. De pildă, vă pot face să vă treziți dimineața și să vă duceți la serviciu. De obicei însă, efectul e de scurtă durată. Clipurile sunt distractive, dar au un impact redus asupra vieții de zi cu zi.

Psihologii care lucrează în domeniul psihologiei industriale/organizaționale îi ajută de ani de zile pe managerii corporațiilor să-și motiveze angajații. Însă managerii caută mai mult decât doar niște angajați care să aibă „un moral ridicat" sau să fie binedispuși. Ei au nevoie de oameni care să scoată mai mult dintr-un produs (dacă angajatul lucrează direct în procesul de fabricație), să-l realizeze mai rapid sau să sporească volumul vânzărilor. Dacă ați lucrat vreodată într-un magazin care vinde cu amănuntul – de pildă, îmbrăcăminte sau produse electronice –, compania vrea să fiți agenți de vânzări pricepuți și să creșteți volumul vânzărilor de la o lună la alta. Alte ramuri industriale care au nevoie de angajați motivați sunt cea de automobile, agențiile imobiliare, societățile de asigurare și centrele de fitness. Evident că a le prezenta acestor lucrători un clip motivațional nu-i va motiva să obțină vânzări tot mai mari de la o lună la alta. Prin urmare, care este cea mai bună strategie creată de psihologi? Stabilirea obiectivelor. Au fost efectuate multe studii, iar rezultatele au fost aproape întotdeauna aceleaşi: e posibil ca oamenii cu ţeluri să nu-l atingă exact pe cel stabilit, dar îi vor întrece mereu pe cei care nu şi-au stabilit niciun obiectiv.

Vă puteţi demonstra singuri acest lucru prin intermediul experimentului simplu de mai jos.

EXPERIMENTUL ORIGINAR

Cel mai cunoscut experiment care a demonstrat cât de eficientă este stabilirea ţelurilor a fost făcut în 1975 de Gary Latham şi Gary Yukl. Cei doi încercau să rezolve o anumită problemă: cum să-i convingă pe lucrători să taie copaci pentru a-şi spori productivitatea (sau, mai simplu, să taie mai mulţi copaci). Au recurs la mai mulţi tăietori de lemne, pe care i-au împărţit în trei grupuri. În cele opt săptămâni ale studiului, unora dintre tăietorii de lemne li s-a cerut să-şi stabilească un obiectiv „ridicat, dar realizabil", care să le crească productivitatea. Alţii au colaborat cu şefii lor la stabilirea acestui obiectiv ridicat, dar realizabil. Celor din al treilea grup nu li s-au dat obiective, ci li s-a spus doar să „facă tot posibilul" în următoarele opt săptămâni. Deloc surprinzător pentru noi, lucrătorii care şi-au stabilit singuri obiectivele au tăiat cei mai mulţi copaci. Cei care au colaborat cu şefii lor la stabilirea ţelurilor au avut realizări puţin mai slabe (lucru care arată că, de obicei, cel mai bine e să-ţi stabileşti singur obiectivele), iar cei din grupul care nu a avut ţeluri specifice, cărora li s-a zis doar să facă „tot posibilul", nu au prezentat nicio creştere semnificativă a productivităţii. Acest studiu a avut un impact important asupra modului în care stabilirea ţelurilor este folosită astăzi aproape în toate ramurile industriale.

SĂ ÎNCERCĂM ŞI NOI!

Probabil că nu aveţi chef să tăiaţi copaci şi nici să le cereţi prietenilor să facă asta, aşa că vom încerca o abordare puţin diferită. Vă reamintesc că anagrama este un cuvânt ale cărui litere pot fi rearanjate pentru a crea un alt cuvânt. Un bun exemplu este cuvântul „acest". Uitaţi-vă cu atenţie la literele care-l compun.

Le puteți rearanja pentru a forma cuvintele „ascet", „secat" sau „teasc". Puteți găsi cu ușurință pe internet liste de anagrame. Evitați cuvintele prea scurte și, prin urmare, prea ușor de rezolvat (cum ar fi „est", care poate fi rearanjat în „set"), dar și cuvinte mai lungi, cum ar fi „contur", care poate fi rearanjat pentru a compune, de pildă, „cruton". Descoperirea cuvântului „cruton" le poate lua mult timp anumitor subiecți și, în orice caz, nu e necesară utilizarea unor anagrame dificile. În cadrul experimentului de față vom căuta să aflăm câte anagrame poate rezolva o persoană într-un timp dat, așa că nu dorim să provocăm frustrări (prea mari) nimănui.

În primul rând, aveți nevoie de o listă cu 20 de anagrame. Iată câteva cuvinte formate din patru litere pe care le puteți folosi:

- sare (rase)
- acru (urca)
- mare (arme)
- corp (porc)
- nota (aton)
- seif (fise)
- cort (troc)
- masă (samă)
- tavă (vată)
- voce (evoc)

Unele cuvinte din lista de mai sus sunt ușoare, altele ceva mai grele. Tocmai asta vă doriți – o sarcină provocatoare. După ce le alegeți, puteți realiza un „test pilot" dând cele cele 20 de cuvinte unei persoane despre care credeți că seamănă cu cei pe care-i veți folosi în cadrul studiului. E de dorit ca persoana respectivă să descopere 10-15 cuvinte într-un interval de 5 minute. Dacă le poate rezolva pe toate 20, trebuie să alegeți cuvinte mai dificile. Dacă persoana rezolvă doar 1-5 cuvinte, atunci acestea trebuie să fie mai ușoare.

După ce ați stabilit lista cuvintelor, printați-o în mai multe exemplare și fiți gata de acțiune. Iată de ce aveți nevoie pentru acest experiment:

- 2 grupuri de participanți
- lista celor 20 de cuvinte
- hârtie și pixuri pentru participanți
- un cronometru.

CUM SE PROCEDEAZĂ:

GRUPUL A:

- **PASUL 1**: abordați participanții individual. Puteți realiza experimentul și în grup, dar, uneori, participanților le vine greu să nu strige răspunsul sau să nu vorbească între ei, iar experimentul va eșua.
- **PASUL 2**: dați-le participanților foaia de hârtie conținând cuvintele care trebuie rearanjate. Cereți-le să scrie anagrama în dreapta cuvântului. Nu-i nimic dacă mâzgălesc pe spatele foii, pentru a încerca mai multe combinații.
- **PASUL 3**: înainte ca subiecții să înceapă, spuneți-le că îi lăsați 5 minute pentru a-și da seama de cuvintele pe care le pot forma prin rearanjarea literelor. Indicați-le că ați vrea să rezolve 17 cuvinte în acest interval. De asemenea, atrageți-le atenția că-i veți anunța după ce au trecut 2 minute și jumătate, ca să-și dea seama cum stau.

GRUPUL B: GRUPUL DE CONTROL

- **PASUL 1**: procedați la fel ca în cazul grupului A.
- **PASUL 2**: procedați la fel ca în cazul grupului A.
- **PASUL 3**: de data asta, nu le cereți să rezolve 17 cuvinte în 5 minute. Doar spuneți-le să „facă tot posibilul" în intervalul de 5 minute. Anunțați-i și pe ei când au trecut 2 minute și jumătate.

REZULTATELE

Ar trebui să descoperiți ceea ce au aflat Latham și Yukl: grupul căruia i s-a dat un obiectiv a descoperit mai multe anagrame decât cel care nu a avut niciun țel. Nu uitați: aceste cuvinte nu trebuie să fie nici prea ușoare, nici prea grele. Un alt lucru pe care-l puteți face este să nu le spuneți celor din grupul B când au trecut cele 2 minute și jumătate. Ar trebui să obțineți aceleași rezultate pe care le-au găsit și ceilalți cercetători.

DE CE CONTEAZĂ

Secțiunea de față a început cu afirmația că este foarte greu să-i motivezi pe ceilalți. Chiar și automotivarea este dificilă. Stabilirea țelurilor este o strategie care pare să funcționeze în multe situații. Cei care vor să slăbească sunt încurajați să-și stabilească o serie de obiective. Să „pierzi câteva kilograme în cursul acestui an" probabil că nu va fi de niciun ajutor. Dacă sunteți studenți și aveți de învățat, poate că va fi util să stabiliți un obiectiv pentru ora care urmează. Decideți câte pagini vreți să citiți în acest interval de timp. Stabiliți un anumit număr de pagini, cât mai mare, dar accesibil, și, după ce ați ajuns la jumătate, verificați dacă vă încadrați în timp. Stabilirea țelurilor este unul dintre cele mai utile instrumente pe care psihologii le pot oferi celor care trebuie să ducă ceva la bun sfârșit.

CUM VĂ PUTEȚI ÎMBUNĂTĂȚI CAPACITATEA DE A CREA

UNEORI UN TRABUC POATE REPREZENTA MULTE LUCRURI

CONCEPT PSIHOLOGIC: fixitate funcțională

DENUMIREA EXPERIMENTULUI: influența puterii motivației asupra fixității funcționale şi a recunoaşterii perceptuale

CERCETĂTORUL/CERCETAREA INIȚIALĂ: Sam Glucksberg (1962)

COGNIȚIE

Avem tendința să credem că puterea creatoare este ceva cu care unii oameni se nasc şi, prin urmare, fie eşti o persoană creativă, fie nu. Gândim astfel deoarece legăm ideea de creativitate de abilitățile artistice sau muzicale. Talentul în aceste domenii este, într-adevăr, greu de explicat, deşi aptitudinea de a desena sau de a cânta la un instrument este mai curând rezultatul multor ore de exercițiu decât al „inspirației". Creativitatea este, în realitate, însuşirea de a gândi neconvențional – în moduri pe care cei mai mulți oameni nu le adoptă. Însăşi această definiție sună complicat, însă, după ce veți face experimentul de mai jos, veți înțelege mai bine ce înseamnă creativitate.

EXPERIMENTUL ORIGINAR

Este foarte dificil de evaluat creativitatea, dar, în 1945, psihologul Karl Duncker a găsit o soluție. Metoda lui a devenit foarte populară. Iată o descriere a unui „puzzle" foarte simplu propus de Duncker: să presupunem că vă dau o cutie cu piuneze, o lumânare mică şi o cutie cu chibrituri. Folosind doar aceste materiale, găsiți o metodă prin care să agățați lumânarea de perete şi să o aprindeți. Cei cărora li se dă această sarcină sunt puşi în încurcătură pentru o vreme. Una dintre soluții (incorectă) constă în a fixa lumânarea de perete cu ajutorul unei piuneze. Dar haideţi să fim de acord că e vorba despre nişte piuneze de mărime obişnuită, care nu vor pătrunde şi prin lumânare, şi prin perete.

Singura modalitate de a rezolva această problemă este aceea de a nu considera cutia un simplu suport pentru piuneze. În consecinţă, scoateţi piunezele din cutie.

Fixaţi cutia de perete cu ajutorul piunezelor. Apoi aprindeţi lumânarea şi lăsaţi să se scurgă puţină ceară topită pe fundul cutiei. Suflaţi în lumânare şi stingeţi-o, pe urmă puneţi-o peste ceara topită în aşa fel încât să stea dreaptă. Acum puteţi reaprinde lumânarea.

Se poate vedea că, pentru a rezolva problema, trebuie să depăşiţi fixitatea funcţională. E necesar să vedeţi în cutie nu doar o simplă cutie cu piuneze, ci una care poate fi întrebuinţată ca suport pentru lumânare.

Preluând ideea lui Duncker, Sam Glucksberg a realizat ulterior un alt experiment, pe care-l vom reproduce mai jos. Este destul de simplu: prezentaţi „problema lumânării" unui grup de subiecţi aşa cum am descris-o mai sus. Apoi, în cazul unui alt grup, scoateţi piunezele din cutie şi puneţi-le separat în faţa subiecţilor. Aceştia vor reuşi să rezolve problema destul de rapid.

SĂ ÎNCERCĂM ŞI NOI

Experimentul nu e greu de reprodus. Puteţi face cam ce a făcut şi Glucksberg. Veţi avea nevoie de următoarele elemente:

- 2 grupuri de participanţi
- 4-5 cutiuţe confecţionate din hârtie sau carton
- 10-12 piuneze
- 12 lumânări (15 cm lungime)
- cutii cu chibrituri
- un cronometru

CUM SE PROCEDEAZĂ:

GRUPUL A

- **PASUL 1**: aşezaţi subiecţii la masă şi puneţi materialele în faţa lor – dar piunezele trebuie să se afle în cutii.
- **PASUL 2**: anunţaţi-i că le veţi pune întrebări legate de aceste materiale şi că, dacă vor, le pot ridica de pe masă. Pregătiţi cronometrul. Dacă vă întreabă despre el, răspundeţi-le că veţi nota pe hârtie câte minute le ia până găsesc soluţia unei probleme pe care le-o veţi prezenta în continuare, dar că nu e cazul să se grăbească – nu doriţi decât să adunaţi date corecte prin intermediul cronometrului.
- **PASUL 3**: când sunt gata, întrebaţi-i: „Folosind doar aceste materiale, cum faceţi să agăţaţi de perete o lumânare şi să o aprindeţi?" Ei pot repeta întrebarea cu glas tare, și asta e OK, dar dacă vă pun alte întrebări, aveţi grijă să nu dezvăluiţi soluţia. Rămâneţi la întrebarea de bază.
- **PASUL 4**: daţi-le startul şi porniţi cronometrul cât mai discret cu putinţă (poate sub masă sau lângă dumneavoastră).
- **PASUL 5**: nu există decât o singură soluție (deşi, de-a lungul anilor, au existat şi studenţi care au venit cu soluţii dintre cele mai neobişnuite), şi anume: aprinderea lumânării cu ajutorul chibriturilor, scoaterea piunezelor din cutie, picurarea cerii topite în cutie, pentru a fixa lumânarea în poziţie verticală, apoi fixarea de perete a cutiei cu lumânarea folosind piunezele. Când se ajunge la această soluţie, opriţi cronometrul şi înregistraţi timpul.

GRUPUL B

- **PASUL 1**: la fel ca în cazul grupului A, aşezaţi subiecţii la masă şi puneţi materialele în faţa lor. De data asta, piunezele nu trebuie să fie în cutie.
- **PASUL 2**: la fel ca în cazul grupului A, spuneţi-le că le veţi pune o întrebare legată de aceste materiale şi că, dacă vor, le pot ridica de pe masă. Pregătiţi cronometrul.
- **PASUL 3**: când sunt gata, întrebaţi-i: „Folosind doar aceste materiale, cum faceţi să agăţaţi de perete o lumânare şi să

o aprindeţi?" La fel ca în cazul grupului A, participanţii pot repeta întrebarea cu glas tare, dar dacă vă pun alte întrebări, aveţi grijă să nu dezvăluiţi soluţia.

- **PASUL 4**: spuneţi-le că pot începe şi porniţi cronometrul.
- **PASUL 5**: când se ajunge la soluţia corectă, opriţi cronometrul şi notaţi timpul.

REZULTATELE

Ar trebui să descoperiţi că participanţii din grupul B găsesc soluţia respectivă (sau una apropiată) mult mai repede decât participanţii din grupul A. Scoţând piunezele din cutie, le-aţi permis participanţilor să vadă în ea o cutie care poate conţine nu doar piuneze. E de-a dreptul uimitor ce poate face o schimbare atât de mică pentru gândirea unui om.

DE CE CONTEAZĂ

Creativitatea, sau capacitatea de a nu rămâne blocat în fixitatea funcţională, este o însuşire extrem de necesară la locul de muncă, ce poate fi dezvoltată. Adesea, angajaţii gândesc într-un mod creativ, dar nu-şi dau seama de asta. Totuşi, singura soluţie de a inventa produse noi pentru a fi vândute în magazine este aceea de a lua în considerare situaţia existentă şi de a o gândi în alt mod. Companiile de mâine vor depinde de capacitatea angajaţilor de a gândi în acest fel. Prin urmare, puneţi-vă la încercare: uitaţi-vă la diverse obiecte obişnuite şi imaginaţi-vă la ce altceva ar putea fi folosite.

TIPARELE MENTALE VĂ POT LIMITA LA UN SINGUR MOD DE GÂNDIRE

CUM NE DEBLOCĂM

CONCEPT PSIHOLOGIC: tiparul mental
DENUMIREA EXPERIMENTULUI: experimente în clasă legate de tiparul mental
CERCETĂTORUL/CERCETAREA INIȚIALĂ: Abraham S. Luchins (1946)

COGNIȚIE

Ați auzit vreodată expresia „Dacă nu ai la dispoziție decât un ciocan, atunci totul în jur devine cui”? Poate fi aplicată unei sumedenii de situații, însă ceea ce ne interesează pe noi este faptul că, uneori, abordăm problemele noi cu aceeași „mentalitate” veche. Adică aplicăm vechi moduri de gândire în cazul unor probleme noi care nu au nimic de-a face cu trecutul. Dacă lucrați la o problemă – una de matematică pentru școală ori chiar una legată de mașină – și nu știți cum s-o rezolvați, probabil că reflectați: „M-am blocat”. Experimentul lui Luchins, din urmă cu 70 de ani, a fost unul dintre primele care au demonstrat cum ne pricopsim cu un tipar mental și cum putem scăpa de el. Să aprofundăm.

EXPERIMENTUL ORIGINAR

Deoarece tiparele mentale apar adesea în cazul problemelor de matematică, Luchins le-a folosit pentru a demonstra ideea esențială a acestui fenomen. A utilizat două grupuri de studenți. Unui grup i-a dat spre rezolvare probleme de genul:

> Avem un borcan gol de 29 de litri și un alt borcan gol de 3 litri. Există, de asemenea, o cantitate mare de apă din care putem scoate sau în care putem turna apă; de pildă, o fântână. Trebuie să obținem exact 20 de litri de apă.

Seamănă cu acele probleme de aritmetică pe care le detestați pe vremea când erați elevi. Cea de față nu este chiar așa de greu de rezolvat. Iată cum a descris Luchins soluţia pentru subiecţii care nu s-au descurcat:

> Umpleţi borcanul de 29 de litri. Turnaţi 3 litri în borcanul mai mic, lăsând 26 de litri în cel mare. Goliţi borcanul de 3 litri şi umpleţi-l din nou. În borcanul mare rămân 23 de litri. Goliţi borcanul de 3 litri şi umpleţi-l din nou. În borcanul mare rămân 23 de litri. Umpleţi din nou borcanul de 3 litri şi în borcanul mare rămân cei 20 de litri ceruţi de problemă.

Bine, bine, veţi spune, dar ce legătură are asta cu psihologia? Iată ce a făcut Luchins mai departe: i-a dat unui grup de subiecţi încă nouă probleme. Primele cinci au folosit aceleaşi borcane ipotetice cu apă, iar soluţia a fost în mare aceeaşi de la problema prezentată mai sus – umplerea borcanului mai mare, apoi turnarea apei în borcanul mai mic până la obţinerea cantităţii dorite.

Lucrurile s-au complicat când subiecţii au ajuns la problemele 7, 8 şi 9. Fără să intrăm în detalii, problemele 7 şi 8 puteau fi rezolvate prin aceeaşi abordare deja descrisă, dar exista o soluţie şi mai simplă. Problema 9 nu putea fi rezolvată în acelaşi mod. Trebuia utilizată o metodă diferită.

Înainte de a lămuri ce s-a întâmplat este important să ştim că al doilea grup al lui Luchins, grupul B, a primit problemele 7, 8 şi 9, dar nu şi primele cinci probleme.

Prin urmare, ce s-a întâmplat? Grupul căruia i s-au dat spre rezolvare primele 5 probleme şi a folosit în mod repetat aceeaşi abordare (umplerea borcanului mai mare şi turnarea apei din el în borcanul mai mic) a întâmpinat dificultăţi la rezolvarea problemelor 7 şi 8 – deşi cele două întrebări erau mai uşoare decât primele cinci, deja rezolvate! Aceluiaşi grup i-a luat şi mai mult timp pentru rezolvarea problemei 9, deoarece era necesară o abordare diferită de cea utilizată până atunci. Subiecţii au rămas „blocaţi" într-un tipar mental. Pentru a rezolva o problemă nouă, au aplicat ceea ce funcţionase în cazul uneia vechi.

Membrilor grupului B nu li s-a oferit ocazia să se blocheze şi au rezolvat problemele 7, 8 şi 9 (care pentru ei au fost doar întrebările 1, 2 şi 3) mult mai rapid decât grupul A.

SĂ ÎNCERCĂM ŞI NOI!

Putem reproduce acest fenomen al „tiparului mental" într-un mod ceva mai distractiv decât abordarea lui Luchins. Vom folosi imagini ambigue. Aţi văzut vreodată imaginea care poate reprezenta fie o femeie bătrână, fie una tânără? Mai există imagini care par să descrie fie o raţă, fie un iepure. Sunt şi imagini în alb-negru de tipul vaze/chipuri, pe care unii le utilizează pentru a descrie domeniul psihologiei. Iată un link pentru pagina din Wikipedia unde puteţi vedea aceste imagini: https://en.wikipedia.org/wiki/Ambiguous_image. Şi iată alăturat imaginea femeie tânără/femeie bătrână pe care o puteţi folosi la acest experiment.

Vom „induce" unui grup de oameni tendinţa de a vedea în această imagine o femeie bătrână, iar un alt grup va vedea în ea o femeie tânără. Iată de ce avem nevoie:

- 2 grupuri de participanţi
- 10 imagini ale unor femei tinere (13 x 18 cm)
- imaginea cu femeie bătrână/ femeie tânără (a 11-a imagine)
- 10 imagini cu femei bătrâne (13 x 18 cm)

CUM PROCEDĂM:

GRUPUL A:

- **PASUL 1**: spuneţi-le subiecţilor că urmează să le arătaţi 10 imagini, apoi întrebaţi-i ce cred că reprezintă a 11-a imagine.
- **PASUL 2**: după ce sunt gata, aşezaţi pe rând în faţa lor imaginile reprezentând femei tinere. Aşteptaţi 5 secunde înainte de a pune pe masă următoarea imagine.
- **PASUL 3**: înainte de a le prezenta ultima imagine, cu femeia bătrână/femeia tânără, spuneţi-le că le veţi arăta o imagine

care, la început, s-ar putea să pară neclară, dar să se uite la ea şi să ghicească ce reprezintă.

GRUPUL B

- **PASUL 1**: spuneţi-le subiecţilor că urmează să le arătaţi 10 imagini, apoi întrebaţi-i ce cred că reprezintă a 11-a imagine.
- **PASUL 2**: după ce sunt gata, aşezaţi pe rând în faţa lor imaginile reprezentând femei bătrâne. Aşteptaţi 5 secunde înainte de a pune pe masă următoarea imagine.
- **PASUL 3**: înainte de a le prezenta ultima imagine, cu femeia bătrână/femeia tânără, spuneţi-le că le veţi arăta o imagine care, la început, s-ar putea să pară neclară, dar să se uite la ea şi să ghicească ce reprezintă.

REZULTATELE

Repetarea imaginilor cu femei tinere sau bătrâne le va induce subiecţilor un tipar mental. Ar trebui să descoperiţi că subiecţii care au văzut imaginile cu femei bătrâne au identificat în imaginea ambiguă femeia bătrână, şi viceversa.

DE CE CONTEAZĂ

Dacă nu aţi trăit încă o experienţă de genul „M-am blocat" – când simţiţi că nu puteţi rezolva o problemă –, la un moment dat o veţi face. Probabil că veţi analiza problema, în mod repetat, recurgând la aceeaşi perspectivă. Prin urmare, cum „spargem" tiparul mental? Probabil că metoda cea mai bună este aceea de a face o plimbare. Fără îndoială că i-aţi auzit pe unii vorbind despre faptul că „Noaptea e un sfetnic bun". Şi acesta este un sfat util. Când vă detaşaţi un timp de problemă, creierul se „relaxează", aşa că o veţi putea aborda cu o altă concepţie.

OBSERVAREA UNUI CHIP ÎN MULȚIME

NU UIT NICIODATĂ UN CHIP

CONCEPT PSIHOLOGIC: identificarea emoțiilor

DENUMIREA EXPERIMENTULUI: constante culturale în domeniul chipurilor și emoțiilor

CERCETĂTORUL/CERCETAREA INIȚIALĂ: Paul Ekman și Wallace V. Friesen (1971)

DENUMIREA REPRODUCERII/EXTENSIEI: găsirea unui chip în mulțime: efectul de superioritate a mâniei

CERCETĂTORUL/CERCETAREA DE REPRODUCERE A EXPERIMENTULUI: Christine H. Hanson și Ronald D. Hansen (1988)

EMOȚII

V-ați întrebat vreodată dacă, în general, oamenii recunosc un chip mânios când îl văd? Dar unul care exprimă fericire? Probabil că emoțiile acestea sunt cel mai ușor de identificat, dar ce ziceți despre o căutătură încruntată? Sau de o față tristă sau speriată? Poate că ați văzut pe chipul unui copil de cinci sau șase ani o expresie de confuzie. Pentru psihologi se pune problema modului în care învățăm să compunem aceste expresii și dacă oamenii aparținând altor culturi își modifică expresiile faciale în același mod pentru a comunica o emoție similară. Ekman și Friesen au descoperit câteva lucruri uimitoare. În secțiunea de față ne vom concentra asupra emoțiilor referitoare la fericire și mânie.

EXPERIMENTUL ORIGINAR

Ekman și Frisen credeau că exprimarea emoțiilor este universală – că toți oamenii, indiferent unde trăiesc, recunosc aceeași expresie facială pentru fericire sau tristețe, mânie sau dezgust. Pentru a-și demonstra punctul de vedere, au avut nevoie de un grup de oameni cu un contact foarte redus cu restul lumii, care să nu fi avut de-a face cu televiziunea sau cu filmele. Au găsit astfel de oameni în munții din sud-estul Guineei. Respectiva populație se numea Fore. Membrii ei nu văzuseră decât expresiile faciale ale conaționalilor lor. Ekman și Friesen au vizitat satele având pregătită pentru oameni o sarcină simplă: translatorul citea o scurtă descriere a unei persoane aflate într-o anumită stare, iar cercetătorii le arătau sătenilor fotografii cu trei chipuri. Doar unul dintre ele avea o expresie care se potrivea cu starea descrisă.

Iată un exemplu: o descriere (adesea doar o singură propoziție) se referea la un copil care tocmai își pierduse mama și era trist din pricina asta. După citirea propoziției, participantului îi erau arătate trei fotografii cu oameni având diverse expresii – una dintre ele, desigur, era de tristețe. În cele mai multe cazuri, subiecții studiului au identificat corect expresiile (80-90%). Tristețea și mânia au fost cel mai ușor de recunoscut. Rezultatele obținute de populația Fore nu au fost semnificativ diferite de cele ale subiecților aparținând culturilor occidentale. Aparent, există o anumită universalitate în domeniul expresiilor faciale. Indiferent unde au crescut, oamenii manifestă emoțiile folosind aceleași expresii.

SĂ ÎNCERCĂM ȘI NOI!

Bănuiesc că nu aveți acces la un grup de oameni care nu a fost expus până acum la influența culturii occidentale. Atunci, cum ați proceda pentru a studia subiectul expresiilor faciale? Există o soluție. Rețineți faptul că mânia a fost o expresie identificată corect de oameni aparținând aprope tuturor culturilor. Cercetătorii Christine Hanson și Ronald Hanson cred că motivul este faptul că o față mânioasă îți atrage atenția. Oamenii aflați în această stare reprezintă o potențială amenințare la adresa supraviețuirii. Oamenii cu chipuri fericite nu vor fi, probabil, un motiv de îngrijorare. Prin urmare, din punct de vedere evoluționist, nu e deloc surprinzător că oameni aparținând unor culturi diferite disting cu acuratețe fețele mânioase. Această aptitudine este importantă pentru supraviețuire.

C. Hanson și R. Hanson au realizat un experiment interesant pe care-l puteți face și dumneavoastră. Ei le-au arătat subiecților fotografii cu grupuri de oameni. În unele dintre aceste imagini aproape toţi indivizii aveau feţe fericite; în altele, prezentau expresii mânioase – *cei mai mulţi*, dar nu toţi. În fotografia cu feţe mânioase exista una care exprima fericire. Subiecţilor le-au fost arătate teancuri de astfel de fotografii şi li s-a cerut să găsească o persoană cu o expresie facială diferită de a celorlalte.

Ce au aflat? Subiecţii au descoperit mai rapid chipul mânios în mulţimea de feţe fericite decât viceversa. Din nou – descoperirea feţelor mânioase reprezintă o însuşire importantă a oamenilor. Aparent, ne naştem cu înclinaţia de a identifica prompt feţele mânioase.

Acest studiu nu e greu de reprodus, dar, aşa cum probabil că bănuiţi, aveţi nevoie de câţiva prieteni şi de alte câteva lucruri:

- cam 30 de persoane pentru fotografii
- un aparat de fotografiat sau un smartphone
- 2 grupuri de participanţi
- un cronometru
- hârtie şi pix (pentru a nota răspunsurile)

CUM PROCEDĂM:

GRUPUL A: FAŢĂ MÂNIOASĂ ÎN MULŢIMEA DE CHIPURI FERICITE

- **PASUL 1:** faceţi 10 fotografii cu mulţimea de oameni. Adunaţi vreo 30 de persoane şi aranjaţi-le pentru fiecare fotografie în parte (cel puţin 9 oameni, dar mai mulţi e şi mai bine). Înainte de a face fotografia, cereţi-le să mimeze fericirea, cu excepţia unuia singur. Acestuia îi cereţi să aibă o expresie mânioasă, având grijă să nu exagereze (altfel, sarcina participanţilor va fi prea uşoară). Persoana cu chipul mânios trebuie să fie de fiecare dată alta. Pentru a nu da impresia că folosiţi mereu aceiaşi oameni, le puteţi cere membrilor grupului să împrumute diverse articole de îmbrăcăminte unii de la alţii sau să poarte o haină în una dintre fotografii, dar nu şi în următoarea. Sigur că, dacă aveţi de ales dintre 30 de oameni, nu-i utilizaţi de fiecare dată pe aceiaşi 9. După ce aţi făcut fotografiile, sunteți gata să testați ideea pe grupul format din subiecții aleși (niciunul dintre aceştia nu trebuie să provină din rândul celor care apar în fotografii).

- **PASUL 2**: cereți subiecților să se așeze și pregătiți cronometrul. Spuneți-le participanților că urmează să le prezentați 10 fotografii și că trebuie să se uite la ele și să aleagă pe cineva despre care cred că are o expresie facială diferită de a celorlalte personaje din imagine. Nu le menționați că este vorba despre o persoană cu o față mânioasă. Pot răspunde „nu" dacă nu cred că există o astfel de persoană.
- **PASUL 3**: dați-le prima fotografie și porniți cronometrul. Opriți-l atunci când aleg o persoană. Notați rezultatele: cât timp le-a luat să identifice persoana cu o expresie mânioasă. Dacă identifică greşit persoana sau nu găsesc pe cineva cu un chip „diferit" de al celorlalți, scrieți că este vorba despre o eroare.

GRUPUL B: O FAȚĂ FERICITĂ ÎN MULȚIMEA DE CHIPURI MÂNIOASE

- **PASUL 1**: faceți 10 fotografii la fel ca în cazul grupului A. Puteți folosi aceiaşi oameni. Trebuie ca o persoană să aibă o față fericită (nu exagerat de fericită), iar celelalte să mimeze mânia. După aceea, îndreptați-vă atenția asupra grupului de participanți.
- **PASUL 2**: pregătiți cronometrul. Spuneți-le participanților că urmează să le arătați 10 fotografii și că vreți ca ei să se uite la ele şi să aleagă pe cineva despre care cred că are o expresie facială diferită de a celorlalte personaje din imagine. Nu le menționați că este vorba despre o persoană cu o față fericită. Pot răspunde „nu" dacă nu cred că există o astfel de persoană.
- **PASUL 3**: dați-le prima fotografie și porniți cronometrul. Opriți-l atunci când aleg o persoană. Notați rezultatele: cât timp le-a luat să identifice persoana cu o expresie fericită. Dacă identifică greşit persoana sau nu găsesc pe cineva cu un chip „diferit" de al celorlalți, scrieți că este vorba despre o eroare.

REZULTATELE

Am simplificat puţin studiul lui C. Hanson şi R. Hanson, dar trag nădejde că aţi făcut aceeaşi descoperire ca ei: timpul necesar identificării a fost mai scurt când chipul mânios s-a aflat în mijlocul feţelor fericite. S-ar putea să mai descoperiţi şi că au existat mai multe erori în cazul grupului B (persoana fericită în mijlocul celor mânioase). Fiinţele umane sunt mai deprinse cu feţele mânioase decât cu cele fericite.

DE CE CONTEAZĂ

Acesta este unul dintre numeroasele studii care vin în sprijinul subdomeniului intitulat psihologie evoluţionistă. Psihologii au descoperit că multe comportamente – chiar şi cele legate de modul în care ne alegem partenerii romantici – pot fi explicate prin aspecte ale teoriei evoluţioniste. În cazul de faţă descoperim că „alegerea unui chip din mulţime” poate fi mai uşoară decât credem – dacă faţa aceea pare că ne ameninţă viaţa!

CUM SĂ GÂNDIM POZITIV DESPRE VIAȚĂ

ÎMPĂRTĂȘIȚI-VĂ PROBLEMELE

CONCEPT PSIHOLOGIC: terapie cognitivă/detașare cognitivă

DENUMIREA EXPERIMENTULUI: utilizarea tehnicilor de restructurare cognitivă concisă și de detașare cognitivă pentru a face față gândurilor negative

CERCETĂTORUL/CERCETAREA INIȚIALĂ: Andreas Larsson, Nic Hooper, Lisa A. Osborne, Paul Bennett și Louise McHugh (2015)

COGNIȚIE

Mulți cred că dacă se duc la un psiholog vor trebui să discute despre trecutul lor. Nu se întâmplă întotdeauna așa. După ce-i vorbiți unui psihoterapeut despre ceea ce trăiți și despre ce anume așteptați să se întâmple în urma terapiei, există mai multe abordări prin care acesta vă poate ajuta. S-ar putea să nu fie nimic care să aibă legătură cu o incursiune în copilăria dumneavoastră.

Cu toții „vorbim cu noi înșine" în gând. Meditām la ziua care a trecut, la ce ne-a spus cineva și ce anume înseamnă acel lucru. Ei bine, psihologii cognitivi sunt interesați de ceea ce vă spuneți chiar în cursul zilei respective. Unii dintre noi au tendința să interpreteze în mod negativ ceea ce se întâmplă. Când lucrurile nu merg prea bine, uneori ne zicem ceva de genul: „Nimic nu-mi iese bine" sau „Cât de prost pot să fiu?" Dacă aveți o asemenea tendință, un psihoterapeut vă poate ajuta să schimbați acest tipar negativ de gândire. Procesul e mai complex decât simpla repetare a unor afirmații – asta nu e decât psihologie după ureche. Psihologii adevărați caută tipare de gândire și își ajută pacienții să le schimbe.

Mă credeți sau nu, dar una dintre abordări constă în utilizarea mai multor jocuri de pe telefonul mobil prin intermediul cărora să dobândiți o perspectivă pozitivă asupra lucrurilor. Cum puteți folosi aceste jocuri pentru a-i face pe oameni să se simtă mai bine? Să descoperim împreună.

EXPERIMENTUL ORIGINAR

Andreas Larsson şi colegii lui au realizat un studiu în cadrul căruia mai multe grupuri de oameni au scris pe hârtie gândurile negative apărute pe parcursul zilei. Apoi cercetătorii i-au pus să utilizeze una dintre tehnicile care combat aceste gânduri negative: restructurarea cognitivă sau detașarea cognitivă. Pare complicat, dar nu e.

Restructurarea cognitivă (sau „reconstrucția") presupune scrierea gândurilor pe hârtie şi aprecierea lor din punct de vedere rațional. De pildă, să presupunem că, uneori, vă gândiți că „nu puteți face nimic bine". Un psiholog spune despre acest gând că este o generalizare excesivă. Cu alte cuvinte, poate că ați greşit ceva, dar, oare, să fie adevărat că nu puteți face „nimic" bine? Probabil că faceți bine multe lucruri. Prin urmare, obiectivul este să nu generalizați pornind de la un singur lucru şi extinzând acest tipar asupra întregii vieți. S-ar putea să vi se ceară să restructurați gândul sub o formă mai realistă, de exemplu: „Bun, n-am făcut bine lucrul acesta, dar asta n-o să-mi afecteze restul vieții". Procedând astfel, vă distanțați puțin de gândul negativ.

Și totuși, mai există o modalitate prin care vă distanțați de gânduri şi vă ajută să conștientizați că nu sunt realiste. Le exprimați verbal. Sau îl puneți pe Bugs Bunny să dea glas gândurilor dumneavoastră. Da, ați auzit bine. Ce ar fi dacă vi s-ar cere să cântați următorul vers: „Nu fac nimic bine"? După câteva minute de cântat (sau în cursul cărora îl auziți pe Bugs Bunny cântând), o să începeți să vă gândiți că e mai curând ceva amuzant decât trist. Acest fenomen este cunoscut sub numele de *detașare cognitivă*. Există mai multe tehnici de „detașare", dar scopul lor este acelaşi: să vă „distanțați" puțin de propriile gânduri.

Poate că veți reuşi să nu mai gândiți negativ dacă gândurile vi se par absurde. Să vedem dacă putem reproduce ceea ce a făcut Larsson.

Larsson a dus participanții într-un laborator şi le-a cerut să scrie gânduri despre ei înşişi cu următoarele caracteristici: „Foarte negative”, „foarte incomode” şi „foarte credibile”. I-a rugat apoi să noteze fiecare gând pe o scală de la 1 la 5. Timp de cinci zile, pentru a se confrunta cu gândurile negative, participanții au utilizat fie tehnicile de restructurare, fie pe cele de detașare cognitivă. Chestionarele zilnice au evaluat gradul în care participanții au simțit că-i afectează gândurile negative. Larsson a descoperit că, în comparație cu tehnicile de restructurare, cele de detașare au scăzut mai mult gradul de credibilitate a gândurilor negative şi au sporit starea de bine.

SĂ ÎNCERCĂM ŞI NOI!

Descărcați una dintre aplicațiile care „schimbă vocea” într-o melodie ritmată. Una populară este „Songify”, dar există multe altele. Mulți se sfiesc să cânte în fața altora, aşa că le va fi mai uşor să folosească o aplicație care le va transforma vocea într-una caraghioasă. Psihoterapeuții care aplică tehnica de detașare întrebuințează aceste aplicații care schimbă vocea.

Subiecții lui Larsson erau persoane deprimate, dar dumneavoastră nu le veți cere prietenilor să-şi mărturisească gândurile sau sentimentele negative, deoarece este vorba despre ceva personal. În schimb, le dați câteva afirmații negative pe care oamenii şi le spun lor înşile şi-i întrebați cât de neplăcut se poate simți o persoană care are astfel de gânduri. La fel ca Larsson, vom stabili cât de eficient este să încerci „restructurarea” gândului negativ comparativ cu transformarea acelui gând în ceva care sună caraghios.

Iată de ce aveți nevoie:

- 2 grupuri de participanți
- un smartphone cu o aplicație de schimbare a vocii. Familiarizați-vă cu aplicația şi asigurați-vă că poate transforma o afirmație simplă într-o voce caraghioasă (un iepure, un robot, un zombi etc.).

- o foaie de hârtie cu următoarele trei afirmații imprimate pe față și pe verso: „Stric totul"; „nimeni nu mă iubește"; „sunt prost". Sub fiecare afirmație trasați o linie, pe care o lăsați necompletată.

CUM PROCEDĂM:

GRUPUL A: RESTRUCTURARE

- **PASUL 1**: arătați-le participanților, pe rând, declarațiile de pe una din fețele colii de hârtie. Informați-i că afirmațiile sunt lucruri pe care, uneori, oamenii și le spun lor înșile. Rugați-i să aleagă un număr între 1 și 20 și să evalueze afirmația din punct de vedere al sentimentului neplăcut pe care l-ar putea avea o persoană care-și spune sieși astfel de lucruri.
- **PASUL 2**: discutați puțin cu ei despre cât de iraționale sunt afirmațiile. Prima este un exemplu de generalizare exagerată – oare chiar există cineva care să strice absolut totul? A doua este un exemplu de gândire fără nuanțe, primitivă – este oare adevărat că nimeni nu va iubi niciodată acea persoană? A treia este o etichetă – cu toții facem pe moment lucruri nu prea inteligente, dar, oare, asta înseamnă că suntem, într-adevăr, proști?
- **PASUL 3**: după ce încheiați discuția, întoarceți foaia de hârtie și cereți-le să evalueze din nou afirmațiile prin numere de la 1 la 20. Veți descoperi, probabil, că notele vor fi ușor mai coborâte.

GRUPUL B: DETAȘARE

- **PASUL 1**: repetați pasul 1 de la grupul A. (Arătați afirmațiile și cereți-le participanților să-și evalueze nivelul stării de bine.)
- **PASUL 2**: Nu discutați cu acest grup despre iraționalitatea afirmațiilor. În schimb, după ce au evaluat afirmațiile de pe una din fețele colii de hârtie, scoateți la iveală aplicația pentru schimbarea vocii. Spuneți-le să se înregistreze singuri, rostind afirmațiile pe rând. Apoi schimbați-le vocile cu una caraghioasă (Songify îi face să sune de parcă ar cânta).
- **PASUL 3**: participanții își ascultă înregistrările de câteva ori.

- **PASUL 4**: faceți același lucru cu celelalte două afirmații. Apoi întoarceți foaia de hârtie și cereți-le să noteze din nou afirmațiile, acordându-le note de la 1 la 20.

REZULTATELE

Veți descoperi, probabil, că grupul care a aplicat detașarea și-a schimbat evaluările și mai mult decât cel care a folosit restructurarea. Deși evaluările membrilor săi s-au mutat doar puțin spre zona de „confort" a scalei, asta arată că, din punct de vedere psihologic, s-au „distanțat" un pic de gândurile negative, iar acesta e un lucru bun.

DE CE CONTEAZĂ

Este important pentru noi toți să ascultăm ceea ce ne spunem nouă înșine și să fim siguri că e vorba despre afirmații realiste. Uneori, ceea ce ne spunem nu poate fi adevărat și, dacă dăm greutate acestor cuvinte, ne facem singuri rău. Experimentul de mai sus ne arată că există diverse metode de distanțare – fie prin atenția acordată spuselor și prin reformularea acestora (restructurare), fie prin conștientizarea faptului că afirmația este ridicolă când o ascultăm rostită de o voce caraghioasă (detașare).

MODUL ÎN CARE ETICHETELE PSIHIATRICE NE AFECTEAZĂ PĂREREA DESPRE OAMENI

CÂINII LATRĂ, CARAVANA TRECE, DAR E POSIBIL SĂ DEVIN PRIZONIERUL ETICHETELOR

CONCEPT PSIHOLOGIC: etichetarea şi boala mintală

DENUMIREA EXPERIMENTULUI: păstrarea sănătății mintale în locuri nesănătoase

CERCETĂTORUL/CERCETAREA INIȚIALĂ: David L. Rosenhan (1974)

DENUMIREA REPRODUCERII/EXTENSIEI: Puterea limbajului şi a etichetelor: „bolnavii mintal" versus „oameni cu boli mintale"

CERCETĂTORUL/CERCETAREA REPRODUCERII: Darcy Haag Granello şi Todd A. Gibbs (2016)

COGNIȚIE

În unul dintre cele mai cunoscute studii din psihologie, cercetătorul principal, unul dintre studenții acestuia şi câțiva dintre prietenii celui de-al doilea s-au dus la o instituție psihiatrică şi au încercat să se interneze acolo. Au vrut să vadă cât de uşor sau de greu e să fii admis într-o astfel de unitate medicală. S-au mai întrebat, totodată, ce s-ar întâmpla dacă, odată admişi, după aceea s-ar comporta absolut normal. Oare personalul va recunoaşte că s-a făcut o greşeală? Poate acesta să facă distincția între un comportament „ciudat" şi unul „normal"? Au mai fost curioşi să ştie după cât timp li se va da drumul.

Toate aceste întrebări au ca obiect efectele etichetării. Odată ce i-am aplicat unei persoane o etichetă, cum ar fi „deprimată" sau „schizofrenică", suntem, oare, capabili după aceea s-o vedem şi cu alți ochi? Ce se întâmplă dacă o persoană deprimată îşi învinge depresia – este considerată un om „normal" sau este văzută ca un „om care a suferit de depresie"? Cât de puternice sunt etichetele în ceea ce priveşte părerea noastră despre oameni?

EXPERIMENTUL ORIGINAR

Înainte de a se duce la spitalul de psihiatrie, Rosenhan și cei șapte asociați ai lui au căzut de acord asupra declarațiilor făcute în fața persoanei de la internări: aud voci care spun „vid", „gol" și „bufnitură". După ce au fost chestionați, toți au fost admiși pentru internare. Șase dintre ei au primit diagnosticul schizofrenie, iar unul pe acela de maniaco-depresiv (ceea ce numim astăzi tulburare bipolară). Și-au notat zilnic experiențele din spital. Așa cum s-a dovedit ulterior, au fost externați după o perioadă cuprinsă între o săptămână și două luni. Referitor la însemnările lor – potrivit unor membri ai personalului, era vorba despre un comportament compulsiv. Odată externați, starea lor psihiatrică a fost estimată de medicii din spitalele respective ca fiind „ameliorată".

Acest studiu a provocat o îngrijorare serioasă în rândul comunității din domeniul psihologiei în ceea ce privește efectele etichetării. Etichetele psihiatrice sunt considerate importante, deoarece ajută personalul care se ocupă de bolnavii mintal să înțeleagă mai bine de ce anume suferă o persoană și care sunt cele mai bune medicații și terapii pentru boala respectivă. Gândiți-vă și dumneavoastră: probabil că nu ați avea încredere într-un medic care nu are un nume pentru boala de care suferiți. Cu toate acestea, problema etichetelor constă în faptul că se „lipesc", devenind dificil după aceea să te gândești la o persoană ca la o ființă umană, și nu ca la o etichetă. Având în vedere faptul că pacienții care suferă de afecțiuni medicale, de pildă apendicită, sunt diagnosticați sănătoși după tratament, ar trebui să fim conștienți că, pentru simplul motiv că am aplicat unei persoane eticheta „tulburare psihologică", asta nu înseamnă că nu poate face progrese semnificative, scăpând în cele din urmă de problemă.

Haideți să descoperim, prin experimentul de față, cât de puternice pot fi etichetele. Vom face o mică modificare în autodescrierea din cererea de angajare a unui solicitant.

SĂ ÎNCERCĂM ŞI NOI!

Vom folosi o tehnică simplă şi des uzitată de strângere a informaţiilor, care scoate în evidenţă cum anume înfăţişarea, rasa, etnia şi chiar expresia facială influenţează percepţia oamenilor despre cât de potriviţi suntem pentru o anumită slujbă. Înfăţişarea sau rasa din care face parte o persoană nu ar trebui să aibă nimic de-a face cu calificarea ei pentru o anumită slujbă, însă aceste caracteristici joacă, într-adevăr, un rol. Iată de ce aveţi nevoie:

- 2 grupuri de participanţi
- 2 descrieri ale unui solicitant ipotetic (vezi mai jos)

Pentru a realiza acest experiment, trebuie să le spuneţi participanţilor că vreţi să ştiţi cât de bine se va descurca persoana respectivă la locul de muncă. Vom folosi titulatura unui post cu care nu toţi oamenii sunt familiarizaţi: manager de marketing.

CUM PROCEDĂM:

GRUPUL A:

- **PASUL 1:** puteţi inventa singuri descrierea solicitantului, dar iată un exemplu. Reţineţi că, în această descriere, Janet este o persoană „bolnavă mintal".

Janet este o persoană sociabilă, în vârstă de vreo 20 şi ceva de ani. A absolvit facultatea şi a obţinut o diplomă în marketing. În timpul facultăţii a fost membră a clubului de marketing, unde a îndeplinit funcţia de colector principal de fonduri. Ea a condus numeroase activităţi de colectare a fondurilor. De asemenea, a participat la două conferinţe având ca subiect marketingul, pentru a învăţa cât mai multe despre acest domeniu. În liceu a primit note mari şi a făcut parte din echipa de înot. Părinţii ei au divorţat pe când Janet avea 12 ani şi, o vreme, a fost oarecum o „singuratică". A fost dusă la un consilier de specialitate şi timp de un an a urmat o terapie care s-o ajute să facă faţă depresiei. Ulterior, s-a descurcat mai bine acasă şi la şcoală şi, deşi e o persoană bolnavă mintal, s-a descurcat bine la facultate, fiind entuziasmată de o posibilă carieră în domeniul marketingului şi al vânzărilor. S-a mutat într-un apartament din Boston şi, optimistă, a început să-şi caute serviciu.

- **PASUL 2**: puneţi pe pagină, ca titlu, manager de marketing şi printaţi un exemplar cu descrierea.
- **PASUL 3**: luând participanţii pe rând, cereţi-le să citească descrierea şi să-i acorde lui Janet o notă de la 1 la 10, care să reflecte cât de bine se va descurca la serviciu (1 însemnând succes zero, iar 10, succes maxim). Dacă subiectul spune că nu poate lua o decizie corectă fără informaţii suplimentare sau fără să o întâlnească pe „Janet", îndemnaţi-l să asculte de instinct şi să aleagă un număr.
- **PASUL 4**: după ce participantul vă comunică numărul, mulţumiţi-i şi treceţi la următorul subiect.

GRUPUL B

- **PASUL 1**: şi grupul B primeşte descrierea lui „Janet", dar, aşa cum veţi vedea din textul de mai jos, ea este descrisă puţin altfel: este „o persoană cu o boală mintală".

Janet este o persoană sociabilă, în vârstă de vreo 20 şi ceva de ani. A absolvit facultatea şi a obţinut o diplomă în marketing. În timpul facultăţii a fost membră a clubului de marketing, unde a îndeplinit funcţia de colector principal de fonduri. Ea a condus numeroase activităţi de colectare a fondurilor. De asemenea, a participat la două conferinţe având ca subiect marketingul, pentru a învăţa cât mai multe despre acest domeniu. În liceu a primit note mari şi a făcut parte din echipa de înot. Părinţii ei au divorţat pe când Janet avea 12 ani şi, o vreme, a fost oarecum o „singuratică". A fost dusă la un consilier de specialitate şi timp de un an a urmat o terapie care s-o ajute să facă faţă depresiei. Ulterior, s-a descurcat mai bine acasă şi la şcoală şi, deşi este o persoană cu o boală mintală, s-a descurcat bine la facultate, fiind entuziasmată de o posibilă carieră în domeniul marketingului şi al vânzărilor. S-a mutat într-un apartament din Boston şi, optimistă, a început să-şi caute serviciu.

- **PASUL 2**: luând participanții pe rând, cereți-le să citească descrierea și să-i acorde lui Janet o notă de la 1 la 10, care să reflecte cât de bine se va descurca la serviciu (1 însemnând succes zero, iar 10, succes maxim).
- **PASUL 3**: după ce participantul vă comunică numărul, mulțumiți-i și treceți la următorul subiect.

REZULTATELE

Încercând să se confrunte cu efectele negative ale etichetării, personalul din instituțiile de sănătate mintală sugerează că simplul act de a spune despre o persoană că „are o boală mintală" în loc de a afirma că este „bolnavă mintal" va avea efect asupra modului în care este percepută de ceilalți. Veți constata probabil că, atunci când Janet este descrisă ca fiind o „persoană bolnavă mintal", subiecții îi vor acorda note ceva mai mici decât în cazul în care este catalogată o „persoană cu o boală mintală".

DE CE CONTEAZĂ

Spre deosebire de apendicită sau de gripă, atunci când oamenii au o problemă psihologică și urmează un anumit tip de terapie, societatea tinde ulterior să nu-i considere „vindecați", deși nu se comportă diferit de restul lumii. Acest lucru se întâmplă pentru că bolile mintale nu pot fi văzute. Ne e mai ușor să înțelegem o problemă atunci când o vedem. În cazul bolilor mintale, nu putem spune cu ușurință dacă o persoană și-a învins suferința. De asemenea, avem tendința de a aprecia boala mintală într-un registru alb/negru: fie ești „normal", fie ești „bolnav". Dar nu așa stau lucrurile. Cu toții avem probleme în anumite perioade din viața noastră. Uneori, reacțiile la aceste tulburări sunt extreme, alteori sunt mai moderate. Boala mintală nu este ceva de genul ori/ori. Din acest motiv, este important să nu ne stigmatizăm pe noi înșine sau pe alții din cauza tratamentului prescris de un profesionist din domeniul sănătății mintale.

SCHEMA LUCRURILOR DE FIECARE ZI

ATENȚIE LA ARAGAZ, E FIERBINTE!

CONCEPT PSIHOLOGIC: factori umani/cartografiere naturală
DENUMIREA EXPERIMENTULUI: schema lucrurilor de fiecare zi
CERCETĂTORUL/CERCETAREA INIȚIALĂ: Donald Norman (2002)

Ați vizitat vreodată o pagină de internet și n-ați știut unde să dați clic? În cazul acesta, pagina respectivă este prost proiectată. Iată și reversul: o pagină de internet atât de bine proiectată, încât vă treziți că apăsați o serie de butoane „Dați clic aici" și, înainte de a vă dezmetici, aflați că tocmai ați cumpărat ceva. Acesta este un site bine proiectat (cel puțin din perspectiva proprietarului său!). Mă credeți sau nu, dar în designul lucrurilor cu care interacționați zilnic este implicată și puțină psihologie. Apple Inc. a repurtat un mare succes, pentru că, printre altele, compania creează produse care par „intuitive". În general, știți cum să lucrați cu ele fără să aveți nevoie de un manual de utilizare.

Vom face un mic experiment care vă va arăta cât de repede – sau de încet – va reuși o persoană să utilizeze ceva simplu, să zicem un aragaz, atunci când acesta este prost conceput. Ce legătură există între psihologi și aragazuri? Veți fi surprinși să constatați că există una.

EXPERIMENTUL ORIGINAR

Aproape toate produsele au făcut subiectul unui anumit tip de experiment. Companiile mari angajează psihologi experimentali pentru a vedea ce fac oamenii când interacționează cu un produs. În cazul experimentului de față, ne vom referi la designul arzătoarelor aragazului și al butoanelor care le controlează. De obicei, butoanele sunt aliniate în partea din față a aragazului, dar problema constă în faptul că arzătoarele nu sunt și ele așezate unul lângă altul, ci sunt aliniate sub forma a două şiruri suprapuse. Cercetătorii le-au prezentat subiecţilor aragazuri proiectate sub forma obişnuită (mai jos, stânga) şi aragazuri proiectate într-o manieră mai „naturală" – cu butoanele aliniate după modelul arzătoarelor (mai jos, dreapta).

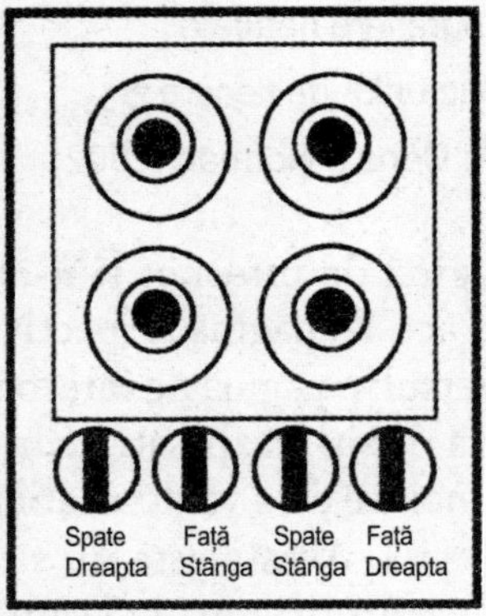

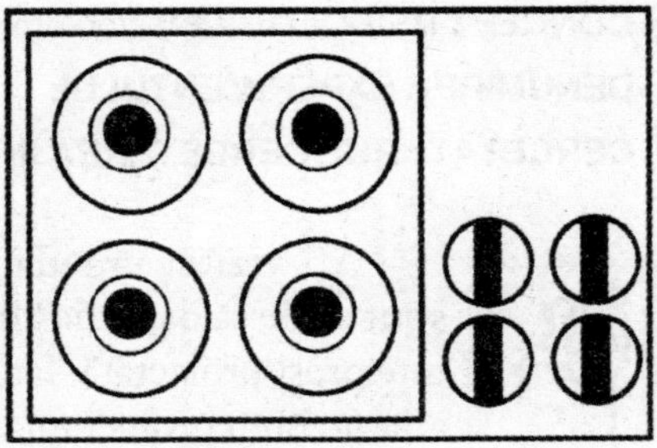

Experimentul e foarte simplu: aşezaţi oamenii în faţa aragazului şi cereţi-le să răsucească un anumit buton. De obicei, experimentul este filmat, iar ulterior cercetătorii măsoară timpul (cu sutimi de secunde) necesar pentru ca persoana să-şi dea seama ce buton controlează un anumit arzător. Obiectivul este scurtarea, cât mai mult cu putinţă, a acestui timp.

SĂ ÎNCERCĂM ŞI NOI!

Puteţi reproduce foarte simplu acest experiment. În primul rând, aveţi nevoie de imaginile celor două aragazuri din experimentul lui Donald Norman. Acestea sunt destul de uşor de găsit. Vă puteţi duce la un magazin din apropiere care vinde aragazuri. Veţi găsi unele prost proiectate, cum este cel din prima imagine, dar şi unele cu un design mai „natural". Sau căutaţi pe internet „aragaz cu design natural". Veţi descoperi cele două aragazuri prezentate mai sus, dar şi altele, cu configuraţii diferite ale butoanelor şi arzătoarelor. Printaţi pe coli diferite imaginile cu aragazul „bun" şi cu cel „rău". Iată de ce aveţi nevoie pentru experiment:

- 2 grupuri de participanți
- fotografia aragazului corect sau „natural” proiectat
- fotografia aragazului prost proiectat
- un creion
- un cronometru

CUM PROCEDĂM:

GRUPUL A

- **PASUL 1**: setați cronometrul la zero. Întoarceți cu fața în jos imaginea cu aragazul „bun”, astfel încât participanții să n-o vadă, și țineți creionul la îndemână.
- **PASUL 2**: așezați participanții la masă, pe rând, și spuneți-le că le veți arăta imaginea unui aragaz cu arzătoare și butoane. Urmează să le indicați un anumit buton și să-i întrebați ce arzător controlează acesta. Înainte de a începe, răspundeți la toate întrebările care vi se pun.
- **PASUL 3**: când sunt pregătiți, întoarceți foaia de hârtie, indicați butonul din stânga jos (puteți spune „Acesta”) și porniți cronometrul. Nu va trece mult timp până când vor arăta corect arzătorul. De fapt, s-ar putea ca sarcina să li se pară dezamăgitor de ușoară, întrebându-se ce anume urmăriți. Explicați-le ce faceți atunci când le arătați imaginea aragazului „bun”. Aveți grijă să nu mai spună nimănui ceea ce au aflat.
- **PASUL 4**: notați timpul (probabil o secundă sau două, prin urmare scrieți și zecimile) și puneți alături un X dacă răspund greșit sau bifați dacă alegerea este corectă.

GRUPUL B

- **PASUL 1**: setați cronometrul la zero. De data asta, întoarceți cu fața în jos imaginea aragazului „rău”, astfel încât participanții să n-o vadă, și țineți creionul la îndemână.
- **PASUL 2**: așezați participanții la masă, pe rând, și spuneți-le că le veți arăta imaginea unui aragaz cu arzătoare și butoane. Urmează să le indicați un anumit buton și să-i întrebați ce arzător controlează acesta. Înainte de a începe, răspundeți la toate întrebările care vi se pun.

- **PASUL 3**: când sunt pregătiţi, întoarceţi foaia de hârtie, indicaţi butonul din stânga (puteţi spune „Acesta") şi porniţi cronometrul.
- **PASUL 4**: cred că o să fiţi surprinşi de confuzia lor când vor examina această imagine. Vor mormăi, probabil, ceva înainte de a-şi da seama spre ce arzător să arate. Notaţi timpul indicat de cronometru. Dacă răspunsul este greşit, marcaţi-l cu un X, iar dacă este corect, bifaţi-l.

REZULTATELE

Veţi descoperi, fără îndoială, că participanţilor din grupul B le va lua mai mult timp până să aleagă un arzător şi vor face mai multe greşeli. Ar fi o surpriză dacă subiecţii din grupul A, care s-au uitat la imaginea aragazului „natural", ar face vreo greşeală.

DE CE CONTEAZĂ

Este important, desigur, ca firmele care proiectează produse electrocasnice – în special cele care emit căldură sau flacără – s-o facă în aşa fel încât să fie utilizate cu uşurinţă. Imaginaţi-vă carlinga unui avion. Există sute de indicatoare şi o sumedenie de butoane. E copleşitor. Deşi e enervant să aştepţi câteva secunde până-ţi dai seama de corespondenţa dintre butoanele şi arzătoarele unui aragaz, gândiţi-vă ce consecinţe pot apărea dacă un pilot se gândeşte prea mult înainte de a lua o decizie atunci când pilotează un avion. Probabil că la proiectarea carlingii a participat şi un psiholog (numit adesea psiholog al factorilor umani).

APARENT, FRUMUSEȚEA NU SE AFLĂ DOAR ÎN OCHII PRIVITORULUI

HEI, FRUMOASO!

CONCEPT PSIHOLOGIC: atracție interpersonală

DENUMIREA EXPERIMENTULUI: ce e frumos e bun

CERCETĂTORUL/CERCETAREA INIȚIALĂ: Karen Dion, Ellen Berscheid și Elaine Walster (1972)

SOCIAL

Este interesant faptul că frumusețea e recunoscută de oameni aparținând tuturor tradițiilor. Tendința de a recunoaște atractivitatea unei persoane poate fi redusă la o formulă matematică. Aflăm astfel că dimensiunile corpului uman care respectă anumite proporții sunt considerate atractive de foarte multă lume. De asemenea, se pare că există un fel de aură în jurul oamenilor frumoși. Cu alte cuvinte, credem adesea că o persoană frumoasă are și alte calități de preț, cum ar fi onestitatea și bunătatea. Acest fenomen a fost investigat pentru prima oară, la începutul anilor '70, de Karen Dion, Ellen Berscheid și Elaine Walster.

EXPERIMENTUL ORIGINAR

Dion și colegele sale au adunat 100 de fotografii din diverse anuare, le-au arătat unor studenți și le-au cerut să evalueze atractivitatea fiecărei persoane în parte. Singurele fotografii utilizate în cadrul experimentului au fost cele care au primit note mari (oameni atractivi), medii (atractivitate medie) și mici (oameni neatractivi). Apoi un alt grup de studenți a văzut același set de fotografii. Subiecții au fost întrebați și în legătură cu alte calități pe care oamenii din fotografii le-ar putea avea, cum ar fi corectitudinea, bunătatea, altruismul și cordialitatea. Evident că oamenilor atractivi le-au fost atribuite toate aceste calități pozitive. Să vedem acum cum am putea testa acest fenomen.

SĂ ÎNCERCĂM ŞI NOI!

Pentru a reproduce descoperirile esenţiale ale acestui studiu, avem nevoie de fotografii care să reprezinte o persoană atractivă, o persoană cu o atractivitate medie şi o persoană neatractivă. Sunt bune şi fotografiile de la umeri în sus. Ar fi bine să căutaţi fotografii cu persoane necunoscute. Le puteţi găsi căutând pe internet. Sigur că n-o să le cereţi prietenilor să pozeze pentru dumneavoastră. Nimeni nu ar vrea să afle că a fost pus în categoria „atractivitate medie" sau în cea a „persoanelor neatractive". Fotografia persoanei atractive nu ar trebui să degaje un farmec excesiv, nici să reprezinte un om cu cicatrice sau cu diformităţi faciale evidente. Nu vreţi ca subiecţii să-şi dea seama ce urmăriţi.

Iată materialele de care aveţi nevoie:

- 20 de participanţi
- fotografia unei persoane atractive
- fotografia unei persoane cu atractivitate medie
- fotografia unei persoane neatractive
- 3 plicuri suficient de mari pentru ca în ele să încapă o fotografie
- 4 foi de hârtie pentru fiecare participant (numărul total de foi depinde de numărul participanţilor)
- ustensile de scris pentru participanţi

CUM PROCEDĂM:

- **PASUL 1**: numerotaţi cele 3 fotografii: „Persoana 1" (atractivitate medie), „Persoana 2" (neatractivă) şi „Persoana 3" (atractivă). Printaţi fotografiile şi puneţi-le separat în câte un plic.
- **PASUL 2**: scrieţi întrebările pe care urmează să le puneţi subiecţilor pe trei foi separate. Să folosim şi noi unele dintre caracteristicile de personalitate utilizate de autori. Iată trei trăsături folosite de cercetători, însoţite de o scală de la 1 la 10:

Anost **1 2 3 4 5 6 7 8 9 10** Incitant

Rece **1 2 3 4 5 6 7 8 9 10** Cald

Neinteresant **1 2 3 4 5 6 7 8 9 10** Interesant

Nesofisticat **1 2 3 4 5 6 7 8 9 10** Sofisticat

Nesincer **1 2 3 4 5 6 7 8 9 10** Sincer

Nu prea inteligent **1 2 3 4 5 6 7 8 9 10** Foarte inteligent

Aveţi acum trei foi de hârtie, intitulate Persoana 1, Persoana 2 şi Persoana 3, iar pe fiecare sunt menţionate şase întrebări.

- **PASUL 3**: pe cea de-a patra foaie scrieţi trei întrebări similare celor folosite de cercetători, pentru a afla dacă persoanele atractive sunt cele considerate a avea o viaţă împlinită. Întrebările sunt următoarele:
    1. Care persoană prezintă o probabilitate mai mare de a fi divorţată?
    2. Care persoană ar putea fi cel mai bun părinte?
    3. Care persoană ar putea avea cea mai împlinită carieră?
- **PASUL 4**: spuneţi-le subiecţilor să scoată o fotografie dintr-un plic, să se uite la persoana respectivă şi să încercuiască un număr pentru fiecare dintre cele şase trăsături.
- **PASUL 5**: după ce au făcut acest lucru cu toate cele trei fotografii, puneţi întrebările de la pasul 3 şi notaţi numărul persoanei alese în dreptul fiecărei întrebări.

REZULTATELE

Ar trebui să descoperiţi că un grup format din 20 de persoane este suficient pentru a obţine rezultate similare cu cele ale studiului originar. Calculaţi în cazul fiecărei fotografii un punctaj mediu pentru trăsăturile de personalitate, adunând numerele încercuite şi împărţind suma la numărul de subiecţi folosiţi. Veţi afla, probabil, că fotografia persoanei atractive a obţinut un punctaj mai mare decât celelalte două pentru „incitant", „cald", „interesant", „sofisticat", „sincer" şi „foarte inteligent". Veţi mai descoperi, totodată, că persoana atractivă va avea cea mai mică probabilitate de a fi divorțată și cea mai mare probabilitate de a fi un părinte bun sau de a avea o carieră de succes.

DE CE CONTEAZĂ

E greu de ignorat faptul că trăim într-o societate obsedată de frumusețe. Așa cum demonstrează studiul de față, ca și multe altele, se apreciază că oamenii frumoși mai au și alte calități minunate. În mod curios, există cel puțin o situație în care faptul de a fi frumos ar putea fi un dezavantaj: dacă vă folosiți de înfățișare pentru a comite un delict. Un studiu a arătat că, dacă fotografia unui bărbat este însoțită de descrierea modului în care acesta stoarce bani de la femei mai în vârstă, pretinzând că le iubește, el primește o pedeapsă cu închisoarea mai lungă în cazul în care e frumos. Prin urmare, să fii frumos e un lucru minunat – cu condiția să nu te folosești de înfățișare pentru a profita de pe urma altora.

ROLURILE NE POT AFECTA LA UN NIVEL PROFUND

EŞTI OARE ROLUL PE CARE-L JOCI?

CONCEPT PSIHOLOGIC: rolurile sociale

DENUMIREA EXPERIMENTULUI: studiu asupra deţinuţilor şi gardienilor dintr-o falsă închisoare

CERCETĂTORUL/CERCETAREA INIŢIALĂ: Craig W. Haney, W. Curtis Banks şi Philip G. Zimbardo (1973)

DENUMIREA REPRODUCERII/EXTENSIEI: Regândire asupra psihologiei tiraniei: Documentarul *Experimentul Stanford*, realizat de BBC

CERCETĂTORUL/CERCETAREA REPRODUCERII: Stephen Reicher şi Alexander Haslam (2006)

Aţi jucat vreodată un rol? Dacă n-aţi apărut în vreo piesă la şcoală ori la vreun teatru local, sunteţi convinşi, probabil, că nu aţi jucat niciodată roluri. Totuşi, jucăm tot timpul roluri. Aţi fost vreodată preşedintele unui club? Babysitter? Profesor? Toate acestea sunt roluri. Ceea ce le conferă aspectul de roluri sunt comportamentele care ne aşteptăm să le însoţească. Atunci când sunteţi „profesor", credeţi că treaba dumneavoastră este să faceţi ordine în clasă şi să-i faceţi pe elevi să fie atenţi. Când sunteţi babysitter ştiţi că părinţii se aşteaptă să daţi dovadă de un anumit nivel de „seriozitate". Preşedinţii de club trebuie să fie serioşi şi sociabili. Poate că nu avem aceste caracteristici, însă atunci când jucăm un rol trebuie să ne comportăm conform aşteptărilor.

Să fie, oare, ceva mai mult decât „un simplu rol"? Când vi se atribuie un rol şi lucrurile nu merg bine – elevii din clasă nu sunt atenţi, copilul face boacăne, iar membrii clubului nu par să vă respecte –, asta vă „doare" la un nivel mai profund? Oare aceste roluri, despre care ştim că sunt temporare, ne afectează profund? Studiul lui Zimbardo este dificil de reprodus, însă Reicher şi

Haslam au reuşit să facă o cercetare similară şi au obţinut rezultate interesante în urma aşa-numitului Experiment Stanford. Urmărind scopul propus în cartea de faţă, ne vom axa pe puterea pe care rolurile o exercită asupra emoţiilor.

EXPERIMENTUL ORIGINAR

Zimbardo şi colegii lui de la Universitatea Stanford au vrut să răspundă la aceste întrebări. Ei au decis să se folosească de rolurile de „deţinut" şi „gardian" dintr-o închisoare. Au creat o închisoare falsă în subsolul uneia dintre clădirile universităţii. Au selectat 24 de studenţi de gen masculin şi le-au atribuit la întâmplare rolurile de „deţinuţi" şi „gardieni". Deţinuţii au primit numere şi haine similare cu cele purtate în realitate de astfel de oameni, iar „gardienii" au îmbrăcat uniforme şi li s-au dat ochelari de soare cu lentile negre. La început, gardienii şi-au jucat rolul aşa cum au crezut că se comportă nişte gardieni adevăraţi şi i-au închis pe „deţinuţi" în celule. Iniţial, atmosfera a fost prietenească, dar, pe măsură ce experimentul a continuat, situaţia s-a schimbat. Foarte curând, gardienii au devenit exigenţi şi meschini, iar deţinuţii au început să se comporte ca nişte prizonieri adevăraţi – au strigat la gardieni, i-au înjurat şi nu le-au îndeplinit ordinele. În plus faţă de aceste acţiuni, a reieşit clar că studenţii şi-au „însuşit" rolurile la un nivel foarte emoţional. S-au supărat, au devenit foarte furioşi şi mulţi au fost scoşi de timpuriu din studiu, din cauza reacţiei lor emoţionale puternice. Este limpede că, atunci când preluăm un rol, asta înseamnă mai mult decât „Fă doar ceea ce trebuie să faci". Faptul de a juca un rol ne poate afecta.

SĂ ÎNCERCĂM ŞI NOI!

Există o modalitate prin care să cercetăm efectul rolurilor asupra emoţiilor, fără a pune în pericol sau fără a supăra pe nimeni, aşa cum s-a întâmplat în cazul studiului de la Stanford. Să ne folosim de o situaţie cu care sunteţi, probabil, familiarizaţi de la şcoală: lucrul împreună cu alţi studenţi la un proiect de grup. De obicei, studenţilor nu le place să lucreze în grupuri, deoarece, în general, unul sau doi fac toată treaba, iar ceilalți ard gazul. Psihologii numesc o astfel de situație „trândăveală socială". O modalitate de a combate această problemă este atribuirea unui rol fiecărui membru al grupului. Rolurile tipice sunt „lider", „normator", „secretar" și „avocatul diavolului". Aceste roluri îi ajută pe membrii grupului să fie mai concentrați și mai eficienți.

Iată de ce aveți nevoie:

- 4 prieteni
- un cronometru

CUM PROCEDĂM:

- **PASUL 1**: adunați-vă prietenii și spuneți-le că doriți să lucreze 5 minute în grup și să găsească astfel cât mai multe utilizări pentru o cărămidă. Această idee („Câte utilizări puteți găsi pentru o cărămidă?") este deseori folosită în cadrul cercetărilor. Puteți recurge la un alt subiect – ideea de bază este ca membrii grupului să lucreze împreună la îndeplinirea unei sarcini.
- **PASUL 2**: atribuiți-i fiecărei persoane unul dintre următoarele roluri. Le puteți scrie pe foi separate și le înmânați apoi persoanelor selectate. E necesar ca nimeni să nu cunoască rolurile celorlalți.

  1. Ești Liderul grupului și manifești un entuziasm real față de propriile idei.
  2. Ești Normatorul și crezi că are o importanță deosebită ceea ce faci. Amintește-le asta frecvent celorlalți (precum și timpul care le-a mai rămas pentru activitate).
  3. Ești „Avocatul diavolului" – fiecare idee adusă în discuție este criticată. Scoți întotdeauna în evidență de ce nu e bună ideea.
  4. Ești Secretarul grupului – notezi ideile, dar clarifici faptul că, dacă nu-ți aparține, ideea e proastă.

- **PASUL 3**: după ce ați vorbit cu toți membrii grupului despre rolurile lor, așezați-i la masă și spuneți-i normatorului să cronometreze când crede de cuviință.

REZULTATELE

După ce s-au scurs cele 5 minute, aruncați o privire asupra ideilor notate pe hârtie, dar, de fapt, sunteți mai interesați de ceea ce simt unii despre alții. Cereți-le să dezvăluie rolul pe care l-au jucat și să descrie sentimentele pe care le au față de ceilalți membri ai grupului. Pun rămășag că ies la iveală o mulțime de frustrări. Probabil că Liderul îl consideră enervant pe „Avocatul diavolului". „Avocatul diavolului" îl consideră enervant pe Secretar, iar pe Normator îl enervează toată lumea. Rolurile atribuite membrilor grupului au fost doar temporare și artificiale – cu toate acestea, oamenii au intrat în rol și ca urmare au avut stări emoționale.

DE CE CONTEAZĂ

Cu toții avem convingerea că toate acțiunile celorlalți sunt influențate de personalitatea lor. Descoperim în cazul de față că, uneori, ceea ce facem are legătură cu ceea ce credem că trebuie să facem pentru a juca rolul care ne-a fost atribuit. Și luăm foarte în serios acest aspect. Studiul de la Stanford a fost aplicat în situații reale, de pildă gardienilor americani ai închisorii Abu Ghraib, care au torturat soldați irakieni. Când au intrat în rândul forțelor armate, acești gardieni erau niște oameni obișnuiți, deși comportamentul lor ulterior e greu de acceptat. Cât de responsabili sunt de acest comportament și cât din el a fost cauzat de rolul de gardieni pe care l-au jucat?

ATUNCI CÂND STRĂDANIILE NU CONTEAZĂ

MĂ DAU BĂTUT!

CONCEPT PSIHOLOGIC: psihologie cognitivă

DENUMIREA EXPERIMENTULUI: eşecul eliberării de şocul traumatic

CERCETĂTORUL/CERCETAREA INIŢIALĂ: Martin Seligman şi Steven Maier (1967)

DENUMIREA REPRODUCERII/EXTENSIEI: neputinţa învăţată la cincizeci de ani: descoperiri în neurologie

CERCETĂTORUL/CERCETAREA REPRODUCERII: Steven Maier şi Martin Seligman (2016)

COGNIŢIE

De ce ne simţim, din când în când, „deprimaţi"? De ce şi alţi oameni au adesea o astfel de stare? Iar când vă simţiţi aşa, puteţi face ceva pentru a vă ameliora starea? La fel ca în cazul comportamentului şi emoţiilor umane, şi în acest caz există numeroase cauze. Psihologii cognitiv-comportamentali încearcă să răspundă la această întrebare concentrându-se asupra experienţelor din trecut şi a gândurilor din prezent. Dacă, în trecut, aţi încercat să ieşiţi dintr-o situaţie dificilă şi nu aţi reuşit, este, oare, posibil să abordaţi o nouă împrejurare dificilă cu un sentiment de neajutorare? Aţi „învăţat să fiţi neputincioşi"? Dacă da, probabil că pentru a vă simţi mai bine este necesar să aveţi în prezent experienţe pozitive, devenind astfel conştienţi de propriile gânduri negative. Poate că există o modalitate prin care v-aţi putea simţi mai puţin neajutoraţi – acesta este subiectul pe care Maier şi Seligman l-au cercetat mai mult de cincizeci de ani.

EXPERIMENTUL ORIGINAR

Seligman şi colegii lui au vrut să afle ce s-ar întâmpla dacă nişte câini s-ar confrunta cu o situaţie dificilă, imposibil de evitat. Au confecţionat cuşti având podelele prevăzute cu fire electrice prin care puteau fi aplicate şocuri uşoare, dar suficient de deranjante. Unele dintre aceste cuşti au fost construite în aşa fel încât câinele să scape de şocul electric sărind într-o zonă a cuştii unde podeaua nu era electrificată. Alţi câini nu puteau scăpa de şocuri, indiferent ce ar fi făcut.

Ce ar face câinii puşi în situaţia „fără scăpare" dacă ar fi introduşi într-o cuşcă în care ar putea evita şocurile sărind în zona neelectrificată? Ar sări în acea zonă? Răspunsul este negativ. Ei au învăţat deja, în situaţia anterioară, că nu pot face nimic pentru a-şi schimba soarta, iar acum, deşi se află într-o nouă situaţie, nu vor acţiona în niciun fel pentru a evita şocurile. Au învăţat să fie neputincioşi.

SĂ ÎNCERCĂM ŞI NOI!

Există un mijloc de a testa această teorie fără să aplicăm şocuri electrice unor câini. Ideea-cheie din spatele experimentului lui Seligman şi Maier este aceea că, orice ar fi încercat să facă, patrupedele au fost puse într-o situaţie neplăcută pe care n-o puteau evita. Putem încerca experimentul împreună cu prietenii noştri – atât timp cât o vom face într-o manieră cuviincioasă.

Mai întâi, trebuie să găsim pentru subiecţii noştri o activitate incitantă. Deoarece mulţi sunt familiarizaţi cu ea, activitatea folosită adesea este rezolvarea anagramelor. O anagramă este un cuvânt ale cărui litere pot fi rearanjate în aşa fel încât să formeze un alt cuvânt sau mai multe. De pildă, literele din cuvântul „canoe" pot fi rearanjate pentru a forma cuvântul „ocean". Căutând pe internet, veţi găsi multe site-uri cu anagrame care pot fi întrebuinţate în cazul experimentului de faţă.

Veţi avea nevoie de:

- 8-10 prieteni
- 2 anagrame relativ uşoare, cum ar fi scor (cros), cort (troc) şi acord (docar)

- 2 anagrame dificile, cum ar fi insomnie (sinonime) sau cavernos (conversa)
- 1 anagramă de dificultate medie, cum ar fi permutare (premature)

CUM PROCEDĂM:

- **PASUL 1**: printaţi cuvintele pe o foaie de hârtie – numerotate 1-3 – în această ordine: „Uşor", „Uşor", „Moderat". Listaţi cuvintele 1-3, dar lăsaţi 10 spaţii goale între ele. Apoi faceţi o altă listă cu următoarea ordine: „Dificil", „Dificil", „Moderat". Din nou, lăsaţi 10 spaţii goale între cuvinte.
- **PASUL 2**: adunaţi prietenii într-o cameră şi spuneţi-le că le veţi da să rezolve câteva anagrame. Va trebui, probabil, să le explicaţi şi să le daţi un exemplu. Aşezaţi-i la masă, păstrând între ei o distanţă suficient de mare, ca să nu se uite pe foaia vecinului.
- **PASUL 3**: daţi-i unei jumătăţi dintre prieteni foaia de hârtie pe care sunt listate cuvintele în ordinea „Uşor", „Uşor", „Moderat". Cealaltă jumătate primeşte foaia conţinând cuvintele în ordinea „Dificil", „Dificil", „Moderat". Aşezaţi foile cu faţa în jos, pentru ca prietenii să nu poată citi ce scrie pe ele.
- **PASUL 4**: spuneţi-le că peste un minut veţi da startul şi că atunci vor trebui să întoarcă foaia de hârtie şi să încerce să rezolve prima anagramă. După ce o rezolvă, nu trebuie să se uite la următorul cuvânt, ci doar să ridice mâna. După ce ridică mâna majoritatea subiecţilor, veţi spune „stop", iar cei care nu au terminat vor trebui să întoarcă foaia de hârtie cu faţa în jos. Nimeni nu trebuie să menţioneze cu glas tare care a fost anagrama. Le veţi comunica anagramele la sfârşitul activităţii. Până atunci, în cameră va domni liniştea.
- **PASUL 5**: răspundeţi la întrebări şi daţi startul. După ce jumătate dintre subiecţi au întors pagina cu faţa în jos şi au ridicat mâna (probabil grupul „Uşor"), spuneţi „Stop. Toată lumea întoarce pagina cu faţa în jos".
- **PASUL 6**: rostiţi: „Când dau startul, întoarceţi pagina cu faţa în sus şi încercaţi să rezolvaţi anagrama 2. Începeţi!" Probabil că

veţi vedea câteva chipuri frustrate în cadrul grupului „Dificil". Din nou, după ce se ridică mâinile şi foile sunt întoarse cu faţa în jos (majoritatea dintre aceiaşi oameni), spuneţi: „Stop. Toată lumea întoarce foile cu faţa în jos". Veţi observa mai multe semne de neîncredere şi de frustrare printre membrii grupului „Dificil".

- **PASUL 7**: în final, spuneţi: „Când dau startul, întoarceţi foaia cu faţa în sus şi încercaţi să rezolvaţi anagrama 3. Începeţi!" În acest moment, toţi participanţii încearcă să rezolve aceeaşi anagramă (permutare), însă jumătate din ei au eşuat deja.

REZULTATELE

Veţi constata că subiecţii care au avut de rezolvat anagramele uşoare o vor rezolva fără prea mare bătaie de cap şi pe a treia. Cei care au primit anagramele dificile probabil că nu le-au rezolvat, nici chiar pe cea finală – deşi toată lumea a primit aceeaşi sarcină. De ce? Fiindcă au „învăţat să fie neajutoraţi". Când avem parte de multe eşecuri, nu ne aşteptăm să reuşim şi renunţăm – chiar şi atunci când am fi avut şansa să reuşim.

DE CE CONTEAZĂ

De-a lungul vieţii, am trăit, probabil, cu toţii un sentiment de neputinţă învăţată. Studenţii devin frustraţi când profesorii promit că le vor da şansa să participe cu orice carte pe care o vor citi, după care le este repartizată o anumită carte. După o asemenea experienţă, poate că studenţii nici măcar nu vor mai dori să ia parte la ore. În primii ani, votanţii care speră să li se îmbunătăţească viaţa se duc la urne cu entuziasm, dar, din păcate, atunci când constată că anii trec şi că nu apare nicio schimbare în viaţa lor, mulţi nici nu se mai duc la vot. Asta se întâmplă chiar şi în cazul în care există un candidat ce ar putea avea un impact pozitiv.

ANONIMATUL NE POATE FACE RĂUTĂCIOŞI

„ASTA E CEA MAI MARE PROSTIE PE CARE AI SPUS-O VREODATĂ!”

CONCEPT PSIHOLOGIC: dezindividualizare

DENUMIREA EXPERIMENTULUI: Alegerea umană: individualizare, raţiune şi ordine versus dezindividualizare, impuls şi haos

CERCETĂTORUL/CERCETAREA INIŢIALĂ: Philip Zimbardo (1969)

SOCIAL

Dacă aţi petrecut ceva timp pe internet (şi cine n-a făcut-o?), aţi văzut comentarii făcute de oameni despre care se spune adesea că sunt „troli”. Acestora le place să posteze comentarii răutăcioase despre clipurile de pe YouTube sau imaginile de pe Instagram, Twitter etc. De ce fac asta? O explicaţie ar fi aceea că sunt nişte adolescenţi (de obicei, băieţi) care încearcă să dobândească un sentiment de putere prin înjosirea celorlalţi. O altă explicaţie se referă la anonimatul pe care ni-l oferă internetul. Mulţi oameni creează nume de utilizatori din combinarea prenumelor şi a numelor lor de familie, dar vă puteţi numi şi „zyx19375” sau o altă combinaţie bizară de litere şi cifre. Procedând astfel, sunteţi total anonimi. Psihologii au descoperit că, atunci când ştim că suntem anonimi, facem lucruri pe care, altfel, nu le-am face.

Dacă aţi fost vreodată la un meci, probabil că v-aţi comportat aşa cum n-o faceţi de obicei. Acest comportament este cauzat în parte de entuziasmul stârnit de meci, dar şi de faptul că strigaţi lucruri pe care n-aţi vrea ca mama dumneavoastră să le audă. Când suntem anonimi, putem face lucruri de care s-ar putea să nu fim mândri.

EXPERIMENTUL ORIGINAR

Philip Zimbardo, care a realizat celebrul studiu despre închisoare, analizat şi în cartea de faţă, a luat în considerare şi ideea de *dezindividualizare*. Este vorba despre observarea faptului că oamenii se comportă în moduri neaşteptate – şi, uneori, antisociale – când cred că sunt anonimi. În viaţa de zi, cu toţii ne inhibăm într-un fel sau altul; adică nu rostim ceea ce gândim cu adevărat. Când vă critică şeful, probabil că nu spuneţi primul lucru care vă trece prin minte.

De ce anume sunteţi capabili atunci când nu se ştie că e vorba despre dumneavoastră? Asta a vrut să afle Zimbardo.

El a făcut ceva foarte simplu: a dus subiecţii într-un laborator şi le-a dat posibilitatea să aplice asupra unei alte persoane un mic şoc electric. Persoana respectivă a fost identificată ca fiind fie „simpatică", fie „respingătoare". Unii dintre subiecţi au primit la intrare ecusoane cu numele lor (pentru a le spori sentimentul de identitate), în vreme ce alţii au fost de acord să îmbrace un halat şi să-şi pună pe cap o glugă, în aşa fel încât identitatea lor să nu fie cunoscută (au fost „dezindividualizaţi"). În timp ce oamenii cu ecusoane au aplicat persoanelor simpatice şocuri de mai mică intensitate decât cele aplicate persoanelor respingătoare, subiecţii cu halate şi glugi au aplicat atât persoanelor simpatice, cât şi celor respingătoare şocuri de intensitate mai mare.

Prin urmare, când simţim că suntem anonimi facem lucruri surprinzătoare.

SĂ ÎNCERCĂM ŞI NOI!

Bun, vă asigur că n-o să aplicaţi şocuri nimănui. În schimb, haideţi să folosim această idee în cazul unei activităţi omniprezente: răspunsurile la postările din mediile de socializare.

Deşi mai toate postările de pe Facebook sau Twitter sunt banale şi inofensive, unii chiar scriu lucruri prosteşti. Şi amuzante.

De exemplu:

- „Care naiba e numele de familie al lui Obama?"
- „Vreau ca prima mea fiică să fie o fată."

- „De ce femeile nu fac niciodată testul ADN ca să vadă dacă, într-adevăr, copilul e al lor?”

Fără îndoială că ați citit postări de felul acesta. Râdeți și poate că aveți chef să răspundeți cu o insultă – dar, de obicei, n-o faceți. N-o faceți pentru că s-ar putea ca oamenii să vă vadă numele și să creadă că sunteți răutăcioși.

Iată ce ne trebuie pentru acest experiment:

- 2 grupuri de participanți
- o foaie de hârtie pentru fiecare participant, care să conțină 3 postări caraghioase și spații pentru comentarii
- ustensile de scris pentru participanți
- o cameră video

Puteți folosi postările de mai sus sau să vă distrați căutând pe internet, de pildă, „Cele mai prostești lucruri pe care oamenii le postează online”. Veți găsi o mulțime.

CUM PROCEDĂM:

Iată ce trebuie să faceți: aveți două grupuri și fiecare persoană primește o foaie de hârtie cu 3 postări între care există un spațiu. Cereți-le prietenilor să citească fiecare postare în parte ca și cum ar vedea-o pe internet sau pe telefon. Apoi spuneți-le să scrie ce ar răspunde ei la o astfel de postare. Care e șmecheria? Veți informa unul din grupuri că identitatea membrilor ei va fi cunoscută de cei care le citesc comentariile, ascunzând în același timp identitatea participanților din celălalt grup. Să aprofundăm.

GRUPUL A: GRUPUL CU IDENTITATE EVIDENTĂ

- **PASUL 1**: fiecare subiect trebuie să vină individual în birou (sau să stea la aceeași masă cu dumneavoastră). Spuneți-le că studiați comportamentul oamenilor în mediile de socializare. Rugați-i să-și creeze un nume de utilizator doar pentru studiul de față, care să conțină prenumele și numele lor de familie. Probabil că vor alcătui ceva de genul „John_Smith”.
- **PASUL 2**: scrieți-le numele de utilizator pe o foaie de hârtie și faceți-le o fotografie în timp ce țin în mână, mai jos de chipul

lor, pagina cu pricina. Dacă vă întreabă de ce faceţi asta, răspundeţi-le că vreţi să identificaţi corect comentariile tuturor.

- **PASUL 3**: întoarceţi foaia cu postări cu faţa în sus şi cereţi-i subiectului să citească ce a postat o persoană pe internet. Spuneţi-i apoi să scrie un răspuns la acea postare. Procedaţi la fel cu toate cele trei postări.
- **PASUL 4**: procedura se încheie după ce subiectul a scris răspunsurile la postări. Mulţumiţi-i, asiguraţi-l că o să-i aduceţi la cunoştinţă rezultatele studiului la terminarea acestuia şi treceţi la următoarea persoană.

GRUPUL B: GRUPUL DEZINDIVIDUALIZAT

- **PASUL 1**: îi veţi face pe aceşti oameni să se simtă anonimi. Cereţi-le să compună un nume de utilizator care să nu facă posibilă identificarea subiectului. Sugeraţi o combinaţie formată din cifre şi litere aleatorii. Nu-i fotografiaţi. Asta îi va ajuta pe prietenii dumneavoastră să se simtă anonimi.
- **PASUL 2**: întoarceţi foaia cu postări cu faţa în sus şi cereţi-i subiectului să citească ce a postat o persoană pe internet. Spuneţi-i apoi să scrie un răspuns la acea postare. Procedaţi la fel cu toate cele trei postări.
- **PASUL 3**: procedura se încheie după ce subiectul a scris răspunsurile la postări.

REZULTATELE

După ce aţi intervievat aproximativ douăzeci de persoane (câte zece în fiecare situaţie în parte), studiul este încheiat. Acum urmează partea interesantă: citirea comentariilor scrise de subiecţi. Încercaţi să faceţi asta fără să ştiţi cărui grup îi aparţine subiectul respectiv și să ghiciţi acest lucru pe baza „răutăţii" cuprinse în comentarii. Cred că veţi descoperi că subiecţii care au crezut că sunt anonimi au scris comentarii mai răutăcioase decât cei a căror identitate putea fi aflată.

DE CE CONTEAZĂ

Deşi cred că v-aţi distrat puţin realizând acest studiu, ar trebui, totodată, să vă daţi seama că anonimatul online are şi efecte secundare grave. Comentariile răutăcioase apar atât de des, încât termenul „cyberbullying" (hărţuire pe internet) a apărut pentru a descrie cât de dăunătoare pot fi comentariile anonime. Din acest motiv, numeroase site-uri nu-ţi permit să postezi comentarii decât dacă-ţi faci un cont cu informaţii despre tine, apoi folosite pentru identificare în cazul în care cineva observă că ai postat comentarii nepotrivite. Toate companiile din mediile de socializare încearcă în prezent să găsească modalităţi menite să reducă prejudiciile pe care oamenii le pot cauza atunci când sunt anonimi.

MOTIVUL PENTRU CARE ALEGEȚI UN PARTENER ROMANTIC ESTE MAI PUȚIN ROMANTIC DECÂT CREDEȚI

PRAMATIE CE EȘTI!

CONCEPT PSIHOLOGIC: strategii de împerechere

DENUMIREA EXPERIMENTULUI: faptul de a avea un câine sporeşte atractivitatea şi atenuează percepțiile despre strategia de împerechere pe termen scurt în cazul pramatiilor

CERCETĂTORUL/CERCETAREA INIȚIALĂ: Sigal Tifferet, Daniel J. Kruger, Orly Bar-Lev şi Shani Zeller (2013)

SOCIAL

Vă interesează cineva din punct de vedere romantic? Ne place să credem că interesul pe care-l manifestăm față de o altă persoană are de-a face cu înfățișarea (cel puțin la început) sau cu personalitatea acesteia. Totuşi, unii psihologi adoptă o poziție care pare destul de insensibilă, însă în urma cercetărilor lor în domeniul misterelor iubirii şi ale atracției au descoperit că sentimentele acestea magice se reduc adesea la un fapt irefutabil: femeile dau naştere copiilor. Aşa cum ştim, copiii înseamnă multă muncă. Atunci când rămâne însărcinată, femeia trebuie să-l poarte în pântec nouă luni pe micul neastâmpărat. Apoi trebuie să-l hrănească şi să-l îngrijească. De-abia peste aproximativ un an acesta va merge și până „părăseşte cuibul" mai trec cel puțin 18 ani. Pe scurt, a face sex presupune riscul ei de a rămâne însărcinată, iar un copil reprezintă multe investiții. Prin urmare, o femeie trebuie să fie mult mai atentă decât un bărbat când alege un partener. Caută unul care să rămână alături de ea pe termen lung şi s-o ajute să aibă grijă de copii.

Evident că nu e întotdeauna aşa de simplu. Femeile nu încearcă tot timpul să aibă un copil cu potențialul partener. În consecință, „strategia lor de împerechere" poate fi greu de anticipat. Dar asta nu-i împiedică pe psihologi să încerce s-o facă!

Ce legătură au câinii cu toate astea? Haideți să vedem.

EXPERIMENTUL ORIGINAR

Bărbaţilor singuri li se spune adesea că o modalitate de a atrage femeile constă în a-ţi lua un câine şi în a-l scoate la plimbare prin parc. Ce anume le comunică oamenilor faptul că ai un câine? Aşa cum ştim, câinii au nevoie de mai multă îngrijire decât pisicile. Prin urmare, dacă un bărbat singur are un câine înseamnă asta, oare, că este capabil şi de alte relaţii pe termen lung? Tifferet şi colegii lui au decis să descopere ce efect are deţinerea unui câine asupra percepţiilor feminine legate de atractivitatea bărbaţilor. Au vrut, totodată, să ţină cont şi de faptul că femeile caută uneori fie bărbaţi cu „stofă de părinţi", fie relaţii de scurtă durată.

Iată cum au procedat în cadrul abilului lor studiu: le-au arătat femeilor fotografia unui bărbat care se plimba sau nu alături de un câine. L-au prezentat pe scurt ca având stofă de „tată" sau ca fiind „o pramatie". Dacă nu sunteţi familiarizaţi cu termenul, o „pramatie" este un bărbat, de obicei, singur, libertin, amator de relaţii pasagere. În mod sigur nu are stofă de tată.

Ce au descoperit? Aşa cum era de aşteptat, bărbatul descris ca având calităţi de „tată" a fost estimat atractiv din punct de vedere al unei relaţii pe termen lung. Nu a contat faptul că se plimba cu un câine. În general, „pramatia" nu a fost considerată ca fiind atractivă pentru o relaţie pe termen lung, dar s-a dovedit că sfatul de a plimba un câine prin parc a fost corect: în acest caz, atractivitatea a crescut. Câinele a fost, într-adevăr, un indiciu că până şi un bărbat care pare a fi o „pramatie" poate să păstreze o relaţie pe termen lung.

SĂ ÎNCERCĂM ŞI NOI!

Studiul nu este greu de realizat, dar, spre deosebire de altele din cartea de faţă, avem nevoie de patru grupuri, nu de două:

1. persoane care citesc despre un tată şi văd o fotografie în care acesta nu are câine
2. persoane care citesc despre un tată şi văd o fotografie în care acesta are un câine

3. persoane care citesc despre o pramatie şi văd o fotografie în care aceasta nu are un câine
4. persoane care citesc despre o pramatie şi văd o fotografie în care aceasta are un câine

Un alt mod de a aborda acest studiu este următorul:

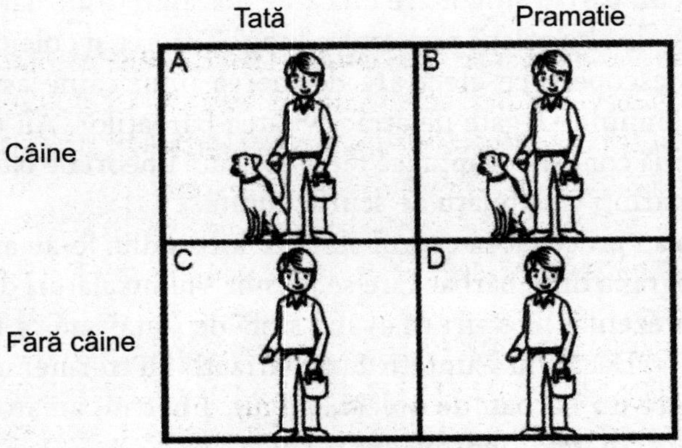

Cum realizaţi un astfel de studiu? Iată de ce aveţi nevoie:

- un bărbat atractiv
- un câine
- un loc care seamănă cu sau chiar este un parc
- un aparat de fotografiat sau un smartphone
- descrierea unui tată şi a unei pramatii
- 4 grupuri de câte 10 participanţi

CUM PROCEDĂM:

- **PASUL 1**: încercaţi să creaţi cele patru condiţii cuprinse în imagini. Bărbatul atractiv se află într-un parc, zâmbeşte şi ţine de lesă un câine. Apoi spuneţi-i să rămână pe loc şi scoateţi din fotografie câinele şi lesa. Fotografiaţi-l din nou.

- **PASUL 2**: pregătiți patru foi de hârtie pentru toate cele patru condiții:
  1. Foaia 1 – fotografia prietenului cu câinele și următoarea descriere a tatălui: Roy este un contabil de douăzeci și ceva de ani. În timpul liber îi place să se plimbe prin natură. În plus, lui Roy îi place să aibă grijă de câine, să citească și să cânte la chitară.
  2. Foaia 2 – fotografia prietenului fără câine și următoarea descriere a „tatălui": Roy este un contabil de douăzeci și ceva de ani. În timpul liber îi place să se plimbe prin natură, să citească și să cânte la chitară.
  3. Foaia 3 – fotografia prietenului cu câinele și următoarea descriere a „pramatiei": Roy este un contabil de douăzeci și ceva de ani. În timpul liber îi place să facă sport și să meargă cu prietenii în baruri și cafenele. În plus, lui Roy îi place să aibă grijă de câinele său și să se ducă la concerte.
  4. Foaia 4 – fotografia prietenului fără câine și următoarea descriere a „pramatiei": Roy este un contabil de douăzeci și ceva de ani. În timpul liber îi place să facă sport și să meargă cu prietenii în baruri și cafenele. În plus, lui Roy îi place să se ducă la concerte.

- **PASUL 3**: puneți sub fiecare fotografie și descriere următoarele scale cu puncte de la 1 la 10:

Bazându-vă doar pe aceste informații,
cât de interesată ați fi să vă căsătoriți cu acest bărbat?
Deloc **1 2 3 4 5 6 7 8 9 10** Foarte mult

Bazându-vă doar pe aceste informații,
cât de interesată ați fi să aveți o „aventură" cu acest bărbat?
Deloc **1 2 3 4 5 6 7 8 9 10** Foarte mult

- **PASUL 4**: Arătați fotografia celor două grupuri și spuneți-le să puncteze bărbatul din ea.

REZULTATELE

Faceți o medie a punctajelor pentru fiecare dintre cele patru situații. Veți descoperi, probabil, că „tatăl" e perceput ca având stofă de soț (primește 7 puncte sau mai mult), cu sau fără câine. E posibil ca punctajele „tatălui" să scadă în cazul întrebării despre „aventură", cu sau fără câine.

Pe de altă parte, poate că „pramatia" va obține un punctaj mai ridicat decât tatăl la întrebarea despre „aventură" și unul mai mare la întrebarea despre „căsătorie" când subiecții îl văd cu câinele. „Pramatia" va obține un punctaj mai mic la întrebarea despre „căsătorie" când nu este însoțit de câine.

DE CE CONTEAZĂ

Una dintre marile decizii pe care le luați în viață este, desigur, cea legată de alegerea partenerului de viață. Ne place să credem că astfel de decizii sunt bazate pe lucruri incomensurabile precum „iubire", iar acestea joacă, într-adevăr, un rol. Însă trebuie să admiteți că, atunci când vine vorba despre a decide dacă un partener este potrivit pentru o relație pe termen lung, cu aceste sentimente mărețe se amestecă și percepția despre cât de bine potențialul partener își va îndeplini rolul în ceea ce privește viața cotidiană a unui cuplu căsătorit: spălatul vaselor, îngrijirea copiilor și păstrarea unui serviciu. Proprietarii de câini par să le indice femeilor că bărbații respectivi sunt capabili de o relație serioasă.

PUTEREA CONFORMĂRII

CÂT AI PLĂTI PENTRU CORNFLAKE-UL[1] ACELA?

CONCEPT PSIHOLOGIC: conformare
DENUMIREA EXPERIMENTULUI: forțele de grup în modificarea și distorsionarea judecăților
CERCETĂTORUL/CERCETAREA INIȚIALĂ: Solomon Asch (1952)

Să recunoaștem – înainte de a acționa în mod public, cei mai mulți oameni vor să știe ce gândesc și ce fac ceilalți. Înainte de a cumpăra un televizor sau un computer, sau chiar un blender, încercați să aflați cum au apreciat alți oameni aparatul respectiv pe site-urile de cumpărături. Producătorii știu asta și de aceea vă încurajează să le evaluați produsele pe o scală de la una la cinci stele și să vă împărtășiți experiența și celorlalți.

Dar până unde merge dorința asta de a „face ce fac și alții"? V-ați îndoi de ochii dumneavoastră – propriul simț al realității – dacă alții ar vedea lucrurile altfel? Asta a vrut să afle Solomon Asch, iar noi vom încerca să-i reproducem experimentul.

EXPERIMENTUL ORIGINAR

Asch a organizat un experiment destul de simplu. A adus într-o cameră grupuri mici de studenți (5-7). Le-a spus că efectua un „test de vedere", apoi le-a arătat un carton pe care erau desenate linii negre verticale. Liniile erau notate A, B, C. Mai exista și un al doilea carton, care conținea o singură linie neagră verticală ce nu purta nicio notație. Asch le-a cerut pe rând membrilor grupului să spună

[1] Se face referire la „un fulg de porumb" de forma statului Illinois descoperit într-o cutie de cereale de o fată de 15 ani. Părinții ei, dând dovadă de spirit antreprenorial, au încurajat-o să-l posteze pe eBay și să ceară pe el 200 000 de dolari. Până la urmă, plecându-se de la o ofertă de 20 de dolari, se pare că cineva a oferit suma cerută inițial. *(n.red.)*

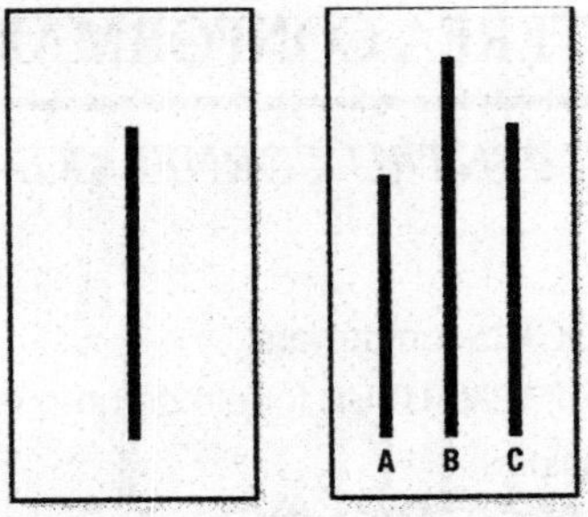

Exemplu de carton folosit în cadrul experimentelor lui Asch despre conformare

care dintre liniile notate A, B, C avea aceeaşi lungime cu linia de pe celălalt carton.

De vreme ce nu era vorba despre un „test de vedere", ci de unul psihologic, altceva se petrecea pe durata experimentului. Din grupul de, să spunem, cinci studenţi, numai unul era subiectul adevărat. Ceilalţi patru efectuaseră deja experimentul, iar Asch le indicase ce răspunsuri să dea. Le-a cerut să formuleze cu glas tare răspunsuri greşite. Subiectul real nu ştia că, de fapt, colegii lui răspundeau greşit dinadins. Asch a descoperit că, atunci când a venit rândul subiectului (lăsat, de obicei, la urmă), în medie doar cam o treime din timp acesta a clătinat din cap, s-a uitat la ceilalţi de parcă ar fi fost nebuni, dar pe urmă a fost de acord cu ei şi a dat acelaşi răspuns greşit. Acest lucru nu s-a petrecut în toate cazurile, dar destul de des ca să demonstreze că unii dintre participanţi au răspuns greşit doar pentru că toţi ceilalţi au făcut la fel.

Ce anume aţi face doar pentru că toată lumea procedează în acel mod? Haideţi să aflăm cu ajutorul unui mic experiment distractiv.

SĂ ÎNCERCĂM ŞI NOI

Aţi folosit vreodată unul dintre site-urile de licitaţii, de pildă eBay, sau aţi urmărit emisiunile de teleshopping? Dacă da, probabil că aţi fost surprinşi cât de mulţi bani pot plăti oamenii pentru produse care nu par să valoreze atât. Motivul pentru care fac asta reprezintă o parte din descoperirea lui Asch. Când ceilalţi cumpără ceva – mai ales atunci când numărul lor e foarte mare – suntem luaţi de val (stare pe care unii o numesc „contagiune emoțională") și ne simțim obligați să facem la fel ca ei.

Ce ar fi însă dacă, precum în studiul lui Asch, toată lumea ar spune ceva ce vi s-ar părea bizar? V-ați îndoi de propriile percepții și ați fi de acord cu mulțimea? De exemplu, unii au plătit pe aceste site-uri de licitație pentru o „sticlă cu aer". Dumneavoastră ați face asta?

Iată cum vom proceda: intrați pe internet și găsiți imagini cu lucruri pe care cei mai mulți oameni le-ar considera fără valoare, dar pe care ceilalți le-ar cumpăra la o licitație online. Iată ce am găsit când am căutat „lucruri bizare pe care oamenii le-au vândut pe internet":

1. o felie de pâine prăjită
2. o piatră de forma unei tălpi
3. balegă de elefant
4. un cornflake de forma statului Illinois
5. un prieten imaginar (fotografia reprezenta, pur și simplu, un colț gol dintr-o cameră)
6. o rocă

Puteți folosi aceste obiecte sau găsiți altele.

Iată de ce aveți nevoie:

- 5 fotografii cu obiecte
- 5 participanți

CUM PROCEDĂM:

- **PASUL 1**: adunați laolaltă cei cinci participanți, dar, la fel ca Asch, vorbiți înainte cu patru dintre ei și spuneți-le ce să facă.
- **PASUL 2**: cereți-le participanților să se uite pe rând la fiecare fotografie și să spună cât ar licita pentru obiectul respectiv dacă l-ar vedea pe internet. Toate obiectele sunt lipsite de valoare, însă puneți-i pe cei patru subiecți „falși" să cadă de acord asupra unui preț înainte ca grupul să se adune. Nu e nevoie de un preț exagerat de mare, să zicem 2 000 de dolari pentru fiecare obiect, dar cu siguranță că trebuie să fie un preț ridicat în accepția unei persoane obișnuite (de pildă, 5 dolari pentru o felie de pâine prăjită).

- **PASUL 3**: arătaţi-le fotografiile şi lăsaţi-i pe primii patru participanţi să liciteze cam aceeaşi sumă prea mare pentru fiecare obiect. Probabil că subiectul real va obiecta în privinţa preţurilor şi va întreba ceva de genul: „Aţi înnebunit?" Complicii dumneavoastră trebuie să aibă pregătit un răspuns stupid, cum ar fi: „Cred că se vede un chip pe felia de pâine prăjită – e ceva rar" sau „Nu ştiu ce să zic, dar cred că un cornflake de forma unui stat e ceva deosebit".

REZULTATELE

După ce terminaţi de arătat cele cinci fotografii, asiguraţi-vă că subiectul real nu cunoaşte trucul. Va bănui, probabil, că se petrece ceva ciudat. Când au reprodus studiul lui Asch, cercetătorii au descoperit că ratele de conformare sunt mai mici în rândul oamenilor de azi. Nu ne conformăm la fel de firesc cum o făceau în anii '50 studenţii lui Asch. Totuşi, pun rămăşag că participanţii care nu au ştiut ce se petrece vă vor povesti că în timpul procesului de „licitare" au început să se îndoiască serios de ei înşişi.

DE CE CONTEAZĂ

În pofida afirmaţiei că „mergem în ritmul pe care ni-l stabilim singuri", ne uităm adesea la ceilalţi pentru a vedea ce anume „ar trebui " să facem sau să gândim. Nimeni nu vrea să pară nesăbuit. Pe de altă parte, Asch şi alţi psihologi au mai descoperit că e suficientă o singură persoană dintr-o mulţime care să nu procedeze ca toată lumea astfel încât conformarea să scadă foarte mult. Acea persoană poate confirma ceea ce gândesc ceilalţi, dar nu rostesc cu glas tare. Îndepărtând o singură „cărămidă", toată casa se prăbuşeşte. Dacă ştiţi că aveţi dreptate într-o anumită privinţă, nu presupuneţi că tăcerea celorlalţi înseamnă că sunt cu toţii de acord. Un mod de a afla ce se petrece este să spuneţi ceva de genul: „Staţi puţin... daţi-mi voie să joc rolul de «avocat al diavolului». E posibil să ne înşelăm în privinţa asta". Dacă şi alţi oameni sunt de aceeaşi părere, le-aţi oferit ocazia să nu se mai conformeze şi să-şi exprime opinia.

CE ANUME NE FACE CU ADEVĂRAT FERICIȚI?

ARUNCAȚI TELEVIZOARELE, OAMENI BUNI!

CONCEPT PSIHOLOGIC: Fericire/emoții

DENUMIREA EXPERIMENTULUI: A face sau a avea? Asta e întrebarea

CERCETĂTORUL/CERCETAREA INIȚIALĂ: Leaf Van Boven și Thomas Gilovich (2003)

COGNIȚIE

Toată lumea vrea să răspundă la această întrebare: ce pot face ca să fiu mai fericit? Psihologii chiar au câteva răspunsuri la această întrebare. Primul se referă la felul în care cheltuim banii. Cei mai mulți oameni cred că ar fi mai fericiți dacă ar câștiga la loterie. S-a dovedit însă că lucrurile nu stau chiar așa. Trebuie să știți că oamenii bogați nu sunt neapărat mai fericiți decât cei fără bani. Cu toții ne obișnuim cu ceea ce avem. Dacă ați cumpărat vreodată o mașină sau un televizor nou, atunci ați avut experiența obișnuinței; după câteva luni, entuziasmul se risipește. Fie că mă credeți, fie că nu, dacă ați avea o casă mare și ați conduce o mașină rapidă, ar fi excelent – însă doar pentru scurt timp. Nimeni nu rămâne entuziasmat pentru tot restul vieții. Cu toții revenim „cu picioarele pe pământ".

Atunci, dacă toți oamenii ajung până la urmă la obișnuință, ce faceți pentru a prelungi cât mai mult experiențele pozitive? După cum s-a dovedit, cea mai bună cale este să investiți banii mai curând în experiențe decât în obiecte. Adică să-i cheltuiți pe o excursie sau pe o petrecere organizată de ziua de naștere a unui prieten. Aceste experiențe vor lăsa în urmă amintiri durabile, care vă vor „încălzi" sufletul ani de zile.

Să vedem acum ce au descoperit cercetătorii.

EXPERIMENTUL ORIGINAR

Experimentul de față nu a fost deloc complicat. Van Boven și Gilovich le-au cerut unor studenți să reflecteze fie asupra unei „achiziții experiențiale", pe care au definit-o ca fiind „o cheltuială având ca principală intenție dobândirea unei experiențe de viață", cum ar fi o excursie, fie asupra unei „achiziții materiale", de pildă un televizor, o mașină sau un alt produs.

După identificarea achiziției și o scurtă reflectare asupra ei, subiecților li s-au pus întrebări despre cât de fericiți au fost în urma acestor achiziții. Evident că participanții care au reflectat asupra achiziției experiențiale au înregistrat un punctaj mai mare la întrebările despre starea de fericire trăită.

Haideți să reproducem acest studiu.

SĂ ÎNCERCĂM ȘI NOI!

Iată de ce aveți nevoie:

- 2 grupuri de oameni
- foi de hârtie cu întrebări

CUM PROCEDĂM:

GRUPUL A: ACHIZIȚIE EXPERIENȚIALĂ

- **PASUL 1**: cereți-le subiecților să se gândească la o achiziție experiențială recentă. Prețul plătit trebuie să fie de cel puțin 100 de dolari. În felul acesta veți ști că oamenii au investit cu adevărat în achiziția respectivă. O cheltuială de câțiva dolari nu ar reprezenta o „experiență". În mod ideal, o achiziție experiențială este și una în care persoana petrece un timp împreună cu alți oameni. Cereți-le participanților să vă povestească puțin despre experiența trăită.
- **PASUL 2**: printați pe o foaie de hârtie întrebările aferente acestui pas. După ce toți subiecții au terminat reflectarea asupra experiențelor, cereți-le să încercuiască o cifră de pe fiecare scală în parte.

Când vă gândiți la această achiziție, cât de fericit vă face?

1 2 3 4 5 6 7 8 9

Deloc Moderat de fericit Foarte fericit

Cât de mult contribuie această achiziție la fericirea dumneavoastră în viață?

1 2 3 4 5 6 7 8 9

Deloc Moderat Foarte mult

În ce măsură considerați că respectiva achiziție reprezintă bani cheltuiți cu folos?

1 2 3 4 5 6 7 8 9

Deloc Moderat Foarte bine cheltuiți

În ce măsură credeți că banii dați pentru această achiziție ar fi fost cheltuiți mai cu folos pentru a cumpăra altceva – un alt tip de achiziție, care v-ar fi făcut mai fericit?

1 2 3 4 5 6 7 8 9

Deloc Moderat Foarte mult

- **PASUL 3**: după ce au terminat, scrieți un E pe spatele fiecărei foi de hârtie, pentru a ști că i-ați cerut persoanei respective să reflecteze asupra achiziției experiențiale. Le puteți comunica membrilor acestui grup care este subiectul studiului – rugați-i însă să nu le spună nimic celor din grupul B până la încheierea experimentului.

GRUPUL B: ACHIZIȚIE MATERIALĂ

- **PASUL 1**: cereți-le subiecților să reflecteze asupra unei achiziții materiale recente. Prețul plătit trebuie să fie de cel puțin 100 de dolari.
- **PASUL 2**: după ce termină de vorbit despre această achiziție, dați-le aceleași întrebări la care au răspuns și membrii grupului A și cereți-le să încercuiască o cifră de pe fiecare scală în parte.
- **PASUL 3**: după ce au terminat, scrieți un M pe spatele fiecărei foi de hârtie, pentru a ști că i-ați cerut persoanei respective să

reflecteze asupra achiziției materiale. Le puteți spune membrilor grupului B ce anume vă așteptați să descoperiți cu privire la fericire.

REZULTATELE

Observați că întrebarea 4 este puțin diferită de întrebările 1-3. Dacă ipoteza potrivit căreia achizițiile experiențiale vă fac mai fericiți este corectă, atunci probabil că grupul A a selectat cifre mai mari la întrebările 1-3 și o cifră mai mică la întrebarea 4. Cu alte cuvinte, subiecții acestui grup sunt de părere că banii au fost cheltuiți cu folos.

Ceea ce trebuie să faceți atunci când o întrebare este formulată în acest fel este să inversați punctajele înainte de a calcula o medie pentru toate întrebările. Astfel, dacă cineva a încercuit 1, transformați-l în 9. În continuare, 2 devine 8, 3 devine 7, iar 4 este 6; 5 rămâne 5; schimbați-l pe 6 în 4, pe 7 în 3, pe 8 în 2 și pe 9 în 1. Apoi adunați punctajele și calculați media pentru fiecare persoană în parte. În fine, faceți pentru fiecare grup o medie a tuturor punctajelor. Grupul experiențial ar trebui să obțină un punctaj mai mare, ceea ce înseamnă că experiența a avut asupra lui un efect pozitiv.

DE CE CONTEAZĂ

E bine să știm câte ceva despre ceea ce ne face fericiți. Există nenumărate obiecte materiale despre care companiile vor să ne facă să credem că ne fac fericiți – dar lucrurile nu stau chiar așa. Timpul petrecut alături de prieteni și de familie (deși pot exista și momente incomode) va avea ca rezultat amintiri mai frumoase și mai satisfăcătoare decât un televizor nou, pe care, așa cum știm, după câțiva ani îl aruncăm la gunoi.

TACTICI DE PERSUADARE ÎNTR-UN RESTAURANT

NU UITA SĂ-I DAI UN BACŞIŞ CHELNERULUI!

CONCEPT PSIHOLOGIC: persuasiune

DENUMIREA EXPERIMENTULUI: efectul temelor interesante prezentate clientului şi al reciprocităţii asupra bacşişurilor dintr-un restaurant

CERCETĂTORUL/CERCETAREA INIŢIALĂ: Bruce Rind şi David Strohmetz (2001)

SOCIAL

La un moment dat, probabil că veţi avea (sau aţi avut deja) o slujbă care să depindă de bacşişurile clienţilor. În anumite joburi, de pildă chelner într-un restaurant sau barman, cea mai mare parte a veniturilor provine din bacşişuri. Evident, cei cu astfel de meserii sunt interesaţi să afle ce pot face – în afară de a oferi un serviciu excelent, desigur – pentru a lăsa o impresie bună clienţilor, iar aceştia să le dea un bacşiş gras. E momentul să apelăm la psihologie.

Psihologii au descoperit că, deloc surprinzător, clienţii lasă bacşişuri mai mari când sunt binedispuşi. Prin urmare, ce poate face un chelner pentru a-şi binedispune clienţii? Iată câteva tactici care s-au dovedit eficiente:

- desenaţi pe nota de plată o „faţă fericită"
- desenaţi pe nota de plată o „faţă fericită" şi scrieţi-vă prenumele alături
- desenaţi un soare pe nota de plată
- atingeţi uşor umărul clientului
- „imitaţi"; adică recitiţi-i clientului comanda în loc să spuneţi „Am înţeles"
- spuneţi-i un banc

Iată o altă tactică: daţi-i clientului o temă amuzantă. Sarcina respectivă ar trebui să-l binedispună, iar această stare ar trebui să aibă ca rezultat un bacşiş mai mare. Ce fel de temă? Să vedem.

EXPERIMENTUL ORIGINAR

Rind şi Strohmetz şi-au realizat experimentul într-un restaurant adevărat. Chelnerii care au lucrat cu cercetătorii au ales la întâmplare câteva mese, pentru a testa micile teme amuzante printate pe o foaie de hârtie. Clienţii au fost rugaţi să numere F-urile din următoarea propoziţie:

> FINISHED FILES ARE THE RESULT OF YEARS OF SCIENTIFIC STUDY COMBINED WITH THE EXPERIENCE OF MANY YEARS. (Dosarele încheiate sunt rezultatul anilor de studiu ştiinţific, alături de experienţa acumulată de-a lungul multor ani.)

Mulţi numără doar trei F. În realitate, sunt 6. De ce greşesc oamenii? F-ul din cuvântul „of" sună ca V, iar din cauza asta, de cele mai multe ori, ne scapă. Căutăm sunetul F – nu sunetul V. Probabil, această activitate nu e cea mai distractivă cu putinţă, dar pare provocatoare şi surprinzătoare, aşa că poate binedispune persoanele implicate în ea.

Tema a fost dată la sfârşitul mesei. Apoi cercetătorii au calculat procentajul bacşişului lăsat chelnerului de fiecare masă în parte. Ce credeţi? Când chelnerii le-au dat clienţilor tema amuzantă, bacşişul lăsat de aceştia a fost cu 20% mai mare decât cel lăsat de clienţii care nu au primit o astfel de temă. Exprimat în dolari, chelnerii câştigă 297 pe săptămână fără temă şi 353 dacă folosesc tema. Nu e rău deloc.

Haideţi să fim îndrăzneţi şi să reproducem şi noi acest studiu.

SĂ ÎNCERCĂM ŞI NOI!

Singura modalitate de a reproduce un astfel de studiu constă în a organiza un mic restaurant. Puteţi face asta în laborator. Iar prin laborator înţeleg o cameră în care puneţi 1-3 mese şi sunteţi chelner de cafenea. Veţi servi doar desertul, aşa că nu va trebui să gătiţi integral o masă. Iată de ce aveţi nevoie:

- o încăpere spaţioasă
- 1-3 mese

- o temă printată pe 3 cartonaşe
- subiecţi/prieteni care să fie clienţii
- deserturi proaspete de calitate (fără prăjiturele, bomboane sau plăcintă ieftină)

CUM PROCEDĂM:

- **PASUL 1**: aranjaţi camera în aşa fel încât să arate ca o cafenea mică şi agreabilă. Trei mese rotunde cu feţe de masă albe, călcate, ar fi ideale.
- **PASUL 2**: invitaţi subiecţii/prietenii la cafenea. Le puteţi spune că realizaţi un mic studiu sau că încercaţi câteva reţete noi.
- **PASUL 3**: aduceţi-le la cunoştinţă că va trebui să le luaţi bani pentru comenzile de la cafenea – doar câţiva dolari (ca să acoperiţi costurile).
- **PASUL 4**: la sosire, puteţi aşeza câte o persoană la fiecare masă, dar se vor distra mai bine dacă stau în grupuri de trei. Probabil că mai mult de trei ar fi exagerat.
- **PASUL 5**: jucaţi rolul chelnerului. Aduceţi la fiecare masă un desert pe care clienţii îl pot împărţi. Uraţi-le poftă bună şi spuneţi-le că, după ce termină, veniţi cu nota de plată.
- **PASUL 6**: înainte de a vă întoarce cu nota de plată (cât v-a costat desertul respectiv), stabiliţi persoana sau masa care constituie grupul „cu temă" sau grupul „fără temă". Dacă vreţi, puteţi da cu banul – cap, primesc tema, pajură, nu primesc nicio temă.
- **PASUL 7**: duceţi-vă la mese cu nota de plată. Dacă trebuie să daţi tema, faceţi-o. Rămâneţi acolo până când persoana sau grupul reuşeşte să rezolve tema. Dacă n-o poate face, arătaţi-i răspunsul.
- **PASUL 8**: informaţi subiecţii că bacşişurile sunt permise, scriind pe nota de plată ceva de genul „Bacşişurile sunt binevenite".
- **PASUL 9**: dacă duceţi nota de plată la o masă „fără temă", nu faceţi altceva decât să mulţumiţi.
- **PASUL 10**: după ce luaţi banii, reţineţi cât aţi primit de la fiecare masă în parte şi dacă ea a fost cu temă sau fără.

REZULTATELE

Ultimul pas constă în a însuma bacşişurile lăsate de mesele cu sau fără temă şi în a stabili de unde aţi primit cei mai mulţi bani. Veţi descoperi, probabil, acelaşi lucru precum cercetătorii iniţiali: participarea la rezolvarea unei teme este amuzantă, iar oamenii care se simt bine lasă bacşişuri mai mari.

Puteţi duce mai departe acest studiu (la urma urmei, aţi aranjat mesele şi aţi cumpărat desertul). Pentru a primi un bacşiş şi mai mare de la mesele cu temă, scrieţi-vă numele pe nota de plată, alături de o faţă zâmbitoare şi un soare.

DE CE CONTEAZĂ

Dacă veţi fi vreodată chelneri, informaţia vă va fi utilă. Clienţii din toate restaurantele şi magazinele constituie tot timpul obiectul unei persuasiuni. De pildă, magazinele alimentare aşază produsele pe care vor să le cumpăraţi la nivelul ochilor, nu pe rafturile de sus sau de jos. Cercetătorii încearcă tot timpul să găsească modalităţi subtile de a vă face să cheltuiţi banii câştigaţi cu atâta efort. Este în avantajul dumneavoastră fie să utilizaţi aceste instrumente, fie să conştientizaţi faptul că faceţi obiectul lor. Cel puţin, puteţi decide dacă le acceptaţi sau nu.

STIMULI SUPRANORMALI

VAI, CE OCHI MARI AI!

CONCEPT PSIHOLOGIC: stimuli supranormali
DENUMIREA EXPERIMENTULUI: studiu asupra instinctului
CERCETĂTORUL/CERCETAREA INIȚIALĂ: Nikolaas Tinbergen (1951)
DENUMIREA REPRODUCERII/EXTENSIEI: stimuli supranormali
CERCETĂTORUL/CERCETAREA REPRODUCERII: Deirdre Barrett (2010)

COGNIȚIE

Una dintre cele mai cunoscute ilustrații pe care le găsiți aproape în toate manualele de psihologie este cea în care un bărbat se plimbă, urmat de un șir de rațe. Rățuștele merg în spatele lui așa cum fac atunci când își urmează mama. Bărbatul este Konrad Lorenz, iar ceea ce demonstrează el acolo este ideea de întipărire în memorie. Împreună cu Nikolaas Tinbergen, el a descoperit că, pentru numeroase mamifere, există o perioadă critică, de obicei în prima zi de viață, în care vor urma (sau „imprima în memorie") orice fel de obiect mare și mișcător aflat în preajma lor. În mod normal, obiectul mare este mama și e bine că se întâmplă așa, deoarece ea îi va proteja și-i va îndruma în primele săptămâni de viață.

Foarte drăguț, veți spune, dar ce are a face asta cu mine? În realitate, are. Tendința de concentrare asupra unor obiecte neobișnuite sau anormal de mari este utilizată atât de vânzătorii de produse alimentare pentru a vă face să le cumpărați marfa, cât și de cei care strâng fonduri. Haideți să vedem cum.

EXPERIMENTUL ORIGINAR

Lorenz a descoperit că bobocii de rață își imprimă în memorie tot felul de obiecte anormal de mari, de pildă niște ghete. Obiectele mari, sau cele foarte strălucitoare sau neobișnuite din alte puncte de vedere, exercită o atracție puternică asupra multor animale. De pildă, Tinbergen a descoperit că pasărea mamă, în general, manifestă tendința de a acorda mai multă atenție ouălor supradimensionate. Din punct de vedere al supraviețuirii, este logic, deoarece puiul care iese din oul acela va fi, probabil, mai sănătos, iar probabilitatea de supraviețuire va fi și ea mai mare. Cercetătorii s-au întrebat: oare mama va acorda o atenție sporită unui ou supradimensionat confecționat din ipsos? Răspunsul este afirmativ. Va acorda ea mai multă atenție unui ou real, dar care aparține unei alte specii de păsări? Oricât ar suna de ciudat, răspunsul este din nou afirmativ.

Mai recent, psihologul Deirdre Barrett a arătat în cartea *Supernormal Stimuli* că „înclinația" asta pe care o avem pentru obiecte neobișnuite – mai mari sau mai excentrice decât obiectele obișnuite – explică de ce ne e greu să rezistăm în fața unui copil sau a unui animal cu ochi mari, ori în fața unui fursec mare sau a unei brioșe acoperite cu glazură, nuci sau ciocolată.

Să nu lăsăm aceste cunoștințe să se „prăfuiască". Să le folosim ca să strângem niște bani.

SĂ ÎNCERCĂM ȘI NOI!

De exemplu, să strângem bani pentru organizația locală care se ocupă de protecția animalelor (să zicem OPA). Fără îndoială că ați văzut în benzinării boluri având lipite pe ele imaginea unui animal, însoțită de rugămintea de a dona bani pentru o astfel de organizație sau pentru o altă cauză bună. Să facem un mic experiment.

Iată de ce avem nevoie:

- 2 boluri mari din sticlă
- 2 cartonașe

- bandă de lipit transparentă
- 2 imagini cu pisici
- un program de editare a imaginilor digitale cum este Adobe Photoshop Elements (şi o persoană familiarizată cu utilizarea lui)
- permisiunea obţinută de la doi manageri de benzinării de a plasa bolurile în magazinele lor

CUM PROCEDĂM:

- **PASUL 1**: scrieţi pe cartonaşe, cu carioca: „Vă rugăm să donaţi pentru OPA". Lipiţi-le în interiorul bolurilor.
- **PASUL 2**: luaţi fotografia digitală a unei pisici şi urmaţi procesul descris la https://vimeo.com/167731045, pentru a-i supradimensiona ochii.
- **PASUL 3**: printaţi fotografia pisicii cu ochi normali şi fotografia pisicii cu ochi supradimensionaţi.
- **PASUL 4**: lipiţi-o pe fiecare în câte un bol, lângă mesajul care-l îndeamnă pe privitor să doneze bani pentru OPA.
- **PASUL 5**: puneţi un bol într-o benzinărie, iar pe al doilea plasaţi-l în cealaltă benzinărie.

REZULTATELE

Dacă teoria despre stimulii supranormali este corectă, ar trebui să atrageţi mai mulţi oameni cu fotografia în care pisica are ochi supradimensionaţi, iar această atracţie se va concretiza, probabil, în donaţii mai mari.

E important, evident, ca ambele benzinării să fie cât mai asemănătoare ca număr de clienţi înregistraţi într-o săptămână. S-ar putea să fie greu de aflat o asemenea informaţie, dar aceasta este dilema cu care se confruntă sociologii când fac cercetări în „lumea reală", şi nu într-un laborator: e dificil să controlezi toţi factorii posibili care ar putea influenţa studiul.

DE CE CONTEAZĂ

Faptul că suntem atraşi de stimuli supranormali este folosit de vânzători ca să ne facă să cumpărăm tot felul de produse. Deirdre Barrett e de părere că tocmai aceasta este una dintre cauzele epidemiei de obezitate: e greu să rezişti imaginilor cu alimente care arată bine. Ori de câte ori vedem o prăjitură supradimensionată, aceasta reprezintă un stimul supranormal – e dificil să nu te simţi atras de el.

Sigur că putem utiliza această tendinţă şi într-un mod pozitiv, aşa cum am făcut atunci când am folosit fotografia pisicii cu ochi mari pentru a strânge bani. Puteţi apela la această idee pentru a spori vânzările de prăjituri. Sau ce ziceţi despre ideea de a spăla maşini ca să strângeţi bani? În loc să puneţi un afiş pe care scrie „Spălătorie de maşini", desenaţi o maşină cu ochi mari (farurile) şi cu o expresie tristă întipărită pe chip. Veţi fi surprinşi de numărul mare de clienţi care vor fi atraşi de această imagine.

DISONANȚA COGNITIVĂ: VEDEM CEEA CE VREM SĂ VEDEM

AM AVUT TOT TIMPUL DREPTATE!

CONCEPT PSIHOLOGIC: disonanță cognitivă

DENUMIREA EXPERIMENTULUI: consecințele cognitive ale conformării forțate

CERCETĂTORUL/CERCETAREA INIȚIALĂ: Leon Festinger și James Carlsmith (1959)

COGNIȚIE

Să recunoaștem: nu ne place când ne înșelăm. Nu ne place nici să fim inconsecvenți. Dacă într-un anumit moment suntem de acord cu ceva, iar data următoare suntem împotriva aceluiași lucru, iar cineva scoate asta în evidență, ne simțim stânjeniți. E nevoie de o anumită tărie de caracter pentru a spune că te-ai răzgândit sau că ai greșit.

Această tendință curioasă, dar puternică ne poate face să credem lucruri destul de ciudate. Festinger și Carlsmith au realizat unul dintre cele mai complexe și contraintuitive studii din psihologie. Ei au vrut să afle ce s-ar întâmpla dacă ar crea o situație în care oamenii s-ar contrazice singuri. Cum i-ar face față aceștia?

EXPERIMENTUL ORIGINAR

Festinger și Carlsmith au recurs la început la o activitate foarte plictisitoare. Le-au dat subiecților 12 bobine (fără fir) și le-au cerut să le pună pe o tavă, apoi să golească tava și să le pună înapoi pe ea. Au făcut asta timp de 30 de minute. Destul de plictisitor, nu? Devine și mai plictisitor. Bobinele au fost luate, iar subiecților li s-a pus în față o placă prevăzută cu 48 de butoane. Li s-a cerut să învârtească primul buton, în sensul acelor de ceasornic, un sfert de rotație, pe urmă să treacă la următorul și să procedeze la fel. După ce ajungeau la ultimul buton, se întorceau la primul buton și repetau aceeași procedură. Au făcut asta timp de 30 de minute.

De ce? Fiindcă Festinger şi Carlsmith voiau ca subiecţii să aibă o experienţă cu adevărat plictisitoare. Şi au reuşit.

Acum vine partea interesantă: după ce şi-au dus sarcina la bun sfârşit, li s-a spus că asistentul cercetătorului nu a venit în ziua aceea şi că următorul subiect aştepta într-o cameră alăturată. Li s-a cerut să se ducă la următorul subiect şi să-i spună că era foarte interesantă activitatea. Pentru asta, unii subiecţi au fost plătiţi cu 1 dolar, iar alţii cu 20 de dolari.

După ce au terminat de vorbit cu următorul subiect, s-au dus într-o altă încăpere, au completat un sondaj şi au plecat. Una dintre întrebările din sondaj era „Cât de interesantă a fost activitatea?"

Ce credeţi că s-a întâmplat? Subiecţii care au primit 20 de dolari au răspuns că îndeletnicirea a fost foarte interesantă. Cei plătiţi cu 1 dolar au fost de părere că respectiva ocupaţie n-a fost chiar aşa de rea.

Asta înseamnă că Festinger şi Carlsmith au reuşit să-i facă pe oameni să se contrazică singuri. Aceştia au avut o experienţă cu adevărat plictisitoare, dar le-au spus altora că a fost foarte interesantă. Cei plătiţi cu 20 de dolari au avut o scuză – au fost plătiţi foarte bine, aşa că nu i-a deranjat să facă una şi să spună alta. Cei plătiţi cu 1 dolar s-au simţit ceva mai stânjeniţi. Această stânjeneală a fost numită de Festinger şi Carlsmith „disonanţă cognitivă". Subiecţii respectivi au trecut peste această stânjeneală convingându-se că, la urma urmei, sarcina nu a fost chiar aşa de rea.

SĂ ÎNCERCĂM ŞI NOI!

Probabil că în acest moment vă gândiţi: „Ce studiu ciudat! Dar ce legătură are cu mine?" De fapt, are, şi puteţi dovedi asta.

Iată de ce aveţi nevoie:

- 1-2 prieteni
- un computer

CUM PROCEDĂM:

- **PASUL 1**: întrebați-vă prietenii despre o achiziție pe care au făcut-o recent. De preferință, o achiziție online de pe un site unde există evaluări făcute de oameni care au cumpărat același produs. Ar fi bine ca prețul să depășească 50 de dolari, dar nu e neapărat necesar.
- **PASUL 2**: împreună cu prietenii, treceți în revistă evaluările de pe site – pozitive și negative. În cazul în care cele mai multe sunt pozitive, după ce citiți câteva treceți direct la cele negative. Fiți atenți la ceea ce postează prietenii despre comentariile negative ale recenzenților.

REZULTATELE

Veți descoperi următorul lucru: prietenii vor găsi motive să nu aibă încredere în evaluările negative. Veți auzi ceva de genul: „A, habar n-are despre ce vorbește" sau „Evaluarea asta n-are niciun sens". Probabil că prietenii dumneavoastră vor citi cu atenție evaluările negative doar pentru a găsi ceva de criticat. În schimb, recenzenții care au cumpărat produsul și le-a plăcut, așa cum au făcut prietenii dumneavoastră, vor fi considerați foarte inteligenți.

De ce facem asta? Din cauza așa-numitei „disonanțe postdecizionale". Nu ne place să credem că ne-am înșelat. Odată cumpărat produsul, vrem să credem că am făcut o alegere bună și că toți cei care spun că a fost o alegere proastă – indiferent cât de corect e argumentul lor – se înșală.

O altă modalitate de a testa această idee (care vă va costa) este de a cumpăra 3 produse relativ ieftine și des utilizate (de pildă, șampon). Așezați-le pe rând în fața prietenilor. Spuneți-le că-l pot avea pe oricare dintre ele. După ce aleg o anumită marcă, intrați pe un site de genul Amazon.com și citiți comentariile. Veți descoperi din nou că agreează evaluările pozitive (ale celor care au fost de acord cu alegerea lor) și le displac evaluările negative.

DE CE CONTEAZĂ

Aşa cum vă poate spune oricine, e important să fii sincer cu tine însuţi. Adesea însă, nu se întâmplă deloc aşa. Dorinţa noastră de a ne simţi bine în propria piele şi de a fi mulţumiţi de alegerile făcute este foarte puternică. Vrem să evităm un conflict interior. Uneori, suntem dispuşi să „deformăm" puţin realitatea. Ne concentrăm asupra faptelor care ne fac să ne simţim bine şi confirmă ideea că alegerea făcută a fost bună. Pentru a fi sincer cu tine însuţi e nevoie de curaj şi de a recunoaşte că, poate, doar poate, ai făcut o greşeală.

PETELE DE CERNEALĂ ALE LUI RORSCHACH

SPUNE-MI CE VEZI

CONCEPT PSIHOLOGIC: teste de personalitate/teste proiective

DENUMIREA EXPERIMENTULUI: psihodiagnostic

CERCETĂTORUL/CERCETAREA INIȚIALĂ: Hermann Rorschach (1948)

COGNIȚIE

Există câteva simboluri care s-au gravat în mintea noastră ca reprezentând domeniul psihologiei; unul dintre ele este cunoscuta imagine „vază/chip". Vedem diverse lucruri în funcție de concentrarea atenției asupra părții albe sau negre a desenului. Un alt simbol celebru este pata de cerneală. Testul petelor de cerneală, creat de Hermann Rorschach în 1921, nu prea mai e utilizat în prezent de psihologi. Asta s-a întâmplat mai ales după ce petele de cerneală folosite de Rorschach au devenit disponibile pe internet.

Principala îngrijorare a psihologilor în acest domeniu este legată de ceea ce se numește „grad de încredere intergrup". Asta înseamnă că, atunci când îi arătați unei persoane o pată de cerneală, iar aceasta spune că „arată ca un liliac", nu toți analiștii vor afirma exact același lucru despre persoana respectivă. Aparent, dacă o persoană vede imagini cu tentă sexuală în toate petele de cerneală care îi sunt arătate, asta înseamnă că se gândește mult la sex. Dar lucrurile stau rareori așa. Cei mai mulți oameni văd exact aceeași imagine în fiecare pată de cerneală. Totuși, ideea pare să aibă o logică anume: când vorbim despre ceea ce vedem, „proiectăm" o parte din sinele nostru asupra acestor imagini ambigue.

În cazul petelor de cerneală, există, în realitate, un sistem de punctare foarte complex. Acest sistem are o aplicabilitate mult mai mare decât ideea de a vedea sau nu un șobolan sau un liliac. Cel care calculează punctajul ia în considerare dacă vedeți obiectul mișcându-se sau nu, dacă vă folosiți de partea colorată (nu toate petele sunt în alb-negru), suprafața asupra căreia vă concentrați și cât de comun este răspunsul dumneavoastră în rândul celor care au privit pata. E nevoie de multă pregătire pentru a stăpâni procesul de punctare. Nu este o analiză „improvizată" de tipul celor pe care le-aţi văzut, probabil, prin filme.

Prin urmare, pentru a puncta corect aceste pete de cerneală, cercetătorul trebuie să se concentreze asupra detaliilor şi să nu ţină seama de ceea ce nu e important. În studiul de faţă, vom observa modul în care un detaliu neimportant – numele persoanei – îi poate face pe oameni să interpreteze greşit răspunsul acesteia la test.

EXPERIMENTUL ORIGINAR

Hermann Rorschach a studiat psihanaliza creată de Sigmund Freud. Acesta era de părere că toţi oamenii au tendinţa de a „proiecta" sentimente asupra altor oameni sau lucruri. Adică, atunci când avem gânduri sau sentimente neplăcute, s-ar putea să ne imaginăm că altcineva le gândeşte sau le simte. Să presupunem, de exemplu, că sunteţi foarte furioşi pe unul din părinţi. De asemenea, puteţi simţi – deşi Freud ar spune că sentimentul ăsta este inconştient – că nu e bine să fii supărat pe părinţi. Prin urmare, e posibil să gândiţi că *părintele* este cel supărat pe *dumneavoastră*. Proiectaţi furia pe care o simţiţi – ca un proiector cinematografic – asupra unei alte persoane.

Aceasta este ideea din spatele petelor de cerneală şi al altor teste „proiective": vi se dă o imagine sau o sarcină ambiguă (cum ar fi „Desenaţi o persoană pe această foaie de hârtie"), estimându-se că, atunci când îi veţi spune unui psihiatru sau psiholog ceea ce vedeţi în ea – sau desenaţi pe hârtie –, acesta va discerne o anumită trăsătură a personalităţii dumneavoastră.

De-a lungul anilor, au existat nenumărate controverse legate de capacitatea acestor pete de a ajuta la identificarea bolilor mintale. Consensul general este că, atunci când se foloseşte un sistem de punctare cuprinzător (în special cel creat de psihologul John Exner), testul pare să fie de încredere. Cu toate acestea, testul este rareori folosit exclusiv. Psihologii iau în considerare rezultatele testului Rorschach în combinație cu alte teste și cu interviul realizat cu persoana în cauză.

SĂ ÎNCERCĂM ȘI NOI!

Evident că nu vom efectua un test pentru a vedea dacă putem identifica vreo boală mintală la prietenii dumneavoastră. Lăsăm asta pe seama profesioniștilor. Totuși, putem arunca o privire asupra aspectului care i-a îngrijorat de-a lungul timpului pe oameni în legătură cu aceste pete de cerneală: oare rezultatele testului sunt punctate corect de cei care le interpretează – sau, la fel ca pacientul, și ei văd ceea ce vor să vadă în răspunsurile persoanei respective?

Le vom arăta subiecților câteva pete de cerneală și vom furniza chiar și câteva răspunsuri reale date de diverse persoane. Vom pune însă alte nume deasupra petelor de cerneală. Mulți cercetători au descoperit că numele unor oameni „sună agreabil" – cum ar fi Julie, Richard și Gregory –, în vreme ce lumea reacționează mai puțin plăcut la nume precum Horace, Edmund și Roderick.

Iată de ce aveți nevoie:

- scoateți la imprimantă petele I, IV, V (mai multe exemplare din V)
- 2 grupuri de participanți
- grilă de evaluare pe care participanții pot să scrie
- ustensile de scris pentru participanți

CUM PROCEDĂM:

- **PASUL 1**: intrați pe internet și găsiți petele de cerneală reale utilizate în cadrul acestui test (folosiți cuvintele „test Rorschach"). Deoarece imaginile sunt acum publice, le puteți descărca pe toate zece. Descărcați imaginile I, IV și V.
- **PASUL 2**: printați fiecare imagine pe o coală separată. Nu le măriți prea mult. Lăsați loc dedesubt, ca să scrieți un nume fictiv și câteva răspunsuri la ceea ce a spus persoana fictivă despre pata de cerneală (vezi pasul 3). Să numerotăm imaginile

1, 2, 3. Scrieţi numărul pe spatele colii de hârtie.

- **PASUL 3**: sub fiecare pată de cerneală scrieţi următoarele:

1. sub imaginea 1 scrieţi: „Cred că este o mască sau poate faţa unui animal – sau poate un felinar scobit într-un dovleac".
2. sub imaginea 2 scrieţi: „Mi se pare că e un monstru. Sau poate o gorilă gata de atac".
3. sub imaginea 3 scrieţi: „Cred că în partea de sus a imaginii e o foarfecă. Sau poate doi oameni care se depărtează de mine. Jos, în partea stângă şi în partea dreaptă, ar putea fi nişte capete de crocodil".

Răspunsurile date aici sunt puţin neobişnuite şi s-ar putea – şi accentuez *s-ar putea* – să indice faptul că persoana respectivă este tulburată. Să combinăm aceste răspunsuri cu numele pozitive şi negative, apoi să întrebăm subiecţii cât de „stabilă" li se pare persoana respectivă.

GRUPUL A: NUME POZITIVE

- **PASUL 1**: sub nota pentru imaginea 1 scrieţi „Julie".
- **PASUL 2**: sub nota pentru imaginea 2 scrieţi „Richard".
- **PASUL 3**: sub nota pentru imaginea 3 scrieţi „Gregory".
- **PASUL 4**: cereţi-le subiecţilor să răspundă în josul paginii la întrebarea de mai jos, încercuind o cifră de pe scală:

Bazându-vă pe răspunsul la această pată de cerneală,
cât de instabilă credeţi că este persoana respectivă?

Foarte stabilă **1 2 3 4 5 6 7 8 9 10** Foarte instabilă

GRUPUL B: NUME MAI PUŢIN PLĂCUTE

- **PASUL 1**: sub nota pentru imaginea 1 scrieţi „Horace".
- **PASUL 2**: sub nota pentru imaginea 2 scrieţi „Edmund".
- **PASUL 3**: sub nota pentru imaginea 3 scrieţi „Roderick".
- **PASUL 4**: la fel ca în cazul grupului A, cereţi-le subiecţilor să răspundă în josul paginii la întrebarea următoare, încercuind o cifră de pe scală:

Bazându-vă pe răspunsul la această pată de cerneală, cât de instabilă credeți că este persoana respectivă?

Foarte stabilă **1 2 3 4 5 6 7 8 9 10** Foarte instabilă

- **PASUL 5**: studiul se încheie după ce subiecții au încercuit o cifră pentru toate cele trei pete de cerneală.

REZULTATELE

Veți descoperi, probabil, că subiecții au încercuit cifre mai mici în cazul persoanelor cu nume care sună mai puțin plăcut. Părerea lor despre sănătatea mintală a unei persoane a fost influențată de un aspect care ar trebui să fie irelevant: numele acesteia.

DE CE CONTEAZĂ

Testul Rorschach pare să aibă o oarecare capacitate de a identifica indivizi care suferă de anumite boli mintale, însă trebuie să reținem trei aspecte foarte importante. În primul rând, testul nu e folosit niciodată în exclusivitate. Ceea ce vede omul respectiv în petele de cerneală se combină cu alte informații despre el. În al doilea rând, sistemul de punctare este mult mai complex decât simpla denumire a unui aspect din imagine. La televizor, veți vedea pe cineva spunând „Văd un fluture", însă sistemele de punctare includ tot felul de alte informații, în afară de principalul obiect pe care-l vede persoana în cauză. În fine, cel care evaluează petele de cerneală trebuie să fie foarte bine pregătit. El nu poate fi influențat de aspecte care-i impresionează cu ușurință pe oamenii obișnuiți – cum ar fi sonoritatea numelui.

PRIN CE DIFERĂ O CONVERSAȚIE LA TELEFON DE UNA PERSONALĂ

SCUZE! NU POT VORBI ÎN MOMENTUL ACESTA

CONCEPT PSIHOLOGIC: orbire din neatenție

DENUMIREA EXPERIMENTULUI: conversații cu pasagerul din dreapta sau la telefonul mobil în cursul simulării unei călătorii cu maşina

CERCETĂTORUL/CERCETAREA INIȚIALĂ: Frank A. Drews, Monisha Pasupathi şi David L. Strayer (2008)

DENUMIREA REPRODUCERII/EXTENSIEI: gorila invizibilă

CERCETĂTORUL/CERCETAREA REPRODUCERII: Christopher Chabris şi Daniel J. Simons (2010)

SOCIAL

Peste 14 milioane de vizionări pe YouTube: iată cât de popular a devenit aşa-numitul clip cu „gorila invizibilă" după ce a fost postat pentru prima oară în 2008. Dacă încă nu l-ați văzut, ar fi bine s-o faceți. Uitați-vă acum, pentru că îi voi devoala finalul în paragraful următor. V-am avertizat.

EXPERIMENTUL ORIGINAR

Iată ce au făcut cercetătorii: timp de 30 de secunde, urmăriți un grup format din şase studenți care-şi pasează între ei două mingi de baschet. Trei dintre ei poartă tricouri albe, iar ceilalți trei tricouri negre. Înainte de a vedea clipul, vi se cere să vă concentrați atenția asupra celor îmbrăcați în alb şi să le numărați pasele. Destul de simplu. Greu de crezut este faptul că majorității privitorilor le scapă faptul că, pe la mijlocul clipului, o persoană îmbrăcată în gorilă trece printre studenții care-şi pasează mingile de baschet. „Cum se poate să nu vezi un om îmbrăcat în gorilă?", veți întreba. Dar aproape toată lumea pățeşte la fel.

Acest fenomen se numeşte „orbire din neatenţie”. Când ne concentrăm asupra unui aspect ceva mai complex (cum ar fi numărarea paselor realizate de persoanele îmbrăcate în tricouri albe), avem tendinţa să lăsăm lucrurile care nu ne interesează să se estompeze, în aşa fel încât să ne îndeplinim sarcina. Nu ne aşteptăm ca o gorilă să treacă pe lângă noi – nu există nici cel mai mic indiciu că urmează să se petreacă un lucru neobişnuit –, aşa că atenţia noastră este atât de concentrată, încât ne scapă detalii evidente.

Iată un alt exemplu. Unor studenţi li s-a cerut să meargă dintr-un capăt al campusului în altul purtând, în acelaşi timp, o conversaţie la telefon. Unora le-a scăpat cu totul clovnul care mergea pe monociclu. Cum e posibil să nu observi un clovn pe monociclu?

Cercetătorii Drews, Pasupathi şi Simons au descoperit că, atunci când oamenilor li s-a cerut să vorbească la telefon în timp ce conduceau maşina (într-un simulator), au făcut mai multe greşeli decât în cazul unei conversaţii similare cu pasagerul din dreapta. De ce se întâmplă aşa? O conversaţie e o conversaţie, nu?

Ei bine, aşa cum ştiţi, persoana cu care vorbiţi la telefonul mobil nu cunoaşte nimic despre condiţiile de şofat cu care vă confruntaţi. S-ar putea să se afle acasă, pe canapeaua din sufragerie. Pasagerul însă poate vedea exact ce se petrece în jurul dumneavoastră – dacă urmează o intersecţie complicată sau maşina din faţă coteşte, ori un grup de persoane merge pe marginea şoselei. În acele momente, pasagerul tace sau vă atrage atenţia asupra respectivelor evenimente. Asta vă dă timp şi „resursele cognitive” de care aveţi nevoie pentru a face faţă situaţiei ivite. Prietenul de la telefonul mobil nu poate vedea toate aceste lucruri. Asta înseamnă că trebuie să fiţi atenţi la multe evenimente care au loc în jur. Şi, în plus, trebuie să gândiţi mai mult. La fel ca studenţilor care trebuie să urmărească şi să numere pasele persoanelor îmbrăcate în tricouri albe, şi dumneavoastră vă va scăpa până la urmă ceva. Probabilitatea de a avea un accident creşte.

SĂ ÎNCERCĂM ŞI NOI!

Puteţi reproduce destul de uşor studiul cu „gorila": filmaţi un clip de 30 de secunde în care şase prieteni îşi pasează între ei o minge de baschet. Trei dintre ei poartă tricouri albe, iar ceilalţi trei tricouri negre. Da, închiriaţi un costum de gorilă, iar cel de-al şaptelea prieten va trece prin mijlocul celorlalţi şase îmbrăcat cu el. Arătaţi-le clipul prietenilor dumneavoastră şi cereţi-le să numere pasele realizate de cei îmbrăcaţi în tricouri albe sau negre. Probabil că niciunul nu va striga la mijlocul clipului „Hei, ce caută gorila aia acolo?"

Să facem totuşi un lucru care va lămuri un aspect important legat de şofat. Să reproducem studiul realizat de Drews şi colegii lui. Pentru asta vom folosi telefonul mobil. Iată de ce aveţi nevoie:

- un smartphone (mai puteţi utiliza şi Xbox sau PlayStation)
- un simulator de şofat
- un prieten cu care să conversaţi la telefon
- un cronometru

CUM PROCEDĂM:

CONDIŢIA A: CONVERSAŢIE PERSOANALĂ

- **PASUL 1**: aşezaţi-vă la masă şi invitaţi-vă prietenul să facă la fel.
- **PASUL 2**: cădeţi de acord asupra subiectului unei discuţii de 10 minute.
- **PASUL 3**: porniţi simulatorul de şofat. Drumul care se derulează în faţa dumneavoastră trebuie să fie destul de complicat: trafic din sens invers, semafoare şi aşa mai departe. Porniţi cronometrul.
- **PASUL 4**: spuneţi-i prietenului să înceapă să discute cu dumneavoastră în timp ce amândoi urmăriţi cum conduceţi maşina.
- **PASUL 5**: conduceţi 10 minute, apoi „studiul" se încheie.

CONDIȚIA B: CONVERSAȚIE LA TELEFON

- **PASUL 1**: cădeți de acord asupra subiectului unei discuții de 10 minute.
- **PASUL 2**: porniți simulatorul de șofat. Drumul care se derulează în fața dumneavoastră trebuie să fie destul de complicat: trafic din sens invers, semafoare și așa mai departe.
- **PASUL 3**: stabiliți cu prietenul să vă sune. Fiindcă veți vorbi în timp ce șofați cu ajutorul simulatorului, probabil că prietenul va trebui să vă sune pe o linie telefonică terestră. Puteți pune telefonul pe speaker, așezându-l lângă dumneavoastră pe când manevrați simulatorul. Porniți cronometrul.
- **PASUL 4**: șofați 10 minute, apoi „studiul" se încheie.

REZULTATELE

Dacă simulatorul de șofat numără greșelile pe care le-ați făcut pe parcursul celor 10 minute ori vă oferă un punctaj, veți descoperi, probabil, că șofatul a fost mai rău atunci când ați vorbit la telefon.

DE CE CONTEAZĂ

Cei mai mulți oameni cred că „o conversație e o conversație" și că nu contează dacă persoana cu care vorbești e la telefon sau stă pe scaunul din dreapta, în timp ce conduci mașina. Nu e adevărat. Vorbitul la telefon în timpul șofatului este mai periculos decât atunci când interlocutorul stă lângă dumneavoastră. Rețineți acest lucru. Amânați conversațiile lungi până când ajungeți acasă și concentrați-vă atenția asupra drumului.

SĂ-ȚI AMINTEȘTI CEEA CE NU S-A ÎNTÂMPLAT NICIODATĂ

ȘTIU CE AM VĂZUT! AȘA CRED...

CONCEPT PSIHOLOGIC: amintiri false

DENUMIREA EXPERIMENTULUI: Crearea falselor amintiri: rememorarea unor cuvinte care nu există în liste

CERCETĂTORUL/CERCETAREA INIȚIALĂ: Henry L. Roediger III și Kathleen B. McDermott (1995)

Unul dintre subiectele preferate de psihologi este memoria. Această popularitate are două cauze: 1. Nu e chiar așa de greu să studiezi memoria – doar le dai participanților o listă cu ceea ce trebuie să rețină, aștepți puțin, apoi le ceri să scrie pe hârtie ceea ce își amintesc. Nu e nevoie de niciun fel de echipament complicat. 2. Cele aflate din studii contrazic în mare măsură părerea oamenilor despre memoria lor. Ei au o încredere foarte mare în ceea ce au văzut, dar, cu toate acestea, dovezile despre corectitudinea amintirilor lor indică faptul că nu ar trebui să fie chiar așa de siguri pe ei. Să examinăm un exemplu despre cât de ușor e să păcălești memoria.

EXPERIMENTUL ORIGINAR

Ce-ar fi dacă v-aș duce într-o încăpere și v-aș spune că urmează să vă citesc 12 cuvinte pe care vă voi cere ulterior să vi le amintiți? Vă citesc cele 12 cuvinte, pe urmă vă dau o coală de hârtie și un pix și vă rog să scrieți cuvintele pe care vi le aduceți aminte. Asta au făcut Roediger și McDermott, descoperind în felul acesta câteva lucruri. În primul rând, deloc surprinzător, oamenii au tendința să-și amintească primele cuvinte (efectul de întâietate) și ultimele cuvinte auzite (efectul noutății). Cercetătorii au recurs însă la un șiretlic: cuvintele erau într-un fel legate între ele: masă, a sta, picioare, loc, moale, birou, braț, divan, lemn, pernă, odihnă, taburet.

Toate se referă la mobilier. Când au citit cu glas tare aceste cuvinte, şi-au dat seama că subiecţii şi-au amintit primele trei din listă, scaun, a sta şi picioare, şi ultimele trei, pernă, odihnă şi taburet.

Iată în ce constă partea amăgitoare. Nu vă uitaţi la pagina din faţa dumneavoastră şi răspundeţi la următoarea întrebare: Cuvântul „scaun" se află, oare, pe listă? Mulţi oameni au răspuns afirmativ, dar răspunsul este „nu". Deoarece cuvintele sunt înrudite, presupuneţi că „scaun" se găsea şi el pe listă. Iată o altă listă de cuvinte: regină, Anglia, coroană, prinţ, George, dictator, palat, tron, şah, guvernare, supuşi, monarh, regal, lider, domnie. Nu vă uitaţi pe pagină atunci când răspundeţi la întrebarea: Cuvântul „rege" se află pe listă? Deoarece aţi înţeles deja ce fac aici, probabil că o să răspundeţi „nu", şi aţi avea dreptate – nu se află. Însă mulţi răspund afirmativ.

Acest studiu ne-a arătat că amintirile sunt un amestec format din ceea ce ne amintim şi ceea ce credem că am văzut. Vă prezint în continuare un studiu pe care îl puteţi reproduce uşor cu ajutorul prietenilor.

SĂ ÎNCERCĂM ŞI NOI!

Iată de ce aveţi nevoie pentru acest experiment:

- 2-4 participanţi
- o listă cu 12-15 cuvinte legate între ele
- o foaie de hârtie (pentru fiecare subiect) cu 3 întrebări
- ustensile de scris pentru participanţi

Puteţi folosi lista de cuvinte legate de mobilier sau monarhie din secţiunea anterioară ori cea referitoare la păianjeni, utilizată, de asemenea, de Roediger şi McDermott.

- pânză
- insectă
- gândac
- spaimă
- zbor
- arahnidă
- a se târî
- tarantulă
- otravă
- muşcătură
- târâtoare
- animal
- urât
- tentacule
- mic

Iată întrebările la care trebuie să răspundă participanții:

1. Scrieți toate cuvintele pe care vi le amintiți (lăsați un spațiu în care să le poată scrie).

2. Cuvântul __________ a fost pe listă?
Nu a fost pe listă **1 2 3 4** A fost pe listă

3. Cuvântul __________ a fost pe listă?
Nu a fost pe listă **1 2 3 4** A fost pe listă

CUM PROCEDĂM:

- **PASUL 1**: citiți-le participanților lista de cuvinte.
- **PASUL 2**: spuneți-le participanților să scrie toate cuvintele pe care și le amintesc (dacă organizați experimentul în grup, nu-i lăsați să se uite pe foile celorlalți).
- **PASUL 3**: citiți cu glas tare întrebările 2 și 3 și completați în același timp spațiile goale. La întrebarea 2 alegeți un cuvânt din listă, iar la întrebarea 3 rostiți un cuvânt care nu se află pe listă. În cazul cuvântului care a fost pe listă, alegeți unul de pe la mijloc, ca să existe o oarecare nesiguranță în privința lui. În lista cu cuvinte legate de păianjeni, alegeți, de pildă, „a se târî". Din lista cuvintelor legate de mobilier, alegeți unul care apare pe la mijloc, de exemplu, „birou".

La întrebarea 3 alegeți un cuvânt care sună de parcă ar face parte din listă, deși, în realitate, nu se află acolo. În cazul listei despre păianjeni, rostiți cuvântul „păianjen" – care n-a fost pe listă. În cazul mobilierului, rostiți „scaun", care sună de parcă ar trebui neapărat să existe pe listă.

REZULTATELE

Veți descoperi că subiecții, la fel ca mai toată lumea, își aduc aminte mai ales primele și ultimele cuvinte pe care le-ați citit cu glas tare. Până aici, nicio surpriză. La întrebarea 2 apare o oarecare ezitare, dar mai toți vor încercui 3 sau 4 (cred că, de fapt, cuvântul s-a aflat pe listă, și au dreptate). În cazul întrebării 3, mulți vor încercui tot 3 sau 4, deşi aceste cuvinte nu s-au aflat pe listă. Evident că puteţi citi mai multe liste, inclusiv o altă cerinţă de tipul „Completaţi spaţiul liber", întrebând dacă un cuvânt vag legat de celelalte face parte din listă. De pildă, în cazul listei cu obiecte de mobilier, Roediger şi McDermott au întrebat dacă vocabula „canapea" s-a aflat pe listă. Nu, nu s-a aflat, însă subiecţii îşi vor stoarce creierii încercând să-şi aducă aminte.

DE CE CONTEAZĂ

Acest studiu demonstrează cât de uşor pot fi create amintiri de care oamenii să fie siguri, dar care, în realitate, nu au un suport real. Amintirile noastre nu sunt fotografice. Atunci când „extragem" o amintire, îi adăugăm ceea ce credem că s-a întâmplat. Aţi putea obiecta că demersul de a-ţi aminti cuvinte de pe o listă pe care tocmai ai auzit-o diferă mult de amintirea detaliilor unei spargeri sau ale unui accident. Roediger şi McDermott sunt de acord. Dar ei scot în evidenţă faptul că studiul de faţă demonstrează că le putem induce amintiri false unor oameni care ştiu că urmează să fie testaţi. Cu toate acestea, fac greşeli legate de lucruri despre care erau siguri. De ce ar fi mai clare amintirile noastre despre un eveniment care se petrece cu mare repeziciune (cum ar fi un accident)?

CUM ŞI CÂND SUNTEM ORBI LA SCHIMBARE

CUM DE A FOST POSIBIL SĂ-MI SCAPE AŞA CEVA?

CONCEPT PSIHOLOGIC: orbirea la schimbare

DENUMIREA EXPERIMENTULUI: incapacitatea de a detecta schimbări în timpul unei interacţiuni din lumea reală

CERCETĂTORUL/CERCETAREA INIŢIALĂ: Daniel J. Simons şi Daniel T. Levin (1998)

COGNIŢIE

Psihologii au găsit încă o situaţie în care ceea ce credem că e adevărat se dovedeşte a nu fi deloc aşa. Iată o astfel de situaţie: mergeţi pe stradă şi cineva vă cere îndrumări. Sunteţi dispuşi s-o faceţi. Atenţia vă este abătută o fracţiune de secundă, iar când vă uitaţi din nou la persoana respectivă, nu observaţi nicio schimbare. De fapt, acum vorbiţi cu o cu totul altă persoană. Şi nici măcar n-aţi băgat de seamă. Credeţi că aşa ceva nu este posibil? Să încercăm să aflăm de ce se întâmplă un asemenea lucru şi cum am putea reproduce un astfel de efect ciudat.

EXPERIMENTUL ORIGINAR

Simons şi Levin au realizat un studiu foarte simplu. Evident că l-au organizat într-un campus studenţesc (veţi întâlni deseori această temă în cartea de faţă). Scenariul: o persoană stă în mijlocul campusului cu o hartă în mână. Pare că s-a rătăcit. Vă cere îndrumări. Vă opriţi şi sunteţi de acord s-o ajutaţi. La o secundă sau două după ce vă opriţi, doi tipi rostesc „Păzea!" şi, nepoliticoşi, trec printre dumneavoastră, transportând o uşă de mari dimensiuni. Din cauza asta, timp de o secundă nu puteţi vedea cealaltă persoană. După ce trec tipii cu uşa, continuaţi să-l ajutaţi pe cel care s-a rătăcit. Însă nu vă daţi seama că tocmai a avut loc „rocada": fiind ascunsă privirii dumneavoastră, persoana rătăcită pe care o ajutaţi a fost înlocuită cu alta. Aceasta continuă conversaţia de parcă nimic nu s-ar fi întâmplat. În cele mai multe cazuri, subiecţii nu observă absolut nimic. Acest fenomen a fost numit „orbire la schimbare".

El se întâmplă din mai multe motive:

- **Situaţia este banală.** Nu detectaţi niciun pericol în jur. La urma urmei, mergeţi dintr-un loc în altul, aşa că nu vă aşteptaţi la nimic extraordinar. Nivelul stimulării este scăzut.
- **Pentru astfel de situaţii aveţi un „scenariu".** Observaţi un „tip rătăcit prin campus". Vă uitaţi pe harta lui, îi arătaţi încotro să meargă, apoi vă continuaţi drumul. Ca urmare a acestui scenariu, nu prea sunteţi atenţi la ceea ce se petrece cu adevărat.
- **Persoana nu face parte din „grupul" dumneavoastră.** Simons şi Levin au observat că probabilitatea apariţiei „orbirii" este mai mare în cazul în care este uşor de stabilit faptul că persoana pe care o ajutaţi nu reprezintă una dintre „identităţile dumneavoastră sociale".

Cu toţii avem identităţi sociale. Acestea sunt grupurile cărora le aparţinem. În cazul cercetării de faţă, subiecţii au fost studenţi. Ei s-au identificat ca fiind „studenţi". Această „orbire" a fost evidentă atunci când era clar că tipul care cerea îndrumări nu era un student. Într-un caz, Simons şi Levin l-au îmbrăcat ca pe un muncitor în construcţii. În felul acesta, studentului i-a fost clar că făcea parte dintr-un alt grup social. Avem tendinţa să nu acordăm celor din alte grupuri sociale aceeaşi atenţie pe care o acordăm celor din grupul nostru social. Când nu suntem foarte atenţi, se pot întâmpla lucruri ciudate, pe care e posibil să nu le observăm. Fără îndoială că studenţii nu au observat că muncitorul în construcţii cu care vorbeau a fost înlocuit de un alt muncitor în construcţii.

Simons şi Levin admit totuşi că există o limită a acestei „orbiri". Dacă muncitorul în construcţii ar fi înlocuit cu un altul mult mai înalt sau aparţinând altei rase (sau chiar sex), probabil că ați observa. Cu toate acestea, studiile demonstrează cât de uimiți vom fi când ne vom da seama că ne scapă atât de multe lucruri.

SĂ ÎNCERCĂM ȘI NOI!

Acest studiu e destul de ușor de reprodus. Iată o listă cu lucrurile de care aveți nevoie:

- un loc în care o persoană se poate rătăci. Un campus e foarte potrivit, dar mai puteți apela și la un parc sau la o stradă nu prea aglomerată.
- o ușă mare
- 2 hărți împăturite
- persoana rătăcită 1
- persoana rătăcită 2: o altă persoană, care seamănă într-o oarecare măsură cu prima (dar nu prea mult) și ține loc de „înlocuitor al celui rătăcit"
- 2 oameni care să transporte ușa.

CUM PROCEDĂM:

- **PASUL 1**: persoana rătăcită 1 stă într-un loc nu prea aglomerat și ține în mână harta. Ar trebui să arate pierdută.
- **PASUL 2**: purtătorii ușii se află în apropiere, ținând ușa vertical. Stau de vorbă sau arată de parcă ar aștepta pe cineva. În realitate, îl așteaptă pe subiectul care trebuie să vină și să dea o mână de ajutor. Persoana rătăcită 2 stă în spatele ușii cu harta despăturită. E gata să se deplaseze odată cu ușa, atunci când purtătorii acesteia se vor pune în mișcare.
- **PASUL 3**: când cineva se apropie și pare că ar putea da o mână de ajutor, persoana rătăcită 1 spune ceva de genul: „Scuzați-mă. M-am rătăcit. Mă puteți ajuta?"
- **PASUL 4**: imediat după ce „ajutorul" se apropie la vreo jumătate de metru de persoana rătăcită 1, purtătorii ușii se pun în mișcare odată cu persoana rătăcită 2 din spatele ușii.

- **PASUL 5**: unul dintre purtătorii uşii strigă „Păzea!" în timp ce amândoi apleacă uşa într-o parte (persoana rătăcită 2 trebuie să se aplece pentru a rămâne ascunsă în spatele uşii) şi trec printre „ajutor" şi persoana rătăcită 1.
- **PASUL 6**: persoanele rătăcite 1 şi 2 trebuie să efectueze câţiva „paşi de dans" pentru a schimba locurile între ele atât timp cât sunt ascunse privirii subiectului.
- **PASUL 7**: persoana rătăcită 2 continuă conversaţia cu „ajutorul". Îi poate spune acestuia că se află în căutarea unei anumite străzi sau clădiri din apropiere. Persoana rătăcită 1 continuă să meargă în spatele uşii până când iese din raza vizuală a subiectului.

REZULTATELE

Sarcina dumneavoastră este să urmăriţi totul din apropiere şi să vă daţi seama dacă „ajutorul" observă că se petrece ceva ciudat în jurul lui. E bine să-i furnizaţi câteva informaţii înainte de a-l lăsa să-şi vadă de drum. Spuneţi-i că tocmai a participat la un studiu şi mulţumiţi-i că s-a oferit să-l ajute pe „cel rătăcit". Adunaţi toţi participanţii pentru a-şi strânge mâinile. Întrebaţi „ajutorul" dacă a observat că persoana rătăcită a fost înlocuită după trecerea uşii. Spuneţi-i că este foarte firesc ca oamenii să nu vadă anumite lucruri în astfel de situaţii. Dacă e interesat, explicaţi-i întregul concept de „orbire la schimbare". În final, mulţumiţi-le tuturor pentru participare.

DE CE CONTEAZĂ

Poate v-a trecut prin minte că „trucul" acesta mic ar putea fi folosit de magicieni. Aveţi dreptate. Magicienii se bazează pe faptul că publicul nu observă atunci când schimbă ceva. Pentru ca „magia" lor să fie crezută, se folosesc de o distragere temporară a atenţiei (de pildă, uşa, în cazul nostru) pentru a realiza schimbarea chiar sub nasul audienţei. Orbirea la schimbare reprezintă o problemă şi în cazul martorilor oculari. Odată ce credem că am văzut o persoană implicată în comiterea unui delict, de cele mai multe ori suntem foarte siguri pe noi înşine în această privinţă. Cercetătorii le-au arătat însă unor subiecţi filmul comiterii unei infracţiuni. Pe la mijlocul filmului, au făcut ceva similar cu ceea ce s-a petrecut în exemplul nostru: au înlocuit infractorul cu o altă persoană. Câţi subiecţi nu au observat acest lucru? Aproximativ 60%. Astfel de descoperiri nu prea susţin acurateţea depoziţiilor făcute de martorii oculari.

DE CE NE AMINTIM ANUMITE LUCRURI?

E PROFUND, OMULE!

CONCEPT PSIHOLOGIC: nivelurile evaluării

DENUMIREA EXPERIMENTULUI: profunzimea evaluării şi reţinerea cuvintelor în memoria episodică

CERCETĂTORUL/CERCETAREA INIŢIALĂ: Fergus I.M. Craik şi Endel Tulving (1975)

MEMORIE

Memoria este foarte importantă. Studenţii trebuie să memoreze o mulţime de lucruri, iar notele lor depind în mare măsură de capacitatea de a-şi aminti. Astăzi, când, în cadrul populaţiei, există mai mulţi oameni de vârstă mijlocie sau bătrâni, noi expresii legate de memorie (sau de lipsa ei) sunt introduse în limbajul curent. Aţi auzit pe cineva vorbind despre un „*senior moment*" (cu sensul de lapsus cauzat de senilitate)?

Prin urmare, de ce uităm? Craik şi Tulving sugerează că unul dintre motive este acela că nu analizăm la un nivel profund ceea ce vrem să ţinem minte. Evaluarea are loc doar la un nivel superficial. Ce înseamnă asta? Ei bine, să presupunem că auziţi cuvântul „Bacchanalia". Nu toată lumea ştie ce reprezintă. Înseamnă, printre altele, să fii beat sau să te afli la o petrecere care implică beţia. Dacă aţi găsi acest cuvânt într-o carte, e posibil să-i observaţi aspectul neobişnuit şi să-i căutaţi semnificaţia, dar, în general, probabil că aţi trece peste el în speranţa că veţi da mai târziu peste semnificaţia lui. Sau speraţi că nu e neapărată nevoie să cunoaşteţi acest cuvânt pentru a înţelege povestea. Toată lumea se grăbeşte. Aşa că analizaţi cuvântul doar la suprafaţă – observaţi că este lung şi că are în componenţa lui două litere C. Nimic din toate astea nu vă ajută însă să ajungeţi la semnificaţia cuvântului, aceea de sărbătoare nocturnă la care se bea mult vin. Prin urmare, de ce uitați că ați văzut cuvântul? Fiindcă nu ați petrecut mai mult timp cu analizarea lui aprofundată.

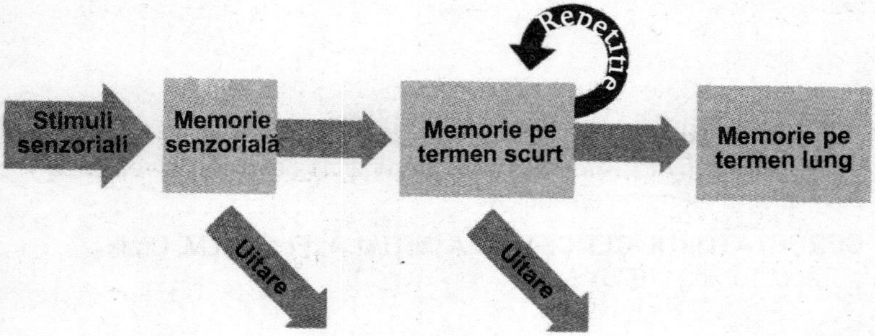

Evoluția formării memoriei

OK, deci ce ar putea fi un nivel „profund" de analiză a acestui cuvânt? Trebuie să vă uitați la el și să gândiți. Vă puteți opri câteva clipe și să încercați să ghiciți semnificația, analizând cu atenție propozițiile de dinaintea lui și de după el și căutând indicii. Îl puteți căuta pe internet, aflând amănunte despre originea lui romană. Experții în domeniul memoriei pot memora cuvinte precum acesta pentru că asociază părți din el cu semnificația lui. În cazul de față, primele trei litere ale cuvântului „Bacchanalia" sunt „bac", prescurtarea uzuală a cuvântului „bacalaureat". Această metodă, numită și *metoda cuvântului-cheie*, îi ajută să rețină mult timp semnificațiile unui mare număr de cuvinte.

Aceasta este procesarea profundă.

EXPERIMENTUL ORIGINAR

Craik și Tulving le-au dat subiecților liste cu 60 de cuvinte (ați observat, probabil, că listele de cuvinte date subiecților și cererea de a le memora reprezintă unul dintre procedeele obișnuite din psihologie). Cuvintele nu erau legate între ele.

Mai multe grupuri de studenți au fost rugate să citească apoi cuvintele, știind că urmează să fie testate. Au diferit doar instrucțiunile pe care le-au primit în ceea ce priveşte abordarea cuvintelor. Unora dintre subiecţi li s-a cerut să observe dacă sunt scrise cu majuscule sau cu minuscule. Altora li s-a cerut să numere vocalele. Al treilea grup a primit ca sarcină să stabilească dacă respectivul cuvânt se potriveşte cu spaţiul gol dintr-o propoziţie. Primele două însărcinări au fost uşor de îndeplinit. Pentru cea de-a treia, persoana a trebuit să se oprească puţin şi să se gândească la semnificaţia cuvântului înainte de a răspunde la întrebare.

Când li s-a cerut să-şi amintească ulterior cuvintele, cine, oare, s-a descurcat mai bine? Al treilea grup, desigur. Cel al subiecţilor care au „analizat" cuvântul la un nivel aprofundat comparativ cu celelalte două.

Să reproducem şi noi, la o scară mai mică, studiul realizat de Craik şi Tulving. Acesta va demonstra cât de importantă este pentru memorie analiza profundă.

SĂ ÎNCERCĂM ŞI NOI!

Puteţi reproduce acest studiu utilizând schema descrisă anterior. Iată de ce aveţi nevoie:

- 3 grupuri de participanţi
- o listă cu aproximativ 15 cuvinte
- 30 de cartonaşe
- coli de hârtie pentru participanţi
- creioane pentru participanţi

E bună orice listă de cuvinte, iar 15 cuvinte sunt suficiente pentru ca studiul să fie realizat. Iată 15 cuvinte din studiul originar:

- discurs
- perie
- obraz
- gard
- flacără
- făină
- miere
- cuţit
- oaie
- aramă
- infirmieră
- sondă
- păstrăv
- urs
- sticlă

CUM PROCEDĂM:

Mai întâi, creaţi două seturi de cartonaşe, fiecare conţinând 15 „cărţi". Fiecare cartonaş din setul A trebuie să conţină un cuvânt din cele 15, scris cu minuscule. În setul B, jumătate din cele 15 cuvinte sunt scrise cu majuscule, iar cealaltă jumătate cu minuscule. Amestecaţi bine cartonaşele din fiecare pachet în parte.

GRUPUL A

- **PASUL 1**: folosiţi pachetul A. Aşezaţi subiecţii la masă şi spuneţi-le că urmează să le arătaţi, pe rând, 15 cuvinte scrise pe cartonaşe. Acordaţi-le cel mult 5 secunde pentru fiecare cuvânt.
- **PASUL 2**: cereţi-le participanţilor să numere vocalele din cuvânt şi să rostească numărul cu glas tare.
- **PASUL 3**: după ce sarcina a fost îndeplinită, luaţi-le cartonaşele. Daţi-le foaia albă de hârtie şi rugaţi-i să scrie pe ea cuvintele pe care şi le amintesc.

GRUPUL B

- **PASUL 1**: folosiţi tot pachetul A. Aşezaţi subiecţii la masă şi spuneţi-le că urmează să le arătaţi, pe rând, 15 cuvinte scrise pe cartonaşe.
- **PASUL 2**: cereţi-le participanţilor să compună o propoziţie pentru fiecare cuvânt, pe care s-o formuleze cu glas tare.
- **PASUL 3**: după ce sarcina a fost îndeplinită, luaţi-le cartonaşele. Daţi-le foaia albă de hârtie şi rugaţi-i să scrie pe ea cuvintele pe care şi le amintesc.

GRUPUL C

- **PASUL 1**: folosiţi pachetul B (cel cu cuvinte scrise cu minuscule şi majuscule). Aşezaţi subiecţii la masă şi spuneţi-le că urmează să le arătaţi, pe rând, 15 cuvinte scrise pe cartonaşe.
- **PASUL 2**: cereţi-le să spună cu glas tare dacă respectivele cuvinte sunt scrise cu minuscule sau cu majuscule.
- **PASUL 3**: după ce sarcina a fost îndeplinită, luaţi-le cartonaşele. Daţi-le foaia albă de hârtie şi rugaţi-i să scrie pe ea cuvintele pe care şi le amintesc.

REZULTATELE

Veți descoperi, probabil, că grupul B – cei care au compus propoziții pentru fiecare cuvânt – își va aminti mai multe cuvinte decât celelalte două grupuri. Asta se întâmplă pentru că o astfel de sarcină presupune că persoana se gândește la semnificația cuvântului. Este vorba despre un nivel aprofundat de analiză comparativ cu sarcinile primite de celelalte două grupuri.

DE CE CONTEAZĂ

Dacă vreți să vă amintiți mai multe cuvinte sau să obțineți rezultate mai bune la teste, trebuie să analizați la un nivel aprofundat ceea ce învățați. Mulți elevi cred că dacă vor copia informații dintr-un manual în caietul de teme asta înseamnă că studiază, după care obțin rezultate slabe la teste. Dar acest tip de „studiu" nu e decât o activitate superficială. Elevii nu s-au gândit cu adevărat la ceea ce au învățat. Faptul de a te gândi la ceea ce înveți se concretizează în note mai bune. O modalitate de a face acest lucru constă în a învăța, încercând ulterior să-i explici unei alte persoane ceea ce ai învățat. Dacă nu poți s-o faci sau persoana respectivă nu înțelege, atunci înseamnă că trebuie să mai studiezi materialul în cauză. Alte tactici: să găsești exemple pentru ideile complexe sau să vezi dacă le poți aplica în viața de zi cu zi. Aceste activități favorizează „păstrarea" informațiilor în memorie.

CUM SE TRANSFORMĂ CĂLDURA FIZICĂ ÎN CĂLDURĂ PSIHOLOGICĂ

IDEEA ASTA ÎMI ÎNCĂLZEȘTE SUFLETUL!

CONCEPT PSIHOLOGIC: atașament psihologic și *embodied cognition* („minte întrupată")

DENUMIREA EXPERIMENTULUI: esența iubirii

CERCETĂTORUL/CERCETAREA INIȚIALĂ: Harry Harlow (1958)

DENUMIREA REPRODUCERII/EXTENSIEI: căldura fizică încurajează căldura interpersonală

CERCETĂTORUL/CERCETAREA REPRODUCERII: Lawrence E. Williams și John A. Bargh (2008)

COGNIȚIE

Vă amintiți testul (realizat de Harry Harlow) în care mai mulți pui de maimuță au primit o „mamă" confecționată din sârmă, dar și o altă „mamă", făcută din sârmă și acoperită cu un material textil? Când puii se speriau de ceva preferau să se agațe de mama acoperită cu materialul textil – deși cealaltă mamă avea atașată de ea o sticlă cu lapte. Din aceste studii am aflat că puii se atașează de mamele lor și din alte motive, nu numai pentru a primi hrana. Iată un alt aspect, diferit, legat de mama acoperită cu materialul textil: în spatele ei se afla un bec de 100 de wați. Prin urmare, era caldă și pufoasă.

Bun, așa stau lucrurile în cazul maimuțelor. Dar ce legătură are asta cu noi? Păi, nu vi s-a întâmplat să-i spuneți cuiva că o persoană pe care tocmai ați cunoscut-o era foarte „caldă"? Sau că cineva v-a întâmpinat cu „răceală"? Se pare că folosim foarte des o astfel de descriere legată de căldură. Deoarece căldura prezintă numeroase asocieri pozitive („te încălzești stând lângă foc", „cald și pufos" și „primire călduroasă"), e posibil, oare, ca atunci când ai senzația fizică de căldură în apropierea unei persoane, aceasta să-ți placă mai mult?

Să vedem cât de importantă este „căldura" în viața de zi cu zi.

EXPERIMENTUL ORIGINAR

Puteți testa această idee foarte simplu: puneți un grup de oameni într-o cameră încălzită, un altul într-o încăpere friguroasă și lăsați-i să interacționeze. Ideea nu e rea, dar se pot întâmpla multe lucruri când adunați niște oameni într-o cameră. În plus, ce anume aveți de gând să comensurați? Ce înseamnă o reacție „călduroasă" sau una „rece"?

Williams a decis să utilizeze cafeaua. Iată cum descrie el teoria din spatele acestui studiu:

> Am presupus că experiențele tactile de căldură fizică ar trebui să activeze concepte sau sentimente de căldură interpersonală. În plus, această activare temporar sporită a conceptelor de căldură interpersonală ar trebui să influențeze în consecință, într-o manieră neintenționată, părerile și comportamentul manifestate față de oameni, fără conștientizarea acestei influențe.

Ceea ce a făcut el e ceva mai simplu decât reiese din citatul de mai sus. Iată scenariul:

- Accepți să participi la un studiu psihologic. Ți se cere să vii la o anumită oră în holul unei clădiri.
- Vii la ora și în locul stabilit și ești întâmpinat de un organizator care se întâmplă să țină în mâini un clipboard ce conține niște documente, câteva manuale și un pahar cu cafea. Până aici totul pare normal.
- Organizatorul spune că studiul va avea loc la etaj, așa că să mergem la lift. Intrați în ascensor. Foarte normal...
- În timp ce liftul urcă, organizatorul zice că vrea să scrie numele tuturor participanților, așa că vă roagă să țineți paharul cu cafea în timp ce face treaba asta. V-ați prins!

Tocmai ați fost „abordat caloric". Ați pus mâna pe paharul cu cafea fierbinte. În cazul altor participanți, organizatorul ține în mână un pahar de cafea cu gheață. Bun, ce se întâmplă mai departe?

Când ajungeţi la etajul respectiv, vi se precizează că studiul la care participaţi are ca subiect „percepţia despre persoane şi consumerismul", lucru, evident, neadevărat. Vi se dă următoarea descriere a Persoanei A:

> Persoana A este inteligentă, pricepută şi muncitoare. De asemenea, Persoana A este hotărâtă, practică şi prudentă.

Pe baza acestor informaţii despre personalitatea omului respectiv, vi se cere să încercuiţi o cifră pentru fiecare dintre cele 10 trăsături de personalitate. Unele sunt legate de „căldura" Persoanei A (de pildă, „grijulie" *versus* „egoistă"), iar altele sunt doar de umplutură („cinstită" *versus* „necinstită").

Rezultatele? Chiar şi având la dispoziţie atât de puţine informaţii, Williams şi Bargh au descoperit că participanţii care au ţinut în mână paharul cu cafea fierbinte au acordat un punctaj semnificativ mai mare la capitolul „căldură".

Vi se pare greu de crezut că o acţiune minoră, cum e ţinerea în mână a unui pahar cu cafea fierbinte, poate să influenţeze atât de mult sentimentul trezit de o persoană necunoscută?

SĂ ÎNCERCĂM ŞI NOI!

Nu aveţi nevoie de prea multe pentru a reproduce acest studiu. Putem relua ceea ce au făcut Williams şi Bargh.

Iată de ce aveţi nevoie:

- un pahar cu cafea fierbinte
- un pahar cu cafea rece
- un clipboard
- coli de hârtie
- manuale
- 2-4 participanţi
- descrierea persoanei A
- ustensile de scris pentru participanţi

CUM PROCEDĂM:

GRUPUL A

- **PASUL 1**: chemați subiectul la ora și în locul stabilit. Îl întâmpinați ținând în mâini clipboardul, manualele și un pahar cu cafea fierbinte.
- **PASUL 2**: în timp ce vă îndreptați spre zona unde se va desfășura studiul, vă scuzați pentru că trebuie să scrieți ceva pe clipboard și îl rugați frumos pe participant să vă țină paharul cu cafea fierbinte. Participantul trebuie să țină pentru scurt timp paharul cu cafea – aproximativ 15-25 de secunde.
- **PASUL 3**: așezați participantul la masă și dați-i descrierea Persoanei A. El trebuie s-o evalueze încercuind o cifră de pe următoarea scală, utilizată și de Williams și Bargh:

1. Generos **1 2 3 4 5 6 7** Lipsit de generozitate
2. Fericit **1 2 3 4 5 6 7** Nefericit
3. Blajin **1 2 3 4 5 6 7** Iritabil
4. Sociabil **1 2 3 4 5 6 7** Antisocial
5. Afectuos **1 2 3 4 5 6 7** Egoist
6. Atractiv **1 2 3 4 5 6 7** Neatractiv
7. Nepăsător **1 2 3 4 5 6 7** Serios
8. Vorbăreț **1 2 3 4 5 6 7** Tăcut
9. Puternic **1 2 3 4 5 6 7** Slab
10. Cinstit **1 2 3 4 5 6 7** Necinstit

GRUPUL B

- **PASUL 1**: chemați subiectul la ora și în locul stabilit. Îl întâmpinați ținând în mâini clipboardul, manualele și un pahar cu cafea fierbinte.
- **PASUL 2**: în timp ce vă îndreptați spre zona unde se va desfășura studiul, vă scuzați pentru că trebuie să scrieți ceva pe clipboard și îl rugați frumos pe participant să vă țină paharul cu cafea rece. Participantul trebuie să țină pentru scurt timp paharul cu cafea – aproximativ 15-25 de secunde.

- **PASUL 3**: aşezaţi participantul la masă şi daţi-i descrierea Persoanei A. El trebuie s-o evalueze pe aceeaşi scală folosită de grupul A.

REZULTATELE

Nu suntem interesaţi decât de cifrele încercuite de participanţi la primele cinci puncte. Acestea, cred cercetătorii, vor fi afectate de efectul „cald/rece". Ei au inversat elementele, astfel încât cifrele mai mari să indice mai multă căldură. Au descoperit că grupul cu paharul de cafea fierbinte i-a acordat persoanei A un punctaj mediu de 4,71, pe când media grupului cu paharul de cafea rece a fost de 4,08. Nu e o diferenţă uriaşă, dar, din punct de vedere statistic, este una semnificativă.

DE CE CONTEAZĂ

Căldura fizică este importantă pentru dezvoltarea copilului. Aparent, efectele căldurii se pot extinde la multe domenii ale vieţii noastre de mai târziu. Managerii firmelor de publicitate ştiu asta foarte bine. Acesta este motivul pentru care încearcă să-şi asocieze produsele cu şemineuri, ceşti cu ciocolată fierbinte şi aşa mai departe. Ei speră ca, procedând astfel, produsele lor să vă „încălzească" şi pe dumneavoastră.

OARE ROȘUL VĂ FACE MAI ATRACTIVE?

ÎMI PLACE CUM ÎȚI VINE CULOAREA ASTA!

CONCEPT PSIHOLOGIC: atractivitate

DENUMIREA EXPERIMENTULUI: Roșu romantic: roșul sporește atracția pe care femeile o exercită asupra bărbaților

CERCETĂTORUL/CERCETAREA INIȚIALĂ: Andrew J. Elliot și Daniela Niesta (2008)

Oare bărbații sunt mai atrași de femeile îmbrăcate în roșu? Cu toții vrem să arătăm cât mai bine, iar acest lucru e valabil mai ales atunci când vine vorba despre o relație romantică. Există teorii despre efectul culorilor asupra atractivității: de pildă, roșul e „fierbinte", albastrul e „răcoros". Roșul din vestimentație, care atrage masculii speciei respective, are o istorie lungă: rujul era utilizat chiar și de femeile din Egiptul antic. Ce se întâmplă cu fețele celor îndrăgostiți sau care flirtează? Așa cum subliniază cercetătorii:

> Asocierea, în societate, a culorii roșii cu sexul are o istorie îndelungată, care continuă și în prezent. În unele dintre cele mai timpurii ritualuri cunoscute de antropologi, ocrul roșu era folosit de femei pe post de vopsea pentru corp și față, pentru a simboliza fertilitatea... Roșul apare adesea în mitologia antică și în folclor ca simbol al pasiunii, dorinței și fertilității.

Să-i lăsăm pe cercetătorii din domeniul psihologiei să adune date concrete despre acest subiect.

EXPERIMENTUL ORIGINAR

Mai întâi, Elliot şi Niesta au adunat fotografii cu femei atrăgătoare. Când studiază atractivitatea, cercetătorii caută întotdeauna să facă „puţin loc pentru interpretări individuale", prin urmare nu au nevoie de fotografiile unor persoane foarte frumoase, de pildă stele de cinematografie (ale căror chipuri sunt, în plus, şi foarte familiare), ci de femei de, să zicem, nota 7, dacă folosim o scală de la 1 la 10. Iată ce trebuie să faceţi pentru a găsi fotografia potrivită: arătaţi-le unui mare număr de oameni, până când una dintre ele obţine în mod constant nota 7 (ca să fim mai precişi, cercetătorii au folosit fotografia unei femei care a obţinut nota 6,8 pe o scală de la 1 la 9 – doar e vorba despre ştiinţă, nu?).

Au utilizat o imagine având dimensiunile 10/15 cm şi au lipit-o pe o coală de hârtie de 21,5/28 cm. Mai întâi, au schimbat culoarea foii de hârtie. Unii au văzut fotografia „femeii adulte moderat de atrăgătoare" pe un fond roşu, în timp ce alţii au văzut aceeaşi fotografie pe un fond alb mat. Bărbaţii care au văzut femeia pe fondul roşu i-au apreciat atractivitatea, acordându-i, în medie, nota 7,4, în vreme ce fotografia pe fond alb a primit nota 6,4. Este interesant de observat că, în cazul femeilor care au participat la studiu, notele lor nu au diferit în mod semnificativ în funcţie de culoarea fundalului. De asemenea, cercetătorii le-au mai cerut participanţilor să acorde note din care să reiasă dacă femeia văzută pe fond roşu este mai inteligentă sau mai amabilă. În acest caz, nu au găsit nicio diferenţă în ceea ce priveşte aprecierile la adresa femeii văzute pe fond roşu sau alb.

Elliot şi Niesta au întrebuinţat aplicaţia Adobe Photoshop pentru a schimba culoarea bluzei purtate de o femeie moderat de atractivă. Atunci când a purtat o bluză de culoare roşie, ea a fost considerată mai atractivă decât în cazul în care bluza a fost albastră.

Acest studiu nu e greu de reprodus. Ar fi minunat dacă v-aţi pricepe la editarea imaginilor cu ajutorul aplicaţiei Adobe Photoshop, dar cred că vă puteţi descurca şi fără ea. Să trecem la treabă.

SĂ ÎNCERCĂM ŞI NOI!

Aveţi nevoie de fotografia unei femei moderat de atrăgătoare. Sau puteţi face o schimbare, utilizând, în schimb, fotografii cu bărbaţi şi participanţi femei. Dacă vreţi să procedaţi aşa, nu staţi pe gânduri!

Pentru exemplul de faţă, mă voi rezuma la ceea ce au făcut cercetătorii, însă dumneavoastră puteţi modifica procedura după dorinţă. Prin urmare, trebuie să aveţi la dispoziţie fotografia unei femei. Iată câteva cerinţe:

- femeia trebuie să fie moderat de atractivă şi să zâmbească simplu
- încadrarea trebuie să fie de la umeri în sus
- fotografia nu trebuie să cuprindă nimic altceva, obiecte sau persoane
- fundalul trebuie să fie alb.

Iată de ce aveţi nevoie pentru experiment:

- fotografia unei femei
- 2 grupuri de participanţi
- foi de hârtie cu întrebări legate de atractivitate
- ustensile de scris pentru participanţi.

CUM PROCEDĂM:

- **PASUL 1**: intraţi pe internet, căutaţi şi descărcaţi imagini cu „femei moderat de atractive, izolate". Cuvântul „izolat" vă ajută să vedeţi mai multe imagini ale unei persoane pe un fundal alb.
- **PASUL 2**: arătaţi fotografiile unor prieteni şi rugaţi-i să le acorde note de la 1 la 10. Alegeţi femeia cu note situate în intervalul 6-7.
- **PASUL 3**: trebuie să schimbaţi culoarea bluzei pe care o poartă. Aflaţi cum funcţionează aplicaţia Adobe Photoshop sau Photoshop Elements pentru a schimba culoarea veşmintelor unei persoane. Există şi aplicaţii pentru iOS sau Android, care

vă permit să faceți această schimbare de culoare. Indiferent de instrumentele pe care le folosiți, trebuie ca, până la urmă, să obțineți două fotografii identice, cu o singură excepție – într-o fotografie femeia are o bluză roșie, iar în cealaltă poartă o bluză albastră (sau verde – cercetătorii au încercat mai multe culori, iar roșul a ieșit de fiecare dată pe primul loc).

- **PASUL 4**: Elliot și Niesta au printat imaginile pe hârtie, dar dumneavoastră le puteți arăta participanților pe ecranul unui smartphone.
- **PASUL 5**: printați întrebările puse participanților de Elliot și Niesta. Acestea sunt:

Cât de atractivă credeți că este această persoană?
Deloc **1 2 3 4 5 6 7 8 9** Foarte

Dacă m-aș întâlni față în față cu persoana din fotografie,
aș fi de părere că este atractivă.
Nu, cu siguranță, nu **1 2 3 4 5 6 7 8 9** Da, cu siguranță, da

Imaginați-vă că nu aveți nicio relație
și că decideți să încercați un site de dating. Dacă ați vedea
această persoană pe site-ul respectiv, ați invita-o în oraș?
Nu, cu siguranță, nu **1 2 3 4 5 6 7 8 9** Da, cu siguranță, da

Imaginați-vă că ieșiți în oraș cu această persoană
și că aveți în portofel echivalentul a 100 de dolari.
Câți bani sunteți dispuși să cheltuiți la această întâlnire?
0 10 20 30 40 50 60 70 80 90 100

GRUPUL A: BLUZA ROȘIE

- **PASUL 1**: când participanții sunt pregătiți, spuneți-le, așa cum au făcut Elliot și Niesta, că studiați primele impresii despre sexul opus. Nu este în întregime adevărat, dar îi veți pune la curent după încheierea studiului.
- **PASUL 2**: arătați-le participanților fotografia femeii îmbrăcate cu bluza roșie. Indiferent dacă printați fotografia sau o aveți pe smartphone, procedați de fiecare dată la fel.

- **PASUL 3**: înmânați-i participantului întrebările printate pe o foaie de hârtie. Rugați-l să răspundă, iar după ce termină, scrieți pe spatele foii cuvântul „roşie". Acum îi puteți explica despre ce e vorba în acest studiu.

GRUPUL B: BLUZA ALBASTRĂ

- **PASUL 1**: când participanții sunt pregătiți, spuneți-le că studiați primele impresii despre sexul opus. Nu este în întregime adevărat, dar îi veți pune la curent după încheierea studiului.
- **PASUL 2**: arătați-le participanților fotografia femeii îmbrăcate cu bluza albastră. Indiferent dacă printați fotografia sau o aveți pe smartphone, procedați de fiecare dată la fel.
- **PASUL 3**: înmânați-i participantului întrebările printate pe o foaie de hârtie. Rugați-l să răspundă, iar după ce termină, scrieți pe spatele foii cuvântul „albastră". Acum îi puteți explica despre ce e vorba în acest studiu.

REZULTATELE

Pentru fiecare participant, însumați notele de la primele două întrebări, pentru a obține o „evaluare medie a atractivității". Separat, calculați media pe grup la celelalte două întrebări. Veți descoperi, cred, că femeia cu bluză roşie este considerată mai atractivă, că probabilitatea de a fi invitată în oraş este mai mare şi că deci suma cheltuită de bărbat va fi şi ea pe măsură. Aşa cum sunt sigur că ați observat, cercetarea de față este destul de tradițională în ceea ce priveşte rolurile celor două sexe: bărbații evaluează atractivitatea femeilor, decid dacă le cer sau nu o întâlnire şi chiar estimează câți bani urmează să cheltuiască împreună cu ele. Puteți chiar să îmbunătățiți această cercetare: cereți-le unor femei să evalueze un bărbat îmbrăcat într-o cămaşă roşie sau într-una albastră. Puteți stabili, totodată, în ce fel culorile influențează evaluările referitor la interesul față de o relație pe termen lung cu persoana îmbrăcată în roşu sau în albastru.

DE CE CONTEAZĂ

Se pare că, dacă ne aflăm în căutarea unui partener, culoarea roşie a hainelor reprezintă cea mai bună alegere. Observaţi, totuşi, că această culoare este folosită şi în reclame – maşini roşii şi obiecte în ambalaje roşii. Puteţi fi siguri că firmele de publicitate au încercat în laboratoare ambalaje de diverse culori pentru a determina preferinţele cumpărătorilor. Asta se întâmplă cu mult înainte de a vedea produsele pe rafturile magazinelor.

CORPURILE NOASTRE NE INFLUENȚEAZĂ MAI MULT DECÂT CREDEM

OARE CARUL SE PUNE ÎNAINTEA BOILOR?

CONCEPT PSIHOLOGIC: emoții

DENUMIREA EXPERIMENTULUI: Zâmbetul Duchenne, experiența emoțională și reactivitatea autonomă: un test despre ipoteza feedbackului facial

CERCETĂTORUL/CERCETAREA INIȚIALĂ: Robert Soussignan (2002)

Zâmbiți pentru că sunteți bucuroși – sau sunteți bucuroși pentru că zâmbiți? Mulți cred, desigur, că prima variantă este cea corectă: simțim o emoție, apoi o exprimăm prin intermediul corpului. Dar haideți să ne gândim puțin. I-ați spus vreodată unui prieten deprimat să se ridice și să plece în altă parte, să se distreze și să se lase distras de la ceea ce îl supără? Procedăm în acest fel pentru că știm că schimbarea poziției corporale – ridicatul în picioare, mersul, faptul de a vedea lucruri noi – poate modifica starea interioară.

Oricât de bizar ar suna la prima vedere fraza „Sunt bucuros pentru că zâmbesc", probabil că e ceva adevărat în asta. Ideea este destul de controversată, așa că haideți să aruncăm o privire asupra modului în care psihologii studiază acest fenomen. Apoi vom face un test prin intermediul unui mic experiment ciudat, dar amuzant.

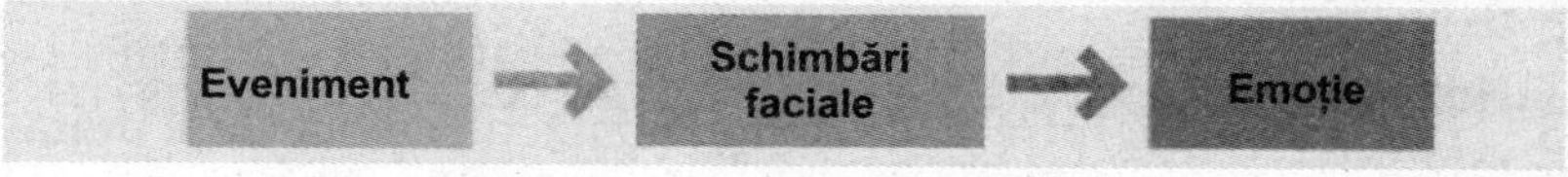

Schimbări faciale care declanșează emoția

EXPERIMENTUL ORIGINAR

Analizăm aici ceea ce poartă numele de „ipoteza feedbackului facial": ideea potrivită căreia judecăm cât de amuzant este un anumit lucru în funcţie de cât de aproape sunt muşchii noştri faciali de compunerea unui zâmbet. E bizar, ştiu.

Cum facem pe cineva să zâmbească fără să-şi dea seama că asta face? Soussignan a venit cu ideea de a le spune subiecţilor că participă la cercetare pentru a ajuta peroanele cu handicap fizic. Iată ce li s-a zis subiecţilor:

> Cercetarea face parte dintr-un proiect despre persoanele cu handicap fizic care nu-şi pot folosi mâinile pentru a controla mediul înconjurător. Cu toate acestea, ne putem aştepta ca, prin intermediul antrenamentului, aceste persoane să recurgă la alte părţi ale corpului (gură, picioare) pentru a îndeplini sarcini psihomotorii sau cognitive de rutină. Sarcinile pe care am dori să le îndepliniţi se referă în mod specific la evaluarea reacţiilor dumneavoastră la o anumită tehnică prin care ţineţi creionul cu gura... Vor fi comparate mai multe tehnici de ţinere a creionului... de asemenea, va trebui să ţineţi creionul cu gura şi să-l îndreptaţi spre televizorul din faţa dumneavoastră.

S-a recurs la patru tehnici de ţinere a creionului cu gura; în cazul celei de-a patra, muşchii faciali au fost puşi în poziţia corectă pentru schiţarea unui zâmbet. Luaţi un creion şi încercaţi:

1. ţineţi creionul între dinţi; întredeschideţi puţin buzele fără să atingeţi creionul.
2. ţineţi uşor creionul între buze, fără să-l atingeţi cu dinţii
3. ţineţi creionul între dinţi, evitaţi contactul cu buzele şi imitaţi-l pe cercetător (care şi-a tras puţin înapoi buzele)
4. ţineţi creionul între dinţi, evitaţi contactul cu buzele şi imitaţi-l pe cercetător (care şi-a tras buzele înapoi şi şi-a ridicat obrajii).

Ultima modalitate de a ţine creionul va schiţa pe faţa dumneavoastră un zâmbet – fără ca nimeni să vă ceară direct să zâmbiţi.

Prin urmare, cum faceţi să le arătaţi participanţilor ceva amuzant, pentru a afla dacă subiecţii aflaţi în a patra postură (care zâmbesc deja) cred că este mai amuzant decât sunt de părere cei din celelalte grupuri? Soussignan a aşezat în faţa lor un televizor şi le-a arătat câteva filmuleţe pe care ei le selectaseră ca fiind „mai mult sau mai puţin plăcute şi mai mult sau mai puţin amuzante". Participanţilor li s-a cerut să îndrepte creionul spre partea de ecran căreia îi acordau cea mai mare atenţie.

Niciun participant nu şi-a dat seama că, de fapt, cercetătorii voiau să verifice ipoteza feedbackului facial. Evident că filmuleţele au fost considerate mai amuzante de cei care au ţinut creionul în maniera care se apropia de un zâmbet.

SĂ ÎNCERCĂM ŞI NOI!

Puteţi reproduce acest studiu folosindu-vă de ultimele două modalităţi de a ţine creionul şi de câteva filmuleţe moderat de amuzante:

CUM PROCEDĂM:

- **PASUL 1**: recurgeţi la povestea lui Soussignan şi spuneţi-le participanţilor că vreţi să găsiţi, în cazul persoanelor cu handicap fizic, cea mai bună modalitate de a ţine un creion, pentru a se folosi de obiectele din casă. La fel ca întotdeauna, urmează să-i informaţi ulterior despre obiectul real al studiului.
- **PASUL 2**: cereţi-le membrilor unui grup de participanţi să se aşeze în faţa unui televizor, cam la un metru distanţă, şi să ţină între dinţi un creion, cu buzele uşor trase înapoi.
- **PASUL 3**: cereţi-le membrilor celuilalt grup de participanţi să se aşeze în faţa unui televizor, cam la un metru distanţă, să ţină între dinţi un creion, cu buzele uşor trase înapoi şi obrajii ridicaţi.
- **PASUL 4**: arătaţi-i fiecărei persoane (deşi puteţi face asta şi în grup) un filmuleţ de cel mult trei minute. Nu trebuie să fie prea amuzant, altfel participanţii vor scăpa creionul din gură sau vor înţelege ce aveţi de gând să faceţi. (Există pe internet multe

clipuri cu pisici. Puteți găsi o compilație care să fie plăcut de urmărit şi să dureze cam trei minute.)

- **PASUL 5**: înainte de a porni filmulețul, cereți-le participanților să îndrepte creionul spre ceea ce le atrage atenția pe ecran.
- **PASUL 6**: porniți filmulețul.
- **PASUL 7**: după terminarea filmulețului, înmânați-le participanților următoarele două întrebări printate pe hârtie şi cereți-le să încercuiască o cifră:

Cât de greu a fost să țineți creionul în acest fel?

Deloc **1 2 3 4 5 6 7 8 9 10** Foarte dificil

Cum vi s-a părut videoclipul?

Deloc distractiv **1 2 3 4 5 6 7 8 9 10** Foarte distractiv

- **PASUL 8**: mulțumiți-le pentru participare. După ce au terminat, povestiți-le despre „ipoteza feedbackului facial”.

REZULTATELE

Nu sunteți interesați decât de răspunsul la a doua întrebare, cea legată de reacția la videoclip. Dacă „ipoteza feedbackului facial” este corectă, grupul care ține creionul cu obrajii ridicați ar trebui să considere că filmulețul este mai amuzant decât sunt de părere participanții din celălalt grup. Cu toate acestea, nu toate studiile au făcut această descoperire, aşa că vă veți afla la limita controversei.

DE CE CONTEAZĂ

Este important să vă dați seama că influența aceasta are un rol reciproc – mintea influențează corpul, iar corpul îi oferă minții un feedback care ne ajută să ne înțelegem pe noi înşine. Dacă râdeți (sau plângeți) mai tare decât ați anticipat, judecați această emoție pe baza feedbackului oferit de corp.

ATUNCI CÂND ÎNCERCAREA DE A ARĂTA BINE ARATĂ RĂU

MAMĂ, CE DE VORBE MARI!

CONCEPT PSIHOLOGIC: inteligență/influență

DENUMIREA EXPERIMENTULUI: Consecințele folosirii jargonului erudit fără să se țină seama de necesitate: probleme create de utilizarea fără rost a cuvintelor lungi

CERCETĂTORUL/CERCETAREA INIȚIALĂ: Daniel Oppenheimer (2006)

SOCIAL

La un moment dat, probabil că va trebui să trimiteți un e-mail ca să impresionați pe cineva. Poate veți scrie o scrisoare de intenție pentru ocuparea unui post, o temă pentru școală sau o notă adresată șefului. Veți fi tentați să folosiți cuvinte mai convenționale și, cu siguranță, mai lungi decât cele pe care le utilizați în mod curent. Cercetarea pe care o vom descrie și o vom realiza în continuare a testat acest fenomen, iar concluzia e clară: nu procedați așa. Cuvintele vor fi doar mai greu de citit și de înțeles, iar cititorul vă va considera mai puțin inteligent decât o persoană care poate scrie mai simplu și mai practic. Să vedem cum s-a ocupat psihologia de acest studiu.

EXPERIMENTUL ORIGINAR

Pentru a realiza un studiu despre efectul cuvintelor lungi asupra impresiei legate de inteligență, trebuie să le oferiți participanților un text de citit și de evaluat. Deoarece Daniel Oppenheimer este profesor la Universitatea Stanford, el a decis să se folosească de ceva cu care era foarte familiarizat: eseurile scrise de studenții din ultimii ani despre motivul pentru care voiau să obțină o diplomă în Literatura engleză. Oppenheimer a utilizat paragrafe de aproximativ 75-100 de cuvinte.

Participanții ar trebui să citească, în esență, același paragraf în care se găsesc cuvinte lungi. Soluția lui Oppenheimer a fost una elegantă: a extras un paragraf dintr-un text relativ ușor de citit și a creat o versiune moderat de dificilă, prin înlocuirea fiecărui al treilea substantiv, verb sau adjectiv cu forma lui mai lungă. A elaborat apoi o versiune mai complexă a paragrafului, înlocuind nu numai fiecare al treilea substantiv, verb și adjectiv cu versiunea lui mai lungă, ci și toate substantivele, verbele și adjectivele cu formele lor mai lungi.

Să luăm un exemplu. Oppenheimer a început cu următorul paragraf relativ ușor de înțeles:

> Vreau să urmez studii postuniversitare, ca să cunosc bine literatura. Vreau să cercetez forma și semnificația romanului, precum și antecedentele lui literare. Vreau să înțeleg ce a însemnat romanul în diferite perioade literare și evoluția lui probabilă. Vreau să cercetez diferitele lui forme, realism, naturalism și alte curente, precum și conștiința victoriană și modernistă, așa cum apar ele.

Înlocuindu-se fiecare al treilea substantiv, verb și adjectiv, s-a ajuns la următorul paragraf cu dificultate moderată:

> Vreau să urmez studii postuniversitare, ca să înțeleg mai bine literatura. Vreau să cercetez simbolistica și semnificația romanului, precum și antecedentele lui literare. Doresc să înțeleg ce a reprezentat romanul în diferite perioade literare și evoluția lui probabilă. Doresc să cercetez diferitele lui categorii, realism, naturalism și alte curente, precum și conștiința victoriană și modernistă, așa cum apar ele.

Înlocuind toate substantivele, verbele și adjectivele, s-a ajuns la următorul paragraf foarte complex:

> Doresc să urmez studii postuniversitare, pentru a-mi însuși o cunoaștere satisfăcătoare a literaturii. Vreau să investighez caracteristica și conotația narațiunii, precum și antecedentele sale literare. Doresc să înțeleg ce a reprezentat

narațiunea în diverse perioade literare și care va fi evoluția ei viitoare. Doresc să investighez numeroasele sale stiluri, realism, naturalism și alte abordări, precum și conștiința victoriană și modernistă, așa cum apar ele.

Participanții citesc paragrafele și decid dacă persoana respectivă este acceptată sau nu pentru studii postuniversitare și își evaluează încrederea în decizia luată.

Rezultatul? Eseurile complicate, atât de inteligent formulate, au fost mai puțin acceptate, iar încrederea a fost mai mică. Să vedem dacă putem reproduce și noi acest studiu.

SĂ ÎNCERCĂM ȘI NOI!

Mai întâi, haideți să fim de acord că nu trebuie să „reinventați roata". Dacă doriți să folosiți paragrafele lui Oppenheimer, foarte bine. Dar mai puteți plasa acest studiu și într-un alt context: ce ziceți de solicitarea unei slujbe? Iată de ce aveți nevoie:

- 3 grupuri de participanți
- un exemplu de scrisoare de intenție bine concepută.

Puteți găsi pe internet două paragrafe dintr-o astfel de scrisoare de intenție. Nu e nevoie de un text perfect, ci doar de unul bine scris în vederea ocupării unui post obișnuit, să zicem agent de vânzări.

CUM PROCEDĂM:

- **PASUL 1**: așa cum a făcut și Oppenheimer, identificați substantivele, verbele și adjectivele din toate propozițiile paragrafului, apoi găsiți sinonimele corespunzătoare. Creați o versiune moderat de complexă, înlocuind fiecare al treilea cuvânt cu un altul mai lung, dar cu același înțeles.
- **PASUL 2**: creați o versiune complexă, înlocuind toate substantivele, verbele și adjectivele cu versiuni mai lungi și mai complicate. S-ar putea ca înlocuirea aceasta să necesite o anumită „periere" a textului, pentru a fi siguri că noile cuvinte

se potrivesc cu restul propoziției. E bine însă să modificați cât mai puțin celelalte cuvinte.

GRUPUL A

- **PASUL 1**: dați-le participanților paragrafele așa cum le-ați găsit pe internet. Spuneți-le că studiați procesul de angajare și rugați-i să citească paragrafele.
- **PASUL 2**: după ce citesc paragrafele, toți participanții trebuie să încercuiască răspunsurile la următoarele două întrebări: Ați angaja această persoană? **Da** sau **Nu**

Cât de multă încredere aveți în această decizie?

-7 -6 -5 -4 -3 -2 -1 0 1 2 3 4 5 6 7

Deloc Foarte multă

GRUPUL B

- **PASUL 1**: dați-le participanților paragrafele moderat de complexe obținute din textul inițial.
- **PASUL 2**: cereți-le participanților să încercuiască răspunsurile la aceleași întrebări pe care le-ați pus grupului A.

GRUPUL C

- **PASUL 1**: dați-i acestui grup paragrafele foarte complexe pe care le-ați creat.
- **PASUL 2**: cereți-le participanților să încercuiască răspunsurile la aceleași întrebări pe care le-ați pus grupului A.

REZULTATELE

Oppenheimer a combinat cele două întrebări într-un mod unic: dacă o persoană a încercuit „Da”, răspunsul a primit +1. Dacă a încercuit „Nu”, răspunsul a primit -1. Apoi a înmulțit acest număr cu cel încercuit de aceeași persoană pe scala încrederii. De ce? Să zicem că sunteți de părere că persoana nu ar trebui angajată (-1) și aveți încredere în această decizie (7). Punctajul final va fi -7. Pe de altă parte, dacă răspunsul este „Da” (+1) și aveți încredere deplină în această decizie (+7), atunci punctajul final va fi +7. Prin urmare, numerele mai mari înseamnă mai multă încredere în persoana respectivă.

Veți descoperi, probabil, ceea ce a aflat și Oppenheimer: persoana fictivă care a scris eseul inițial, fără să utilizeze cuvinte lungi, a primit aprecieri pozitive.

DE CE CONTEAZĂ

Acest studiu are implicații clare: nu încercați să păreți inteligenți în scris. Concepeți cu atenție scrisoarea de intenție sau cererea de înscriere, dar n-o complicați cu înflorituri inutile. Așa cum a spus cândva bine-cunoscutul psiholog Daryl Bem, „primul pas spre claritate constă în a scrie simplu". Așa este, iar o altă personalitate cunoscută (Albert Einstein) a afirmat: „Dacă nu poți explica simplu un anumit lucru înseamnă că nu-l înțelegi destul de bine".

IMAGINILE CREIERULUI ŞI PERSUASIUNEA

VEZI? IMAGINEA UNUI CREIER – ACUM MĂ CREZI?

CONCEPT PSIHOLOGIC: persuasiune/influenţă

DENUMIREA EXPERIMENTULUI: A vedea înseamnă a crede: efectul imaginilor creierului asupra judecăţilor emise de gândirea ştiinţifică

CERCETĂTORUL/CERCETAREA INIŢIALĂ: David P. McCabe şi Alan D. Castel (2008)

DENUMIREA REPRODUCERII/EXTENSIEI: despre puterea (non)persuasivă a unei imagini a creierului

CERCETĂTORUL/CERCETAREA REPRODUCERII: Robert B. Michael, Eryn J. Newman, Matti Vuorre, Geoff Cumming şi Maryanne Garry (2013)

SOCIAL

În acest capitol ne vom ocupa de o „controversă psihologică". Aşa cum vă puteţi imagina, o ceartă între oamenii de ştiinţă nu este un spectacol prea plăcut. Unul dintre subiectele disputate este următorul: cât de uşor poate fi convins publicul larg că o descoperire ştiinţifică este credibilă, deşi lucrurile nu stau deloc aşa. Dacă navigaţi pe internet, aţi văzut, fără îndoială, articole care cuprind imagini colorate impresionante ale creierului. Acestea sunt obţinute fie prin RMN (rezonanţă magnetică), fie prin PET (tomografie cu emisie de pozitroni). Toate arată foarte „ştiinţific". Dacă aş fi jurnalist şi aş găsi un studiu dubios, probabil prost realizat, despre un subiect interesant (convingându-vă să daţi clic pe el), oare v-aş putea face să credeţi că este o cercetare ştiinţifică pertinentă dacă aş include pe pagină imaginea unui creier?

Unii cercetători afirmă că da – suntem uşor de convins prin intermediul imaginilor unui creier. Alţii, inclusiv Michael et al., spun că nu. Vom lămuri acum această dispută.

EXPERIMENTUL ORIGINAR

McCabe şi Castel au realizat studiul iniţial, aşa că pe acesta îl vom reproduce şi noi. Este foarte simplu. Ei le-au arătat participanţilor un articol găsit pe internet, în care se arăta că tomografiile creierului pot fi folosite pe post de detector de minciuni. Ideea pare să funcţioneze: când inventezi o minciună, creierul trebuie să lucreze mai intens decât atunci când spui, pur şi simplu, adevărul. Astfel, dacă folosim un tomograf, vă cerem să spuneţi o minciună şi pe urmă vedem că lobul dumneavoastră frontal (cel care se ocupă de gândirea complexă) este foarte activ, probabil că încercaţi să minţiţi.

De fapt, cercetarea este puţin cam suspectă. Studiul a fost efectuat folosind voluntari cărora li s-a cerut să mintă în timp ce li se făcea o tomografie, aşa că nu vorbim despre mincinoşi adevăraţi. De asemenea, lobul frontal se gândeşte în permanenţă la un lucru sau altul. În cazul de faţă, a devenit ocupat când persoanele respective s-au apucat să inventeze minciuni. Dar, în viaţa reală, oare nu se întâmplă la fel când o persoană inocentă se străduieşte să pună cap la cap detaliile legate de ceea ce a văzut?

Puteţi citi acest articol accesând http://news.bbc.co.uk/2/hi/uk_news/4268260.stm. Prin urmare, întrebarea este următoarea: dacă aţi citi un astfel de articol, oare tomografia unui creier, reprodusă pe pagina respectivă, v-ar face să credeţi că studiul este credibil?

SĂ ÎNCERCĂM ŞI NOI!

Acest studiu nu e greu de reprodus. Iată de ce aveţi nevoie:

- 2 grupuri de participanţi
- un articol de aproximativ 500 de cuvinte care descrie o cercetare puţin mai controversată sau cel puţin greu de înţeles.
- imaginea unei tomografii cerebrale.

CUM PROCEDĂM:

- **PASUL 1**: copiaţi articolul şi salvaţi-l pe computer.
- **PASUL 2**: sub articol, în partea de jos a paginii, scrieţi următoarea întrebare: Sunteţi sau nu de acord cu concluzia articolului, potrivit căreia_____________? Dumneavoastră nu lăsaţi loc liber, ci scrieţi concluzia cuprinsă în articol. În cazul nostru, este vorba despre ideea că tomografiile pot fi folosite pe post de detector de minciuni. Sub întrebare scrieţi o scală de la 1 la 10: „dezacord puternic" lângă 1 şi „acord deplin" lângă 10.
- **PASUL 3**: copiaţi pagina şi, în această versiune, inseraţi sus, în dreapta, lângă titlu, imaginea cu tomografia cerebrală. Nu măriţi prea mult imaginea, altfel participanţii vor ghici ce aveţi de gând să faceţi.

GRUPUL A

- **PASUL 1**: spuneţi-le participanţilor că realizaţi o cercetare despre domeniul neurologiei. Rugaţi-i să citească articolul (cel fără imaginea tomografiei).
- **PASUL 2**: cereţi-le participanţilor să răspundă la întrebarea din partea de jos a paginii. Asta-i tot. Adunaţi foile de hârtie şi oferiţi-le câteva informaţii – spuneţi-le ce studiaţi, de fapt (capacitatea de persuasiune a unei tomografii). Rugaţi-i să nu povestească nimănui despre studiul dumneavoastră şi încredinţaţi-i că le veţi dezvălui rezultatele.

GRUPUL B

- **PASUL 1**: daţi-le participanţilor articolul care include tomografia.
- **PASUL 2**: cereţi-le să răspundă la aceeaşi întrebare ca grupul A. Daţi-le aceleaşi instrucţiuni.

REZULTATELE

Fiindcă e vorba despre o „controversă”, nu ştim exact cum se va sfârşi. Dacă McCabe şi Castel au dreptate, veţi găsi cifre mai mari pe scala acordului/dezacordului de pe pagina care include tomografia. În cazul în care cei ce au dreptate sunt Michael et al., atunci nu veţi descoperi diferenţe între cele două grupuri. Veţi participa astfel la o componentă-cheie a procesului ştiinţific (nu prea des abordată): o reproducere în urma căreia vom descoperi dacă putem avea încredere în rezultatele studiului iniţial.

DE CE CONTEAZĂ

Rezultatele articolelor ştiinţifice sunt raportate foarte des în presa populară şi este important să ştim dacă putem avea încredere în ceea ce citim. Nu uitaţi că nu toate cercetările sunt optime şi că jurnaliştii nu sunt interesaţi întotdeauna ca dumneavoastră să aflaţi adevărul. Interesul lor este să daţi clic pe titlul articolului şi să le vizitaţi pagina de internet. Dacă imaginea unui creier vă convinge să faceţi asta, atunci se vor folosi de acest lucru pentru a vă persuada. Să sperăm că Michael et al. au dreptate – nu sunteţi chiar aşa de uşor de convins.

CREIERULUI NOSTRU ÎI PLACE CURIOZITATEA

CINCI MOTIVE PENTRU CARE VEȚI CITI MAI ÎNTÂI ACEASTĂ POSTARE!

CONCEPT PSIHOLOGIC: neurologia motivării/persuadării

DENUMIREA EXPERIMENTULUI: Fitilul din lumânarea cunoaşterii: curiozitatea epistemică pune în funcțiune circuitele recompensei şi îmbunătățeşte memoria

CERCETĂTORUL/CERCETAREA INIȚIALĂ: Min Jeong Kang, Ming Hsu, Ian M. Krajbich, George Loewenstein, Samuel M. McClure, Joseph Tao-yi Wang şi Colin F. Camerer (2009)

SOCIAL

Neurologia este în prezent unul dintre cele mai populare domenii din psihologie. În parte, motivul este acela că tehnicile de scanare a creierului de care dispunem (RMN, PET) ne oferă posibilitatea să „vedem interiorul cutiei negre" a creierului, pentru a ne da seama ce se petrece acolo. Una dintre tendințele umane examinate de cercetători este aceea de a fi curios. Probabil că vi s-a întâmplat să lucrați pe un computer şi, la un moment dat, să apară brusc o notificare Facebook sau Twitter care conține o întrebare interesantă. Pun rămăşag că n-ați putut rezista. Ați întrerupt lucrul pentru a afla răspunsul.

Kang et al. au decis să cerceteze ce anume se petrece în creier când ne este stârnită curiozitatea. Bănuiesc că nu aveți la îndemână un tomograf, aşa că nu vom putea reproduce această parte a studiului, totuși există posibilitatea de a le testa descoperirile. Şi sunt convins că, pe parcurs, veți învăța lucruri utile pentru viața de zi cu zi.

EXPERIMENTUL ORIGINAR

Kang şi colegii lui au testat participanţii cu un tomograf şi le-au pus întrebări banale. Unele dintre acestea fuseseră deja considerate întrebări care-i fac pe oameni curioşi şi dornici să afle răspunsul. Alte întrebări au fost mai puţin interesante.

Iată câteva dintre întrebările care au stârnit curiozitatea într-un grad ridicat:

- Care este cartea furată cel mai des din librării? (Biblia)
- Ce gustare este un ingredient folosit la fabricarea dinamitei? (alunele)
- Ce rasă de câine reprezintă singurul animal a cărui mărturie este acceptată în tribunalele americane (Bloodhound)
- Care este singura ţară din lume unde în guvern domină femeile? (Belgia)
- Care este singurul animal, în afară de om, a cărui piele poate fi arsă de soare? (Porcul)

Iată şi câteva întrebări de interes mai redus:

- Ce condamnare au primit Jerry Seinfeld şi prietenii lui în sezonul final? (un an)
- Ce universitate are, potrivit *U.S. News*, cei mai mulţi studenţi cu vârsta de peste 25 de ani? (Universitatea din Phoenix)
- La ce oraş se face referire cu apelativul „Pittsburgh-ul sudului”? (Birmingham, Alabama)
- Ce preşedinte are în prenume 3 litere *a*, fiecare pronunţându-se altfel? (Abraham Lincoln)
- Ce sportiv a apărut în reclamele de la McDonald’s, Nike şi Hanes? (Michael Jordan)

Kang a descoperit că următoarele zone ale creierului au devenit active când participanților li s-au pus întrebări care le-au stârnit curiozitatea:

- nucleul caudat
- cortexul prefrontal bilateral
- girul parahipocampic
- putamenul
- globul palid

Dacă nu sunteți neurologi (cum nici eu nu sunt), probabil că nu știți ce funcții au aceste zone ale creierului. Ele sunt legate de centrul recompensei și de cel al memoriei. Creierul ne răsplătește când găsim răspunsurile la întrebări cu adevărat interesante. Kang a mai descoperit că, atunci când răspunsul contrazice ceea ce am crezut noi inițial, aceste zone ale creierului, implicate în memorare, „intră în acțiune" pentru a ne ajuta să ne amintim informația nouă.

SĂ ÎNCERCĂM ȘI NOI!

Aproape de fiecare dată când accesați un site, vedeți la lucru rezultatele acestui studiu. Ideea potrivit căreia sunteți „atrași" de titluri care stârnesc curiozitatea este folosită de cei ce vor să vă convingă să intrați pe pagina lor de internet. Ați văzut vreodată o postare de genul „Acest câine a găsit drumul spre casă și n-o să vă vină să credeți ce s-a întâmplat după aceea" sau „Cinci lucruri pe care trebuie să le faceți azi pentru a evita să vă îmbolnăviți"? Aceste formulări încearcă să „ațâțe curiozitatea" sau să inducă senzația unui „gol de informații", făcându-vă să doriți cu intensitate aflarea răspunsului.

Partea a doua a studiului lui Kang, care nu a uilizat tomografia, poate fi reprodusă și de noi. Trebuie mai întâi să concepem o pagină de internet falsă – care să conțină atât titluri „atractive", cât și titluri care nu induc curiozitatea. Pe care vor da clic vizitatorii?

Iată de ce aveți nevoie:

- un fundal gol pentru pagina de internet falsă. Puteţi folosi o pagină goală din procesorul word, însă un panou de 56/71 cm ar fi mai distractiv
- 5 articole cu titluri interesante şi 5 cu titluri neinteresante
- participanţi.

CUM PROCEDĂM:

- **PASUL 1**: găsiţi 10 articole care vă plac.
- **PASUL 2**: alegeţi cinci şi compuneţi pentru ele titluri care nu prea stârnesc curiozitatea. Iată, de exemplu, un titlu care te face curios: „29 de fotografii care dovedesc că atât America, cât şi Marea Britanie strică alimentele". Vreţi să ştiţi neapărat care sunt acele alimente, nu-i aşa? Un titlu alternativ, dar anost, ar putea fi „Diferenţe între alimentele americane şi cele britanice".
- **PASUL 3**: puneţi cele 10 articole pe pagina word goală sau pe panou. Măriţi fontul şi aranjaţi titlurile în aşa fel încât să pară că lucraţi la macheta unui site. Cele mai multe site-uri conţin şi imagini, desigur, dar noi suntem interesaţi doar de efectul titlurilor asupra curiozităţii; nu includeţi şi imagini.
- **PASUL 4**: nu aveţi nevoie de două grupuri de participanţi. Le veţi arăta participanţilor, pe rând, „macheta site-ului".
- **PASUL 5**: arătaţi-i participantului pagina sau panoul şi rugaţi-l să vă indice cinci din cele 10 articole pe care ar da clic, dacă ar fi vorba despre un site real.
- **PASUL 6**: dacă utilizaţi un panou, le puteţi da câte cinci fise pe care să le plaseze lângă articolele pe care ar da clic (aşa a procedat Kang). Dacă folosiţi un computer, puteţi îngroşa literele titlurilor alese de participanţi.
- **PASUL 7**: asta-i tot. Nu uitaţi să le spuneţi la sfârşit participanţilor ce anume vreţi să aflaţi prin intermediul acestui studiu.

REZULTATELE

Veţi descoperi, probabil, că toţi participanţii au ales titlurile care „stârnesc curiozitatea". Aşa cum au aflat Kang et al. folosind tomograful, sunt titluri cărora e greu să le rezişti.

DE CE CONTEAZĂ

Vă place sau nu, sunteţi zilnic ţinta diverselor influenţe. Trebuie să fiţi conştienţi de faptul că firmele de publicitate folosesc acest „efect al curiozităţii" ca să vă convingă să daţi clic pe reclamele lor. Deoarece, aşa cum ştiţi, comportamentul dumneavoastră pe internet este urmărit, vi se prezintă tot mai multe opţiuni de genul celor pe care aţi dat clic. Preluaţi controlul. Rezistaţi impulsului de a da clic pe lucruri care par interesante, dar nu sunt cu adevărat importante pentru dumneavoastră. Sau, atunci când aveţi treabă, închideţi notificările.

MODELAREA COMPORTAMENTULUI

TE POT CONVINGE SĂ FACI CAM TOT CE VREAU EU

CONCEPT PSIHOLOGIC: psihologia comportamentului/condiționare operantă

DENUMIREA EXPERIMENTULUI: „Superstiția" porumbelului

CERCETĂTORUL/CERCETAREA INIȚIALĂ: B.F. Skinner (1948)

ÎNVĂȚARE

Când sunt întrebați ce anume îi face să se gândească la psihologie, cei mai mulți oameni menționează câinele lui Pavlov, pe Freud însuși sau iluzia vază/chip. Dar tot pe primele locuri ale acestei liste se află și șoarecii din labirinturi sau porumbeii din „cutia Skinner". Burhuss Frederic Skinner a realizat multe experimente folosind porumbeii, iar descoperirile lui au trecut testul timpului. Merită încă tot respectul.

Un exemplu al „cutiei Skinner"

Ceea ce menține o anumită rezervă față de Skinner este faptul că, atunci când vine vorba despre explicarea acțiunilor umane, el nu acordă o atenție deosebită gândurilor noastre. A preferat să se concentreze asupra factorilor de mediu. Skinner ar spune că faceți ceea ce faceți pentru că vi s-a indus în trecut convingerea să adoptați comportamentul respectiv (cu bomboane sau atenția primită din partea celorlalți). Bănuiesc că nu aveți la îndemână niște porumbei pentru a derula experimentul de față. Să ne folosim, prin urmare, de oameni și să facem ceva creativ cu ideea de condiționare (modelare) a comportamentului lor.

EXPERIMENTUL ORIGINAR

În unul dintre cele mai cunoscute studii ale lui, Skinner a demonstrat cum poate fi creată ideea de „superstiție" – despre care credem că nu se poate întâlni decât la ființele umane – în cazul porumbeilor. În general, Skinner reușea să le inducă porumbeilor comportamente foarte specifice, cum ar fi să ciugulească o zăbrea, să-și ridice capetele cât mai sus sau să joace ping-pong. Îi recompensa când adoptau mici comportamente care semănau aproximativ cu comportamentul specific pe care dorea ca păsările să-l adopte. Această metodă a fost numită metoda aproximărilor succesive, sau, mai simplu, „modelare".

Apoi a decis să arunce hrană în cutie, la intervale inegale de timp, pentru a vedea dacă reușește să creeze ceea ce părea a fi un comportament superstițios. După puțin timp, porumbeii au început să facă exact ceea ce făceau în momentul în care hrana cădea în cutie. Denumirea dată de Skinner acestui fenomen a fost „condiționare". Iată cum a descris el ceea ce s-a întâmplat:

> O pasăre era condiționată să se învârtească prin colivie în sens invers acelor de ceasornic, făcând două sau trei răsuciri între două repetări ale impulsului. O alta își împingea capul în unul dintre colțurile superioare ale coliviei. O a treia a dezvoltat o reacție de „azvârlire", de parcă și-ar fi pus capul sub o zăbrea invizibilă și l-ar fi ridicat în mod repetat.

Prin urmare, chiar și comportamentul superstițios, despre care credem că este exclusiv o „ciudățenie" umană, reprezintă un alt exemplu de consolidare în acțiune.

Deoarece nu avem la îndemână porumbei, vom folosi oameni. Vom vedea dacă reușim să-i „modelăm" așa cum vrem noi.

SĂ ÎNCERCĂM ŞI NOI!

Iată de ce aveţi nevoie:

- participanţi
- o claviatură muzicală.

Asta-i tot. Nici măcar nu e nevoie să ştiţi să cântaţi la pian.

CUM PROCEDĂM:

- **PASUL 1**: hotărâţi-vă ce anume vreţi să facă participanţii când intră în încăperea unde realizaţi studiul. Iată un exemplu: vreţi ca participantul să intre în cameră, să se ducă la birou, să deschidă un sertar, să scoată din el o foaie de hârtie şi un creion (pe care le-aţi pus dinainte acolo) şi să-şi scrie numele. Dacă faceţi asta acasă, puteţi să le spuneţi participanţilor să se ducă în bucătărie, să deschidă bufetul, să scoată din el o cană, să deschidă frigiderul, să ia din el sticla de lapte şi să toarne lapte în cană. Aţi prins ideea? Fiţi creativi!
- **PASUL 2**: spuneţi-le participanţilor că, la început, veţi apăsa o notă joasă de pe claviatura muzicală, până când ei adoptă o serie de comportamente dorite de dumneavoastră. Asiguraţi-i că nu le veţi cere să facă lucruri stânjenitoare.
- **PASUL 3**: spuneţi-le să înceapă să facă un anumit lucru (Skinner ar numi aceste comportamente aleatorii „operanţi") şi, pe măsură ce se apropie de ceea ce vreţi dumneavoastră să facă, apăsaţi clapele aferente unor note tot mai înalte. După ce au făcut tot ceea ce aţi vrut să facă, apăsaţi clapa aferentă celei mai înalte note a claviaturii şi strigaţi „Da!"
- **PASUL 4**: daţi startul.
- **PASUL 5**: începeţi cu o notă joasă – fie menţinând apăsată clapa respectivă, fie apăsând-o în mod repetat.
- **PASUL 6**: pe măsură ce participanţii se apropie de primul comportament dorit, apăsaţi note tot mai înalte (de pildă, să stea lângă birou sau să intre în bucătărie). Iar dacă ei fac lucruri tot mai apropiate de ceea ce aţi vrut, urcaţi sunetul tot mai sus.

- **PASUL 7**: e posibil să treceţi de la o notă înaltă la una mai joasă când se îndreaptă spre frigider, apoi se îndepărtează de el. Vor înţelege mesajul. Nu spuneţi nimic. Nu le oferiţi indicii, de exemplu zâmbete sau semne cu mâna.

REZULTATELE

S-ar putea să dureze puţin, dar veţi fi surprinşi să constataţi cât de repede îi veţi convinge pe participanţi să facă exact ceea ce doriţi de la ei. Veţi modela comportamentul unei persoane fără să vă folosiţi de cuvinte – ci doar de sunete. Le puteţi arunca o bomboană, dar e o metodă învechită (şi costisitoare). O notă de pe claviatura unui pian e de ajuns. Alţii doar au bătut din palme.

DE CE CONTEAZĂ

Unora nu le-a plăcut experimentul lui Skinner, deoarece au crezut că el ar fi afirmat că oamenii nu gândesc – sunt doar nişte roboţi. Dar nu asta a vrut el să spună. A încercat să ne arate că există influenţe exterioare care acţionează asupra comportamentului nostru şi că nu e nevoie de teorii complicate pentru a lămuri comportamentul şi a perfecţiona societatea. Teoria lui este una dintre cele mai practice. Modelarea este folosită astăzi pentru dresarea animalelor acasă şi la circ, pentru a-i ajuta pe copii să înveţe la şcoală, pe cei care suferă de autism să fie mai sociabili şi pe oameni să-şi învingă fobiile.

CUM FUNCȚIONEAZĂ, DE FAPT, CREATIVITATEA?

SUNTEȚI MAI CREATIVI DECÂT CREDEȚI

CONCEPT PSIHOLOGIC: creativitate

DENUMIREA EXPERIMENTULUI: Ipoteza ouălor verzi cu șuncă: modul în care constrângerile facilitează creativitatea

CERCETĂTORUL/CERCETAREA INIȚIALĂ: Catrinel Haught-Tromp (2016)

COGNIȚIE

Probabil că multă lume a auzit de sau chiar a citit cartea pentru copii *Green Eggs and Ham* (*Ouă verzi cu șuncă*). Dacă nu ați făcut-o încă, poate fi citită foarte repede. Probabil, nu știți că autorul ei, Theodore Geisel (cunoscut și sub numele de „Dr. Seuss"), a scris-o după ce editorul lui l-a provocat să creeze o carte pentru copii folosind doar cincizeci de cuvinte sau mai puține. Este o cărticică amuzantă și creativă, care a avut un succes imens.

Creativitatea, credem noi de obicei, pare să izbucnească de nicăieri și doar atunci când scriitorilor, compozitorilor sau pictorilor li se lasă timpul necesar pentru a da frâu liber gândirii. De fapt, lucrurile nu stau chiar așa. Numeroase lucrări muzicale au fost scrise când compozitorilor li s-a spus că trebuie să le termine într-un timp foarte scurt. Aceasta este o constrângere. Ați fost vreodată frustrați că nu puteți face ceva, din cauză că vă lipsesc instrumentele „potrivite", pentru ca ulterior să rămâneți surprinși de soluția creativă pe care ați găsit-o?

La fel ca Theodore Geisel, psihologii au descoperit că, uneori, putem fi foarte creativi nu atunci când dăm frâu liber minții, ci când ni se impun constrângeri foarte mari.

EXPERIMENTUL ORIGINAR

Cercetătoarea Haught-Tromp a realizat un studiu amuzant și cred că o să vă placă să-l reproduceți. Ea le-a cerut participanților să scrie un mesaj pe o carte poştală. Trebuia să aibă două rânduri şi, desigur, să rimeze. Subiectele au fost:

- La Mulţi Ani
- Mulţumesc
- Succes
- Îmi pare rău
- Un an nou fericit
- Felicitări
- Sănătate
- Te iubesc

Pentru unii dintre subiecţi, sarcina scrierii mesajului a fost şi mai dificilă: ea a constat în a scrie substantive concrete care le veneau în minte (cuvinte precum „soare", „scaun", „carte" etc.). Apoi erau nevoiţi să le folosească la compunerea rimelor. Vă puteţi imagina ce înseamnă să compui două versuri care să rimeze folosind cuvântul „scaun"? Ceilalţi subiecţi nu au avut parte de această constrângere. Au fost liberi să aleagă orice fel de cuvânt care le trecea prin minte pentru a crea rima.

Cine credeţi că a realizat cele mai creative mesaje? La fel ca în cazul dr. Seuss, cei care s-au confruntat cu provocarea de a folosi substantive concrete la compunerea rimelor.

Iată un exemplu de rimă în care persoana trebuia să insereze cuvântul „fulg" în cartea poştală cu subiectul Sănătate:

Nu contează cu ce fel de furtuni te-ai confruntat (*weather*),
doar adu-ţi aminte că zilele proaste vin şi trec ca un fulg (*fether*).

Nu prea rău. Fireşte, mai bun decât mesajul acesta: scris de cineva care nu era supus niciunei constrângeri:

La Mulţi Ani tuturor, sper că aveţi o petrecere.

SĂ ÎNCERCĂM ŞI NOI!

Puteţi realiza o reproducere foarte directă a acestui studiu. Nu aveţi nevoie de niciun fel de echipament (în afară de hârtie de scris, creioane sau pixuri). Şi toată lumea se va amuza.

- 2 grupuri de participanţi
- 2 prieteni care să citească şi să evalueze mesajele
- hârtie de scris
- ustensile de scris.

Veți avea nevoie de un grup de control, de unul experimental și de doi prieteni care să citească mesajele de pe cărțile poștale, evaluându-le creativitatea.

CUM PROCEDĂM:

GRUPUL A: FĂRĂ CONSTRÂNGERI

- **PASUL 1**: participanții pot compune rimele singuri sau în grup. Probabil că e mai bine să lucreze individual, pentru că nu vor vorbi între ei și nu își vor „fura" ideile. Dacă folosiți un format de grup, rugați-i să nu discute cu glas tare despre ideile pe care le au.
- **PASUL 2**: folosiți cele opt subiecte prezentate la începutul capitolului. Scrieți-le pe o foaie de hârtie și dați-le tuturor câte o coală albă și un creion sau un pix.
- **PASUL 3**: cereți-i grupului să scrie un mesaj pe cartea poștală, care să aibă două versuri și să rimeze. Fiecare membru al grupului trebuie să scrie câte un mesaj pentru cele opt subiecte (dacă doriți, puteți utiliza mai puține subiecte).
- **PASUL 4**: pentru a îndeplini sarcina, Haught-Tromp le-a lăsat participanților atât timp cât au avut nevoie, dar, după ce termină grupurile voastre de subiecți, aceștia ar trebui să vă anunțe. Scrieți pe fiecare foaie de hârtie, în dreapta sus, litera *F*, ca să știți că persoana respectivă a făcut parte din grupul „fără constrângeri".
- **PASUL 5**: mulțumiți-le, explicați-le subiectul studiului și rugați-i să nu discute cu nimeni până la finalizarea experimentului.

GRUPUL B: CU CONSTRÂNGERI

- **PASUL 1**: participanții pot compune rimele singuri sau în grup. Probabil că e mai bine să lucreze individual, pentru că nu vor vorbi între ei și nu își vor „fura" ideile. Dacă folosiți un format de grup, rugați-i să nu discute cu glas tare despre ideile pe care le au.
- **PASUL 2**: dați-le tuturor câte o foaie de hârtie și un creion sau un pix. Înainte de a începe, comunicați-le aceleași instrucțiuni date de Haught-Tromp acestui grup: trebuie să scrie pe foaia de hârtie primele patru substantive concrete care le vin în minte.

Probabil că se vor gândi la obiectele din încăpere, de pildă scaun, fereastră, lumină, cană.

- **PASUL 3**: folosiți cele opt subiecte prezentate la începutul capitolului. Scrieți-le pe o foaie de hârtie.
- **PASUL 4**: spuneți-le participanților că trebuie să utilizeze la compunerea rimelor oricare dintre cele patru substantive.
- **PASUL 5**: lăsați-i să lucreze atât timp cât au nevoie, dar trebuie să vă anunțe când au terminat. Scrieți pe foile lor de hârtie litera *C* (de la „constrângere"). Mulțumiți-le și informați-i cu privire la subiectul experimentului.

REZULTATELE

Cum evaluați creativitatea rimelor? Puteți face ceea ce au făcut Haught-Tromp și alți cercetători. Printați rimele pe o foaie separată (pentru ca scrisul de mână să nu reprezinte o problemă) și dați-le celor două persoane care au fost de acord să le evalueze pe o scală de la 1 la 10:

Deloc creativ **1 2 3 4 5 6 7 8 9 10** Foarte creativ

Cei doi evaluatori vor lucra, de regulă, separat, urmând ca, ulterior, evaluările lor pentru fiecare rimă în parte să fie combinate.

Vedeți dacă faceți aceeași descoperire ca Haught-Tromp: rimele compuse atunci când participanții au fost nevoiți să întrebuințeze cuvinte concrete sunt mai neobișnuite și mai imaginative.

DE CE CONTEAZĂ

Avem tendința de a crede, în mod stereotip, că „oamenii creativi" sunt diferiți de noi, ceilalți. Poate că au părul vâlvoi. Avem convingerea că e ceva misterios ceea ce fac ei. Dar lucrurile nu stau întotdeauna așa. Să nu credeți că nu sunteți creativi pentru că nu puteți desena, picta sau cânta. Creativitatea are multe forme și apare în diverse situații în care oamenii trebuie să respecte anumite reguli sau constrângeri temporale. Programatorii au venit cu soluții foarte creative când au fost nevoiți să abordeze probleme complicate.

CUM FUNCȚIONEAZĂ SUPERSTIȚIILE

REUȘITĂ DIN PRIMA! BATE ÎN LEMN!

CONCEPT PSIHOLOGIC: superstiție/gândire critică

DENUMIREA EXPERIMENTULUI: Ține-mi pumnii! Superstiția îmbunătățește performanța

CERCETĂTORUL/CERCETAREA INIȚIALĂ: Lysann Damisch, Barbara Stoberock și Thomas Mussweiler (2010)

Aveți vreo superstiție? Eu am o pisică neagră, așa că mă puteți scoate din ecuație – deși admit că am „bătut în lemn" de mai multe ori. Însă mulți oameni poartă asupra lor lucruri despre care au convingerea că le aduc noroc, de pildă pe brelocul cu chei sau în mașină, ca să-i ferească de accidente. Mulți sportivi profesioniști sunt superstițioși sau recurg la „comportamente ritualice" înainte ori în timpul jocului. Probabil că nu e deloc surprinzător, dar, cu cât avem mai puțin control asupra performanței (în cazul unui joc sportiv, de exemplu), cu atât suntem mai predispuși să recurgem la un talisman.

Numeroși oameni de știință sunt de părere că în context e vorba despre „gândire deziderativă". Adică, atunci când cineva are o reușită (marchează un gol la fotbal) și are asupra lui un talisman, îi atribuie acestuia succesul. Dar când lucrurile nu merg bine, deși aveți la dumneavoastră talismanul, nu sunteți tentați să dați vina pe el.

Damisch, Stoberock și Mussweiler au vrut să afle cu exactitate ce se petrece în mintea oamenilor când ei cred că norocul e de partea lor. Să vedem ce au aflat.

EXPERIMENTUL ORIGINAR

Damisch et al. au realizat multe studii despre superstiție. În cazul unuia dintre ele, le-au cerut subiecților să vină la laborator cu un talisman (cum ar fi laba unui iepure sau o medalie „norocoasă").

I-au pus apoi să lucreze la anagrame sau la alte teste legate de memorie. Unora dintre participanţi le-au luat talismanele în timpul exerciţiilor (spunându-le că vor să le fotografieze într-o altă încăpere). Aceştia s-au descurcat mai puţin bine la exerciţiile de memorie.

De ce? Le-a purtat ghinion faptul că le-a fost luat talismanul? Damisch şi colegii săi au o altă explicaţie. Chiar înainte de începerea exerciţiului, Damisch i-a întrebat cât de bine cred că se vor descurca. Se pare că, atunci când nu ai la tine talismanul, te aştepţi să nu te descurci prea bine. Şi chiar aşa se şi întâmplă. Autoeficacitatea (aptitudinea de a soluţiona o problemă sau situaţie) scade şi, prin urmare, performanţa e slabă. Aceasta este o profeţie autoîmplinită. Să reproducem partea mai amuzantă a studiului. Pentru asta, vom recurge la golf.

SĂ ÎNCERCĂM ŞI NOI!

Aţi reuşit vreodată să introduceţi mingea de golf în gaură de la un metru şi jumătate? E mai greu decât vă închipuiţi (dacă nu vă antrenaţi mult, desigur). Iată de ce aveţi nevoie pentru a testa ideea de superstiţie:

- un teren de golf. Dacă există vreunul prin apropiere, e minunat, dacă nu, cumpăraţi un covoraş de golf ieftin, preferabil înclinat în partea dinspre gaură
- minge de golf şi crosă
- 2 grupuri de participanţi – cel puţin 10 în fiecare grup sau 20 în total. (Un studiu psihologic controlat atent ar trebui să aibă câte 30 de participanţi în fiecare grup, însă e cam greu să strângeţi în total 60 de oameni.)
- următoarea întrebare, pe care fie o scrieţi pe o foaie de hârtie, fie o rostiţi cu glas tare: Cât de bine credeţi că vă veţi descurca?

Deloc bine **1 2 3 4 5 6 7 8 9 10** Foarte bine

CUM PROCEDĂM:

GRUPUL A

- **PASUL 1**: spuneți-le subiecților că realizați un studiu psihologic. Li se cere să participe la un joc de golf. Vă vor privi surprinși. Lămuriți-i că le veți explica mai târziu și că n-are importanță dacă n-au mai jucat golf niciodată.
- **PASUL 2**: așezați participanții în fața covorașului de golf (cam la 1,5 metri de gaură) și dați-le crosa. Țineți mingea câteva clipe.
- **PASUL 3**: spuneți-le că au la dispoziție zece încercări pentru a introduce mingea în gaură.
- **PASUL 4**: înainte de a le da mingea de golf, rostiți: „Iată mingea pe care toată lumea a folosit-o până acum". Apoi dați-le mingea.
- **PASUL 5**: înainte de prima lovitură, puneți-le întrebarea menționată anterior sau cereți-le să încercuiască pe scală un număr de la 1 la 10. Scrieți în dreptul numelui dacă persoana face parte din grupul A (cel fără superstiții), ca s-o identificați mai târziu.
- **PASUL 6**: urmează primele zece lovituri. Dacă mingea ajunge rapid în gaură asta înseamnă că, pentru încercările ulterioare, trebuie să așezați participanții puțin mai în spate. În orice caz, scrieți în dreptul fiecărui nume de câte încercări a avut nevoie persoana respectivă pentru a introduce mingea în gaură. Dacă unul dintre participanți nu reușește deloc, scrieți 10 în dreptul numelui. Dacă unul dintre participanți are nevoie de mai puține încercări, scrieți în dreptul lui cifra exactă și, dacă dorește, permiteți-i să se folosească și de încercările rămase.

GRUPUL B

Urmați aceiași pași ca în cazul grupului A, cu excepția pasului 4. Iată ce trebuie să faceți pentru acest pas:

- **PASUL 4**: înainte de a le da mingea de golf, rostiți: „Iată mingea. Până acum s-a dovedit că poartă noroc". Apoi suflați asupra ei, pentru a spori efectul de „activare a superstiției".

REZULTATELE

Faceți media punctajelor pentru „încredere” şi pun rămăşag că veți descoperi că participanții care au avut parte de „superstiția activată” sunt mai încrezători înainte de lovituri şi că reuşesc să introducă mingea în gaură mai repede decât cei din grupul de control. Damisch afirmă că, atunci când le sunt activate superstițiile, creşte autoeficacitatea, iar asta îi face să obțină performanțe mai bune decât grupul de control.

DE CE CONTEAZĂ

Acest studiu ar trebui să vă activeze gândirea critică. Ideea de noroc este una neclară şi recurgem la ea când ne aflăm în fața unor situații asupra cărora nu prea avem control. Studiul arată că, atunci când „norocul” funcționează, e vorba mai mult despre încrederea pe care o avem în reuşită. Cu toate astea, uneori, probabil că voi continua să bat în lemn.

UNDE ÎNCEPE DISCRIMINAREA

OAMENII ĂŞTIA SUNT TOŢI LA FEL!

CONCEPT PSIHOLOGIC: prejudecată şi discriminare

DENUMIREA EXPERIMENTULUI: Studiu experimental despre atitudini de tip intergrup pozitive şi negative între grupuri constituite experimental: studiul Robbers Cave (Peştera hoţilor)

CERCETĂTORUL/CERCETAREA INIŢIALĂ: Muzafer Sherif (1954)

DENUMIREA REPRODUCERII/EXTENSIEI: experimente despre discriminarea de tip intergrup

CERCETĂTORUL/CERCETAREA REPRODUCERII: Henri Tajfel (1970)

SOCIAL

Poate că nu aţi dat prea multă atenţie acestui subiect, însă, în afară de sentimentul legat de propria identitate ca persoană, probabil că aveţi o concepţie şi despre ceea ce psihologii numesc identităţi sociale. Acestea sunt grupurile din care faceţi parte. De pildă, poate că sunteţi susţinătorii unei anumite echipe sportive. Poate că vă identificaţi puternic cu şcoala la care mergeţi (sau pe care aţi frecventat-o) sau cu un grup muzical care vă place.

Bine, bine, veţi spune, dar ce importanţă are asta? Mă credeţi sau nu, aceste identităţi sociale reprezintă începutul discriminării şi prejudecăţilor. O parte din ceea ce ne face să ne simţim bine este dorinţa de a avea un sentiment pozitiv legat de grupul căruia îi aparţinem. Când echipa favorită câştigă un meci, asta ne face să ne simţim bine. Dacă pierde, suntem supăraţi. Dacă aflăm că cineva din şcoala noastră a ajuns la închisoare sau a comis vreun delict, încercăm un sentiment neplăcut – chiar dacă nu cunoaştem prea bine persoana respectivă.

Deoarece ne place să ne vedem grupul într-o lumină pozitivă, avem tendinţa de a avea o părere aparte şi adesea proastă despre celelalte grupuri. De aici provin expresiile de genul „oamenii ăştia". În timp ce suntem încântaţi de cât de excentrici şi de amuzanţi sunt membrii grupului nostru, avem o concepţie stereotipă despre cei ai altor grupuri: sunt toţi la fel şi nu ne plac.

Muzafer Sherif a realizat unul dintre cele mai cunoscute experimente psihologice despre acest subiect. Putem recurge la unul dintre studiile ulterioare, cum este cel al lui Henri Tajfel, pe care-l vom reproduce sub forma unui experiment foarte interesant.

EXPERIMENTUL ORIGINAR

Sherif a efectuat ceea ce s-a numit ulterior studiul „Robbers Cave", deoarece a avut loc în parcul statal cu acelaşi nume din Oklahoma. În 1954, ca parte dintr-un experiment în teren, el a dus în parc un grup de băieţi de 12 ani cu scopul de a studia conflictele intergrupuri. A împărţit băieţii în două grupuri şi le-a cerut să aleagă un nume pentru fiecare (aşa au şi făcut – „Vulturii" şi „Gaiţele"). În afară de inventarea unor activităţi competitive, n-a fost nevoie de prea multe alte lucruri pentru a stârni rapid un conflict între grupuri. Băieţii au început să se înjure, să fure unii de la aţii şi să se bată. Şi-a făcut apariţia sentimentul de apartenenţă la grup.

Vă gândiţi, probabil, că nu poate fi realizată o reproducere a unui asemenea experiment în teren. Nici nu este nevoie. Aşa cum a descoperit şi psihologul Henri Tajfel, un conflict între grupuri poate fi declanşat destul de uşor. Vom reproduce şi noi abordarea specifică şi amuzantă a lui Tajfel.

SĂ ÎNCERCĂM ŞI NOI!

Tajfel a format grupuri folosind un proces de distribuire de tip „grup minimal". I-a pus pe participanţi să ghicească numărul de puncte de pe o pagină şi să joace apoi un joc pentru a vedea dacă evoluează de la sine competiţia.

Iată de ce aveţi nevoie:

- 2 grupuri de participanţi de aproximativ 10 persoane fiecare. Primul grup trebuie să ajungă în locul ales („laboratorul") la o anumită oră, iar celălalt grup la o altă oră (cel puţin la două ore diferenţă sau în zile diferite)

- un marker negru
- o încăpere spațioasă (dimensiunile unei săli de clasă sunt cele mai potrivite sau puteți folosi un garaj)
- un blocnotes cu spire
- o monedă
- un joc de memorie pe care să-l desfășurați în fața grupului.

Ar fi foarte bine dacă ați proiecta jocul cu ajutorul unui computer sau dacă ați utiliza un ecran pe care să-l vadă toată lumea. Sunt bune multe jocuri video, dar nu e nevoie de unul care să presupună neapărat competiția între grupuri.

CUM PROCEDĂM:

GRUPUL A

- **PASUL 1**: acesta este grupul de „Estimatori". Înainte de sosirea lor, întocmiți o listă numerotată cu persoanele respective. Ar fi bine ca numărul lor să fie cu soț, dar nu-i nimic dacă nu se întâmplă așa. Scrieți „Supra" în dreptul celor cu soț și „Sub" în dreptul celor fără soț. Veți vedea imediat de ce.
- **PASUL 2**: tot înainte de sosirea participanților mai trebuie să pregătiți pe blocnotes câte o pagină pentru fiecare persoană. Faceți pe pagină o mulțime de puncte – numărul lor fiind diferit pentru fiecare pagină. Le veți cere participanților să ghicească numărul de puncte de pe pagina lor, așa că trasați suficient de multe, ca să nu le poată număra, dar nici atât de multe încât să nu le mai distingeți. Pe spatele foii, în colțul din dreapta sus, scrieți un număr, oricare. Vom pretinde că este numărul real de puncte de pe partea cealaltă; cu toate acestea, nu contează ce număr alegeți sau că nu știți numărul exact de puncte de pe pagină. Veți vedea imediat de ce.
- **PASUL 3**: după ce ați pregătit materialele menționate la punctele 1 și 2, chemați lumea în încăpere. Spuneți-le că realizați un studiu despre memorie și că vor juca un joc cu acest subiect. Înainte de a-i lăsa să joace, îi veți împărți în grupuri, în funcție de capacitatea lor de a ghici numărul de puncte de pe o foaie de hârtie.

- **PASUL 4**: arătaţi-i fiecărui participant foaia lui cu puncte. Spuneţi-i că o apreciere care se situează sub numărul real de puncte îl încadrează în categoria „Subestimatori". Rugaţi-l să treacă în partea dreaptă a camerei. Dacă aprecierea depăşeşte numărul real de puncte, atunci este un „Supraestimator" şi trebuie să treacă în partea stângă a încăperii. Probabil că nu ştiţi numărul exact de puncte şi nici nu e nevoie să le număraţi. Dacă vă întreabă care este numărul real, răspundeţi-le că le veţi comunica răspunsul după încheierea studiului. La momentul acela nu va mai avea nicio importanţă, dar dacă vor dori să numere punctele, lăsaţi-i s-o facă.
- **PASUL 5**: arătaţi-i fiecărei persoane o pagină cu puncte şi rugaţi-o să aprecieze numărul acestora. După ce vă dă un număr, uitaţi-vă pe spatele foii şi pretindeţi că tocmai acesta este cel real. Apoi spuneţi-i persoanei respective dacă este un Subestimator sau un Supraestimator. Repartizaţi-o unui grup pe baza însemnării „Supra" sau „Sub" din dreptul numelui său de pe lista pe care aţi întocmit-o înainte de a intra în încăpere (puneţi această listă la îndemână, dar discret, ca să vă uitaţi pe ea înainte de repartizarea persoanelor). Ceea ce faceţi este să împărţiţi oamenii pe baza unui motiv ridicol.
- **PASUL 6**: după ce aţi trimis cele două grupuri în colţuri opuse ale camerei, unul din ele începe să joace jocul pe care l-aţi ales. Urmează la rând celălalt grup. Nu le spuneţi că este vorba despre o competiţie.
- **PASUL 7**: numărul de „reprize" rămâne la latitudinea dumneavoastră. Observaţi-le cu atenţie comportamentul, în special ce zic membrii unui grup despre membrii celuilalt grup.
- **PASUL 8**: după încheierea jocului, spuneţi-le participanţilor care a fost, în realitate, subiectul experimentului.

GRUPUL B

- **PASUL 1**: acesta este grupul de referinţă. Participanţii nu vor fi împărţiţi în grupuri. Proiectaţi jocul pe un ecran, pentru ca toată lumea să vadă ce se petrece.

- **PASUL 2**: invitaţi-i în încăpere. Spuneţi-le că realizaţi un studiu despre memorie şi că vor juca jocul pe care l-aţi ales. Proiectaţi jocul de mai multe ori şi observaţi ce se petrece în rândul participanţilor. De fapt, n-ar trebui să se petreacă nimic interesant. Vor juca jocul şi totul se va termina în cel mult o jumătate de oră.

REZULTATELE

Prin urmare, la ce anume vă uitaţi? În cazul grupului B nu aţi făcut nicio repartizare, pentru ca participanţii să lucreze împreună, şi nu ar trebui să constataţi că ei folosesc porecle sau că arată cu degetul şi râd. Veţi fi surprinşi de faptul că, în grupurile de „Estimatori", membrii acestora se vor susţine între ei, iar „Subestimatorii" se vor distra pe seama „Supraestimatorilor", şi invers. Toate acestea se bazează pe un criteriu absurd: dacă au supraestimat sau au subestimat numărul de puncte.

DE CE CONTEAZĂ

Este de înţeles atunci când prejudecata şi discriminarea se formează, deoarece există diferenţe clare între oameni sau resursele sunt sărace (aceasta este teoria „conflictului real"). Aşa cum scot în evidenţă filmul şi piesa de teatru *Poveste din cartierul de vest*, omenii care aparţin unor naţionalităţi distincte şi locuiesc în diferite părţi ale oraşului pot intra în conflict. Reproducerea de faţă arată cât de alarmant de uşor este să creezi grupuri care încep rapid să se ironizeze reciproc. O modalitate de a desfiinţa prejudecata şi discriminarea constă în a le face pe cele două grupuri conflictuale să lucreze împreună pentru atingerea aceluiaşi ţel. Când membrii grupului văd că „avem cu toţii acelaşi ţel", zidurile dintre grupuri se prăbuşesc.

NU TE-AI GÂNDIT PREA MULT LA ASTA

ȚI SE ÎNSCENEAZĂ CEVA!

CONCEPT PSIHOLOGIC: luarea deciziilor

DENUMIREA EXPERIMENTULUI: alegerea rațională și încadrarea deciziilor

CERCETĂTORUL/CERCETAREA INIȚIALĂ: Amos Tversky și Daniel Kahneman (1986)

COGNIȚIE

Agențiile de publicitate, politicienii și agenții de vânzări din tot felul de domenii încearcă zilnic să vă convingă. Vor să vă facă să gândiți în așa fel încât să le cumpărați produsele sau să-i votați la următoarele alegeri. De pildă, imaginați-vă următoarea situație: vă aflați într-un supermarket și încercați să vă decideți ce fripturi să cumpărați. Veți cumpăra pachetul pe care scrie „25% grăsime" (hm... nu prea sună bine) sau pe cel cu inscripția „75% carne slabă" (pare mult mai sănătos).

Felul în care vă este prezentată informația – cum e formulată – este numit în psihologie „încadrare" (*framing*). Cum este încadrată situația când cineva vă vorbește despre ea? De exemplu, simțim noi „încălzirea globală"? Probabil că nu, dacă e vorba despre o zi friguroasă de ianuarie. Oamenii au tendința să se bazeze pe experiența lor imediată. Dar ce ziceți despre ideea de „schimbare climatică"? Modalitatea aceasta de încadrare a problemei vă predispune mai puțin să vă gândiți la vremea de afară.

Prin urmare, agențiile de publicitate utilizează încadrarea și la fel fac și politicienii. Să vedem de ce încadrarea poate avea efecte dramatice.

EXPERIMENTUL ORIGINAR

Doi psihologi cunoscuţi, Amos Tversky şi Daniel Kahneman, au făcut multe descoperiri legate de modul în care gândim. Datorită lor, ne-am dat seama că nu suntem chiar aşa de raţionali cum credem noi.

Ei le-au prezentat participanţilor o problemă ipotetică:

> Imaginaţi-vă că SUA se pregătesc să întâmpine izbucnirea unei molime neobişnuite, aşteptându-se la 600 de victime. Pentru combaterea bolii sunt propuse două programe alternative. Pe care din ele credeţi că l-au ales cei mai mulţi:
>
> 1. Dacă este adoptat programul A, 200 de oameni vor fi salvaţi.
> 2. Dacă este adoptat programul B, există o probabilitate de 33,3% ca 600 de oameni să fie salvaţi şi o probabilitate de 66,7% ca nimeni să nu fie salvat.

Majoritatea a ales programul A. Sună mai bine (mai mulţi oameni salvaţi) şi pare mai puţin complicat. Evident că numărul celor salvaţi este acelaşi în cazul ambelor programe.

De cele mai multe ori, nu gândim prin intermediul unor decizii complicate. Ne lăsăm ghidaţi de instinct şi suntem influenţaţi de ceea ce ne atrage atenţia.

SĂ ÎNCERCĂM ŞI NOI!

Puteţi reproduce acest studiu exact aşa cum a fost realizat iniţial. Le puteţi spune participanţilor că studiaţi procesul de luare a deciziilor, însă e posibil ca subiectul să le sporească atenţia dacă-i informaţi că sunteţi „interesaţi de ceea ce gândesc oamenii". După ce decid, nu uitaţi să-i informaţi că aproape toţi oamenii manifestă o „aversiune faţă de risc" şi că aleg programul încadrat în cel mai direct mod cu putinţă, care pare să salveze cele mai multe vieţi.

Iată de ce aveţi nevoie:

- un grup de participanţi
- coli de hârtie pe care sunt printate întrebarea şi opţiunile
- ustensile de scris

CUM PROCEDĂM:

- **PASUL 1**: daţi-i fiecărei persoane o foaie de hârtie cu textul de mai jos şi rugaţi-o să încercuiască programul pe care-l preferă:

Imaginaţi-vă că SUA se pregătesc să întâmpine izbucnirea unei molime neobişnuite, aşteptându-se la 600 de victime. Pentru combaterea bolii sunt propuse două programe alternative. Pe care din ele credeţi că l-au ales cei mai mulţi:

- Dacă este adoptat programul A, 200 de oameni vor fi salvaţi.
- Dacă este adoptat programul B, există o probabilitate de 33,3% ca 600 de oameni să fie salvaţi şi o probabilitate de 66,7% ca nimeni să nu fie salvat.

- **PASUL 2**: spuneţi-le participanţilor să încercuiască opţiunea pe care o preferă
- **PASUL 3**: povestiţi-le despre ce e vorba în acest studiu
- **PASUL 4**: dacă sunteţi foarte ambiţioşi, îi puteţi prezenta aceeaşi problemă unui alt grup de participanţi, căruia îi veţi supune atenţiei următoarele opţiuni:

- Dacă este adoptat programul A, 400 de oameni vor muri.
- Dacă este adoptat programul B, există o probabilitate de 33,3% ca nimeni să nu moară şi o probabilitate de 66,7% ca 600 de oameni să moară.

- **PASUL 5**: spuneţi-le participanţilor să încercuiască răspunsul.

REZULTATELE

Nimeni nu vrea ca oamenii să moară. Deşi numărul oamenilor care vor muri în cazul ambelor programe este acelaşi, veţi descoperi, probabil, că majoritatea participanţilor (Kahneman şi Tversky au raportat 78%) preferă opţiunea potrivit căreia fie sunt salvaţi mulţi oameni (200), fie mulţi nu vor muri (400).

DE CE CONTEAZĂ

Din fericire, nu veţi fi implicaţi niciodată în luarea unei decizii atât de dramatice precum cea folosită în cadrul studiului de faţă, însă sunteţi tot timpul supuşi efectului încadrării. Aţi auzit vreodată pe cineva la televizor (care încearcă să vă convingă să cheltuiţi bani) pretinzând că preţul produsului este de doar „câţiva bani pe zi!"? Acesta este efectul încadrării în acţiune. Dar ce ziceţi de asta: „Cam cât costă cafeaua zilnică…"? Şi în acest caz avem de-a face cu încadrarea. Este folosită tot timpul, fie pentru a vă convinge să cumpăraţi un produs, fie în scopul de a vă face să daţi bani ca donaţie la o acţiune caritabilă. Singura modalitate de a şti dacă e vorba despre o decizie bună este să vă gândiţi bine la ea. Managerii agenţiilor de publicitate mizează pe faptul că n-o veţi face.

DEZVOLTAREA GÂNDIRII MORALE

PUR ȘI SIMPLU, NU E CORECT!

CONCEPT PSIHOLOGIC: moralitate

DENUMIREA EXPERIMENTULUI: dezvoltarea modurilor de gândire şi de alegere între 10 şi 16 ani

CERCETĂTORUL/CERCETAREA INIȚIALĂ: Lawrence Kohlberg (1958)

DENUMIREA REPRODUCERII/EXTENSIEI: Pe o altă voce: concepțiile femeilor despre sine şi moralitate

CERCETĂTORUL/CERCETAREA REPRODUCERII: Carol Gilligan (1997)

COGNIȚIE

Când vine vorba despre decizii cu adevărat dificile, cum ştim ce e bine să facem? Aşa cum s-a dovedit, convingerea că o decizie este corectă sau greşită depinde de vârstă şi de părerea noastră despre ce au făcut alții într-o situație similară sau de crearea propriei serii de criterii interioare legate de ce e bine şi ce e rău. Să vedem cum studiază psihologii modul în care oamenii iau decizii în privința distincției dintre bine şi rău.

EXPERIMENTUL ORIGINAR

Studiul lui Kohlberg nu este un „experiment" în sensul clasic al termenului (unde există grupurile A şi B), ci mai curând reuneşte câteva studii atent controlate având ca subiecți copii de diverse vârste. Kohlberg le-a prezentat unor copii, adolescenți şi adulți relatări despre o dilemă etică în care o persoană se confruntă cu luarea unei decizii dificile. Kohlberg nu era interesat de decizia sugerată de copil persoanei respective, ci de motivarea acelei decizii. Cea mai cunoscută poveste este cea a dilemei lui „Heinz":

O femeie bolnavă de o formă specială de cancer era pe moarte. Exista un singur medicament despre care medicii credeau că ar fi fost posibil s-o salveze. Era vorba despre o formă de radiu descoperită de curând de un farmacist din oraş. Prepararea medicamentului era costisitoare, însă farmacistul a fixat un preţ de zece ori mai mare decât costul real al acestuia. El a plătit 200 de dolari pentru radiu şi a cerut 2 000 de dolari pentru o doză mică de medicament. Heinz, soţul femeii bolnave, a apelat la toţi cunoscuţii pentru a împrumuta banii, dar n-a strâns decât 1 000 de dolari, adică jumătate din preţul cerut. I-a spus farmacistului că soţia lui era pe moarte şi l-a rugat să-i vândă mai ieftin medicamentul sau să-l lase să plătească mai târziu. Dar farmacistul a replicat: „Nu, am descoperit medicamentul şi am de gând să câştig bani cu el". Pe Heinz l-a cuprins disperarea şi a intrat cu forţa în laboratorul farmacistului, ca să fure medicamentul pentru soţia lui. Oare ar fi trebuit Heinz să spargă laboratorul, ca să fure medicamentul pentru soţia lui? De ce da sau de ce nu?

Aşa cum vă puteţi imagina, adulţii au dat răspunsuri mai complexe decât copiii. Kohlberg a împărţit răspunsurile în trei categorii, fiecare conţinând două stadii. Ne vom concentra asupra celor trei categorii principale. Deoarece majoritatea oamenilor îşi explică modurile de comportament făcând referire la ce au făcut alţii, el a hotărât să folosească pentru acest nivel termenul „convenţional". A denumit o gândire mai puţin avansată „pre-convenţională", iar pe cea mai avansată „post-convenţională".

1. **O să am probleme? (nivel pre-convenţional)**: când vine vorba despre subiecte precum furtul, ce anume îi îngrijorează cel mai mult pe copii? Să nu cumva să aibă necazuri. Iată principala preocupare a oamenilor ale căror răspunsuri au intrat în această categorie: indiferent dacă părerea lor a fost că Heinz trebuia sau nu trebuia să fure medicamentul, au fost preocupaţi de reacţia personajelor cu autoritate. Ar putea spune da – Heinz ar trebui să fure medicamentul, altfel soţia lui ar muri, urmând să fie arestat. Sau ar putea răspunde nu – Heinz nu ar trebui să fure medicamentul, pentru că va fi arestat. Copiii de zece ani sau mai mici au dat, în general, răspunsuri de acest fel.

2. **Ce ar face alții? (nivelul convențional)**: deloc surprinzător, adolescenții sunt preocupați adesea de ceea ce cred ceilalți despre ei, iar acest lucru este adevărat și atunci când e vorba despre deciziile lor morale. Indiferent dacă aprobă sau dezaprobă furtul medicamentului, motivele au de-a face cu ceea ce cred ceilalți despre decizia luată sau cu ce știe adolescentul respectiv despre așteptările societății în privința unor asemenea probleme. Lumea acestuia este „mai largă" decât lumea copilului.
3. **Care este alegerea corectă? (nivelul post-convențional)**: în general, adulții gândesc la acest nivel, deși Kohlberg a descoperit că nu toți îl ating. Nu există o preocupare legată de eventuale necazuri cu legea, de părerile celorlalți și nici chiar de regulile din societate. Persoana în cauză e capabilă să dea un răspuns complex care reflectă ce anume gândește despre ce e bine să faci.

SĂ ÎNCERCĂM ȘI NOI!

Iată de ce aveți nevoie pentru realizarea acestui experiment:

- copii sub 10 ani
- adolescenți
- adulți
- coli de hârtie cu povestea lui „Heinz" (sau o altă dilemă morală, la alegere)
- ustensile de scris

CUM PROCEDĂM:

- **PASUL 1**: luați participanții pe rând. Dați-i fiecăruia povestea s-o citească (e posibil să fiți nevoiți să le-o citiți celor mai mici).
- **PASUL 2**: spuneți-i participantului să scrie răspunsul la dilema morală (în cazul copiilor mai mici, înregistrați ce vă relatează).
- **PASUL 3**: dacă vreți să actualizați studiul, puteți folosi o problemă morală dificilă cu care se confruntă societatea de azi. De pildă, în urmă cu câțiva ani, s-a descoperit că CIA a folosit tortura pentru a le smulge prizonierilor informații legate de

acțiunile teroriste. Îi puteți întreba pe adolescenți și pe adulți care este părerea lor cu privire la acest subiect. Au fost justificate aceste metode de interogare?

REZULTATELE

Veți descoperi, probabil, că, indiferent dacă participanții cred că e bine sau nu ca Heinz să fure medicamentul, copiii sub 10 ani își bazează decizia pe ce ar crede sau ar face persoanele cu autoritate din viața lor. Pe de altă parte, adolescenții se vor referi la ceea ce ar face sau gândi ceilalți (sau se vor lega de regulile societății privitoare la acest comportament). Mulți adulți vor da răspunsuri similare cu cele ale adolescenților. Totuși, unii vă vor relata filosofia lor personală în ceea ce privește săvârșirea unui furt. Dacă se întâmplă așa, atunci veți ști că aveți de-a face cu cineva care se află la nivelul „de vârf" al clasificării lui Kohlberg.

Referitor la tortură: oare practicarea ei este corectă, având în vedere că și alte țări au aplicat-o (convențional)? Nu este în regulă, pentru că alte țări nu o aplică (tot convențional). Este în ordine, pentru că, indiferent ce crede lumea, avem nevoie de acele informații pentru a salva viața unor oameni (post-convențional). Sau, pur și simplu, tortura nu poate fi niciodată justificată (tot post-convențional).

Psihologul Carol Gilligan a observat că Lawrence Kohlberg a utilizat pentru studiu doar bărbați. Ea a studiat gândirea morală și a inclus și femei în experimentele sale. A descoperit că, în plus față de concluziile lui Kohlberg, femeile au luat în considerare și efectul pe care decizia lui Heinz l-ar putea avea asupra oamenilor din viața lui. Ce responsabilitate avea el față de ceilalți? În mod similar, un alt factor care poate fi luat în calcul în cazul dilemei referitoare la tortură este responsabilitatea pe care o avem față de prizonierii aflați în îngrijirea noastră. Cum rămâne cu suferința lor? Acest aspect trebuie avut în vedere când decidem cum vom acționa.

Puteți vedea în filme acest conflict dintre strategiile morale. Uitați-vă, de pildă, când e nevoie să se ia o decizie dificilă. Veți descoperi, probabil, că personajele masculine vor recurge la nivelurile convenţionale ale raţiunii, lucru care va crea un conflict (sursa dramei) între ei şi personajele feminine, care pun accentul pe potenţiala suferinţă a celorlalţi.

DE CE CONTEAZĂ

La un moment dat, vi se va cere să luaţi o decizie dificilă. Poate că asta se va întâmpla când veţi fi solicitaţi să faceţi parte dintr-un juriu. Adevărul faptelor comise va fi greu de stabilit, deoarece oamenii văd sau cred lucruri diferite şi ştim că avocaţii pun accent pe ceea ce vor să estimaţi ca fiind cele mai importante aspecte. La un moment dat, veţi fi lăsaţi să decideţi. Nu luaţi hotărâri pripite. Trebuie să vă daţi seama dacă e bine sau rău ceea ce a făcut persoana în cauză, potrivit legilor societăţii (nivel convenţional), precum şi dacă fapta sa este bună sau rea la un nivel „universal" (post-convenţional). În fine, luaţi în considerare efectul pe care decizia dumneavoastră îl va avea asupra celorlalţi oameni din viaţa persoanei respective. Ce responsabilitate avem faţă de cei afectaţi de decizia noastră?

MODUL ÎN CARE COPIII GÂNDESC DIFERENȚIAT PE MĂSURĂ CE CRESC

ACESTA ARE MAI MULT! NU, ACELA ARE MAI MULT!

CONCEPT PSIHOLOGIC: dezvoltarea cognitivă, conservarea energiei

DENUMIREA EXPERIMENTULUI: originea inteligenței la copii

CERCETĂTORUL/CERCETAREA INIȚIALĂ: Jean Piaget (1952)

DENUMIREA REPRODUCERII/EXTENSIEI: Puterea contextului în privința cogniției copiilor: ilustrare prin intermediul conservării

CERCETĂTORUL/CERCETAREA REPRODUCERII: Susan A. Rose și Marion Blank (1974)

COGNIȚIE

Jean Piaget a exercitat o mare influență asupra înțelegerii modului în care gândirea copiilor se modifică pe măsură ce cresc. El a identificat patru stadii ale dezvoltării cognitive:

1. **Senzo-motric (0-2 ani)**: dacă ați observat comportamentul copiilor care au această vârstă, știți că lumea lor este definită de ceea ce pot atinge și vârî în gură. Este perioada în care copiii învață că obiectele ce nu se află în zona lor vizuală continuă să existe (permanența obiectului).
2. **Preoperațional (aproximativ 3-6 ani)**: în această etapă, copiii nu și-au dezvoltat abilitatea de a gândi logic. Încă există multă „gândire magică". La această vârstă, își închipuie multe lucruri și li se pare că aproape totul e posibil. Vom vedea un exemplu în studiul pe care-l vom reproduce.
3. **Operațiuni concrete (aproximativ 7-11 ani)**: copiii pot înțelege problemele de logică fundamentală. Deși gândirea abstractă nu este încă posibilă, copiii pot rezolva anumite probleme concrete de matematică, destul de complexe.

4. **Operaţiuni caracteristice (după 12 ani)**: la această vârstă este posibilă gândirea complexă, de pildă capacitatea de a rezolva probleme de matematică ce utilizează simboluri în loc de cifre.

Să ne referim acum la un concept oarecum controversat. Referitor la copiii din stadiul al doilea, Piaget nu credea că erau capabili de gândire logică. Rose şi Blank l-au contrazis, afirmând că Piaget nu şi-a realizat corect experimentul. Să vedem cine are dreptate.

EXPERIMENTUL ORIGINAR

Printre numeroasele sarcini pe care Piaget le-a atribuit copiilor de diverse vârste se numără şi cele numite de el „de conservare". Cea mai cunoscută (găsiţi multe filmuleţe pe YouTube) este următoarea: Piaget le-a arătat copiilor două pahare de aceeaşi mărime, pline pe jumătate cu apă. Copiii au văzut că ambele conţineau aceeaşi cantitate de apă. Apoi a turnat apa dintr-un pahar într-unul mai subţire şi mai înalt. Nivelul apei a părut să fie mai sus şi, în pofida faptului că subiecţii au văzut cum a fost turnată apa în pahar, au afirmat că paharul mai înalt conţinea mai multă apă decât cel mai scund.

Piaget a creat numeroase astfel de teste mărunte, pentru a afla ce înţelegeau şi ce nu înţelegeau copiii despre lumea din jurul lor. Puteţi recrea cu uşurinţă aceste studii.

SĂ ÎNCERCĂM ŞI NOI!

Iată de ce aveţi nevoie:

- 10 copii (4-5 ani)
- o măsuţă
- 10 monede
- 2 pahare de aceeaşi mărime
- un pahar subţire şi înalt
- o cană cu apă

CUM PROCEDĂM:

GRUPUL A

- **PASUL 1**: luați jumătate din numărul total de copii pe care-i aveți la dispoziție. Așezați-i la măsuță în fața dumneavoastră. Puneți pe măsuță două șiruri de monede. Ambele șiruri trebuie să conțină câte cinci monede, iar al doilea șir trebuie poziționat exact sub cel de sus.
- **PASUL 2**: întrebați-i pe copii dacă ambele șiruri conțin același număr de monede. Probabil că vor număra monedele și vor răspunde că șirurile sunt identice.
- **PASUL 3**: măriți distanța dintre monedele de pe șirul de sus. Întrebați din nou dacă șirurile conțin același număr de monede.
- **PASUL 4**: aduceți paharele pentru cea de-a doua însărcinare. Turnați în ele aceeași cantitate de apă.
- **PASUL 5**: întrebați-i pe copii dacă paharele conțin aceeași cantitate de apă. Vor răspunde, probabil, că da.
- **PASUL 6**: turnați apa dintr-un pahar în cel mai subțire și mai înalt. Puneți-le aceeași întrebare.
- **PASUL 7**: înregistrați răspunsurile copiilor.

GRUPUL B

- **PASUL 1**: în cazul celei de-a doua jumătăți a grupului, veți proceda, în general, cam la fel, cu excepția faptului că nu le veți pune două întrebări. Înainte de intrarea copiilor în încăpere, așezați pe măsuță cele două șiruri de monede, unul mai răsfirat decât celălalt, și turnați apa în paharele de înălțimi diferite.
- **PASUL 2**: puneți-le copiilor câte o întrebare pentru fiecare situație în parte: 1) Conțin cele două șiruri același număr de monede sau sunt diferite? și 2) Conțin cele două pahare aceeași cantitate de apă sau sunt diferite?
- **PASUL 3**: înregistrați răspunsurile copiilor.

REZULTATELE

Copiii din grupul A vă vor da, probabil, aceleaşi răspunsuri pe care le-a obţinut şi Piaget: după a doua întrebare vor crede că şirul mai răsfirat conţine mai multe monede, iar în paharul mai înalt se află mai multă apă. Copiii se concentrează asupra caracteristicilor evidente ale monedelor şi paharelor şi încă nu înţeleg realităţile mai complexe, cum ar fi volumul, dimensiunile şi faptul că proprietăţile acestea nu se modifică doar pentru că s-a schimbat înfăţişarea exterioară a unui obiect.

Mulţi copii (nu chiar toţi) din grupul B vor înţelege corect problema: cele două şiruri conţin acelaşi număr de monede, iar în cele două pahare se află aceeaşi cantitate de apă.

Rose şi Blank au arătat că Piaget nu şi-a dat seama că în cercetarea lui au fost implicaţi atât factori sociali, cât şi factori cognitivi. Copiii vor să-i mulţumească pe adulţi. Când îi pui unui copil aceeaşi întrebare de două ori, aşa cum s-a întâmplat în cazul grupului A, există posibilitatea să creadă că, din moment ce faci asta, probabil că răspunsul lor este greşit şi trebuie să-l schimbe.

DE CE CONTEAZĂ

Dacă vrem să-i ajutăm pe copii să înveţe, trebuie să ştim de ce sunt capabili în diverse etape ale vieţii lor. Reperele lui Piaget legate de capacităţile copiilor la diverse vârste sunt foarte utile. Rose şi Blank ne-au arătat că trebuie să ţinem cont de context, şi anume să fim atenţi cum punem întrebările şi în ce ordine o facem dacă vrem, într-adevăr, să identificăm ce pot şi ce nu pot face copiii. Aceasta este partea minunată a procesului ştiinţific: oricât de încrezător a fost Piaget, nu putem spune că a dovedit ceva. Descoperirile făcute i-au sprijinit teoria despre modul în care copiii se schimbă pe măsură ce cresc, iar studiul realizat de Rose şi Blank adaugă o notă importantă de subtilitate. Combinând aceste două studii, îi înţelegem mult mai bine pe copii, iar prin asta îi putem ajuta să înveţe pe măsură ce cresc.

CUM ÎI CONVINGEM PE OAMENI, CERÂNDU-LE MAI ÎNTÂI IMPOSIBILUL

LA NAIBA, NICI VORBĂ!

CONCEPT PSIHOLOGIC: uşa trântită în nas, persuasiune

DENUMIREA EXPERIMENTULUI: Procedura concesiunilor reciproce pentru inducerea supunerii: tehnica uşii trântite în nas

CERCETĂTORUL/CERCETAREA INIȚIALĂ: Robert. B. Cialdini, Joyce E. Vincent, Stephen K. Lewis, José Catalán, Diane Wheeler şi Betty Lee Darby (1975)

DENUMIREA REPRODUCERII/EXTENSIEI: E un joc? Dovada influenței sociale în lumea virtuală

CERCETĂTORUL/CERCETAREA REPRODUCERII: Paul W. Eastwick şi Wendi L. Gardner (2009)

SOCIAL

Le-ați cerut vreodată părinților bani şi, după ce au fost de acord să vă dea, ați solicitat o sumă mai mare decât cea inițială? Psihologii numesc acest procedeu tehnica „punerii piciorului în prag". Asta înseamnă că, după ce v-a fost satisfăcută dorința de a beneficia de o mică favoare, probabil că oamenii vă vor da mai mult decât ați cerut.

Mai există o modalitate de a face acest lucru: cereți-le părinților de la început o sumă mare. După ce spun „Nici vorbă – cred că glumeşti!", cereți-le o sumă mai mică (la care ați sperat încă de la început). Această abordare a fost denumită tehnica „uşii trântite în nas". La un moment dat, cu toții folosim aceste tactici.

Psihologul Robert Cialdini s-a ocupat în mod special de dezvăluirea tacticilor de persuadare utilizate de copii şi de agenții de vânzări. Să vedem dacă putem reproduce unul dintre studiile lui referitoare la tehnica uşii trântite în nas.

EXPERIMENTUL ORIGINAR

Mai întâi, Cialdini s-a gândit să le ceară oamenilor (în cazul său, studenților) o favoare, pe care aceştia o vor refuza mai mult ca sigur (a numit-o „cerere extremă"). Iată cum a procedat:

> Recrutăm studenți de la universitate, ca să lucreze pe post de consilieri voluntari, neplătiți, la Centrul Districtual de Detenție Juvenilă. Postul presupune două ore de muncă, săptămânal, minimum doi ani. Veți fi un fel de Frați (Surori) mai mari pentru băieții (fetele) de la Casa de corecție. Sunteți interesați de un astfel de post?

Ați fi de acord să vă petreceți doi ani din viață în felul acesta? Pun rămăşag că nu. Cercetătorii conduşi de Cialdini au chestionat 58 de studenți, din care doar doi temerari au răspuns pozitiv (3%). Cialdini a venit apoi cu o cerere mai moderată – două ore pentru a duce câțiva copii la grădina zoologică.

> Recrutăm studenți de la universitate, ca să însoțească într-o excursie la grădina zoologică un grup de băieți (fete) de la Centrul Districtual de Detenție Juvenilă. Activitatea este voluntară, neplătită, şi durează aproximativ două ore, într-o după-amiază sau seară. Sunteți interesați de un astfel de post?

Aproximativ 33% au fost de acord să participe la activitate.

Iată în ce constă trucul: mai întâi, a formulat o cerere extremă şi a primit, aşa cum era de aşteptat, un răspuns negativ. A urmat imediat o cerere moderată. Problema fiind pusă în acest fel, peste jumătate dintre subiecți (55%) au fost de acord cu cererea moderată.

Să vedem dacă putem pune în aplicare vechea tehnică a „uşii trântite în nas" și cum au realizat Eastwick şi Gardner acest studiu în lumea virtuală.

SĂ ÎNCERCĂM ŞI NOI!

Puteţi realiza acest studiu cu oameni pe care-i cunoaşteţi, întâlnindu-vă cu ei, însă Eastwick şi Gardner au vrut să vadă dacă tehnica uşii trântite în nas funcţionează şi în lumea virtuală. Iată de ce aveţi nevoie pentru a reproduce acest studiu:

- acces la un computer şi la un cont în lumea virtuală.

CUM PROCEDĂM:

- **PASUL 1**: dacă nu aveţi deja unul, deschideţi-vă un cont pentru lumea virtuală. Eastwick şi Garden au ales There.com, dar mai puteţi accesa Secondlife.com sau alte lumi virtuale de pe internet care vă sunt familiare.

GRUPUL A: CERERE MODERATĂ

Eastwick şi Gardner au încercat să afle câţi oameni vor răspunde pozitiv la următoarea cerere: „Bună, organizez o întrecere cu instantanee fotografice. Vrei să te teleportezi cu mine la Duda Beach şi să mă laşi să fac o captură de ecran cu tine?”

Duda Beach este un loc din There.com, aşa că îl puteţi folosi pe acesta sau puteţi alege altul din lumea virtuală la care sunteţi conectaţi.

- **PASUL 1**: intraţi în lumea virtuală şi abordaţi pe cineva care stă singur sau se află printre ceilalţi, dar, momentan, nu poartă vreo discuţie.
- **PASUL 2**: când cineva vă răspunde la salut, formulaţi cererea moderată legată de teleportarea într-un alt loc, pentru o captură de ecran. Întrebaţi 20 de avataruri şi număraţi-i pe cei care răspund „da”.
- **PASUL 3**: după ce răspund „da”, teleportaţi-vă împreună cu ei. Nu vor şti dacă aţi realizat captura de ecran, dar o puteţi face, etichetând-o ulterior ca persoană din grupul A.
- **PASUL 4**: mulţumiţi-le pentru ajutor.

GRUPUL B: PUNEREA PICIORULUI ÎN PRAG

De data asta, folosiți tehnica punerii piciorului în prag, ca să vedeți dacă puteți convinge mai multe persoane să se teleporteze cu dumneavoastră.

- **PASUL 1**: abordați o persoană care nu e ocupată și întrebați-o dacă poate face ceva foarte simplu. Eastwick a pus următoarea întrebare: „Pot face o captură de ecran cu tine?" Probabil că toată lumea a fost de acord.
- **PASUL 2**: formulați cererea moderată: „Mulțumesc. Vrei să te teleportezi cu mine la____________ și să mă lași să fac o captură de ecran cu tine?" Completați spațiul gol cu numele locului pe care ați decis să-l utilizați.
- **PASUL 3**: dacă răspunsul e „da", teleportați-vă și înregistrați din ce grup a făcut parte persoana respectivă.

GRUPUL C: UȘA TRÂNTITĂ ÎN NAS

Acum recurgem la tehnica ușii trântite în nas.

- **PASUL 1**: Găsiți o persoană care nu e ocupată și puneți-i mai întâi o întrebare similară cu cea a lui Eastwick: „Trebuie să fac o captură de ecran folosind 50 de locuri. Teleportarea și călătoria vor dura aproximativ două ore. Vrei să mă ajuți?"
- **PASUL 2**: Vă garantez că nimeni n-o să fie de acord. Continuați cu o cerere moderată: „Bine, înțeleg. Atunci, nu vrei să te teleportezi cu mine în_________ și să mă lași să fac o captură de ecran cu tine?"
- **PASUL 3**: dacă răspunsul e „da", teleportați-vă și înregistrați ceea ce se întâmplă.

REZULTATELE

Veți descoperi, probabil, că numărul avatarurilor care răspund „da” la cererea moderată este mult mai mare în condițiile B și C. Explicația faptului că suntem de acord să răspundem la o cerere formulată cu ajutorul tehnicii punerii piciorului în prag este că, după ce acceptăm, avem tendința să ne credem utili, prin urmare acceptăm din nou. În ceea ce privește tehnica ușii trântite în nas: teoria stipulează că, odată ce refuzăm, ne pare rău, iar când persoana respectivă ne cere altceva, care, prin comparație, pare foarte banal, dăm curs rugăminții.

DE CE CONTEAZĂ

Acestea sunt două tactici de persuadare puternice. Le puteți folosi când vreți să convingeți pe cineva sau, pentru că le cunoașteți, vă veți da seama când veți fi subiectul unor asemenea abordări și veți rezista tentației de a cădea pradă acestor tactici. Ele sunt utilizate mai ales de agenții de vânzări, așa că fiți atenți!

PSIHOLOGIA UMORULUI

NU E DELOC AMUZANT!

CONCEPT PSIHOLOGIC: umor
DENUMIREA EXPERIMENTULUI: Quirkology
CERCETĂTORUL/CERCETAREA INIȚIALĂ: Richard Wiseman (2007)

COGNIȚIE

Psihologii studiază tot felul de lucruri pe care, probabil, nu le considerați potrivite pentru o abordare științifică. De exemplu, cum ar putea fi studiat într-un laborator sentimentul de iubire? Ați fi surprinși de răspuns. Pentru a afla, citiți *Psychology of Attractiveness Podcast*. În cazul experimentului de față, ne vom concentra asupra umorului. De ce unele glume vi se par amuzante, iar altele răsuflate?

Ați spus vreodată un banc care vi se părea ilar, dar nimeni nu a râs? Sau au afișat râsul acela „politicos", însă, în realitate, ați știut că nu li s-a părut deloc amuzant? Există glume „sigure"? Vreuna la care să râdă toată lumea? Se pare că da – oricum, 95% dintre oameni râd când o aud. Veți afla despre ce e vorba în secțiunea următoare, unde vom vorbi și despre faptul că unele glume vi se par mai amuzate decât altele. Putem face chiar și un mic experiment referitor la glume. Să începem.

EXPERIMENTUL ORIGINAR

Psihologul Richard Wiseman a avut în 2001 o idee extraordinară: de ce să nu creeze un site pe care oamenii să posteze cele mai amuzante glume auzite vreodată, urmând ca după aceea să se voteze cea mai ilară glumă din lume? Vom obține astfel cea mai mare bancă de glume, care ne va ajuta să înțelegem de ce unele „funcționează" aproape tot timpul, iar altele nu.

După ce au fost postate peste 40 000 de glume, câştigătoarea – care a obţinut cel mai mare punctaj pe o scală de la 1 la 5 (numită de cercetători „hazometru") – a fost următoarea:

> Doi vânători din New Jersey se duc în pădure, iar la un moment dat unul din ei se prăbuşeşte la pământ. Se pare că nu mai respiră şi îşi dă ochii peste cap. Celălalt vânător pune repede mâna pe telefonul mobil şi sună la serviciul de urgenţă. Cu respiraţia tăiată, îi spune operatoarei: „Prietenul meu e mort! Ce să fac?" Cu o voce calmă şi liniştitoare, operatoarea îi răspunde: „Nu vă agitaţi, vă pot ajuta. Mai întâi să ne asigurăm că e mort". Urmează o pauză, apoi o împuşcătură. Vocea bărbatului se aude din nou în aparat: „OK, şi acum ce facem?"

Bănuiesc că măcar aţi zâmbit.

Prin urmare, de ce e amuzantă? Wiseman afirmă că este un exemplu de element-cheie al oricărei glume: ne permite să ne simţim superiori celorlalţi. Nu e deloc un lucru de laudă pentru fiinţele umane, totuşi trebuie să admitem: este, într-adevăr, mai amuzant când altcineva se împiedică şi cade, nu noi. Gluma ne face să ne simţim un pic mai bine în propria piele.

Haideţi să testăm una dintre glumele din „laboratorul de râs" al lui Wiseman.

SĂ ÎNCERCĂM ŞI NOI!

Iată o altă glumă. Ce punctaj credeţi că va obţine pe „hazometrul" lui Wiseman?

> Un bărbat care are vreo 70 de ani bănuieşte că soţia lui e pe cale să surzească, aşa că decide să-i testeze auzul. Se aşază în partea opusă a sufrageriei şi o întreabă: „Mă auzi?" Niciun răspuns. Vine spre ea, în centrul camerei, şi o întreabă iar: „Acum mă auzi?" Niciun răspuns. Vine lângă ea şi o întreabă din nou: „Acum mă poţi auzi?" Femeia răspunde: „Pentru a treia oară, da!"

Persoanele mai în vârstă cred că bancul e amuzant. Cei tineri, nu. De ce? Fiindcă, spune Wiseman, subiectul este unul care trezeşte neliniştea oamenilor mai în vârstă. Tinerii înţeleg gluma şi vă vor oferi, probabil, un zâmbet politicos şi o aprobare din cap, dar nu li se va părea amuzantă, deoarece nu sunt îngrijoraţi de starea auzului lor. În afară de superioritate, anxietatea este şi ea un factor care explică de ce credem că unele glume sunt amuzante, iar altele nu.

Iată o altă glumă descoperită de Wiseman. Persoanele tinere (în special femeile) cred că e amuzantă:

> Un soţ se urcă pe unul dintre acele cântare care-ţi prezic norocul şi-ţi spun câte kilograme ai. Introduce o monedă în aparat. „Ia fii atentă aici, îi spune el soţiei, arătându-i un cartonaş. Zice că sunt energic, strălucitor, inventiv şi o persoană minunată." „Da, răspunde femeia clătinând din cap, şi ţi-a greşit şi greutatea."

Iată ce puteţi face pentru a vedea dacă descoperirile lui Wiseman despre glume – mai ales despre rolul anxietăţii – sunt corecte. Aveţi nevoie de:

- un grup de participanţi tineri (20-30 de ani)
- un grup de participanţi mai în vârstă (peste 60 de ani)
- cele două glume anterioare

CUM PROCEDĂM:

- **PASUL 1**: mai întâi, memoraţi cele două glume din secţiunile anterioare.
- **PASUL 2**: spuneţi glumele grupului de tineri şi celui de persoane mai în vârstă.
- **PASUL 3**: rugaţi fiecare persoană în parte să evalueze gluma pe o scală de la 1 la 10. (Folosim o scală mai largă decât Wiseman, ca să vedem dacă putem surprinde diferenţele subtile de gust.)

REZULTATELE

Oricât ar suna de bizar, cred că Wiseman a identificat o componentă importantă a umorului – anxietatea. Vom obține o notă mai mare pe scala de la 1 la 10 din partea oamenilor mai în vârstă pentru gluma cu „bătrânul surd", același lucru fiind valabil în cazul notelor acordate de tineri glumei cu „soțul".

DE CE CONTEAZĂ

Înțelegerea motivului pentru care unele lucruri sunt amuzante poate fi foarte importantă pentru comici (deși cred că au mai multă încredere în instinctul lor decât în literatura științifică). Dar sunt convins că știu despre superioritate și anxietate la un nivel „instinctual". Și ajungem astfel la sfatul despre care ați auzit, probabil, când vine vorba despre vorbitul în public: cunoaște-ți audiența.

O MODALITATE MAI BUNĂ DE A DETECTA MINCIUNILE

CE MINCINOS!

CONCEPT PSIHOLOGIC: detectarea minciunilor

DENUMIREA EXPERIMENTULUI: desenele ca instrument inovator și eficient de detectare a minciunilor

CERCETĂTORUL/CERCETAREA INIȚIALĂ: Aldert Vrij, Sharon Leal, Samantha Mann, Lara Warmelink, Par Anders Granhag și Ronald P. Fisher (2009)

COGNIȚIE

Sunteți agenți secreți aflați în misiune. Dacă veți accepta, misiunea constă în preluarea „pachetului" de la Agentul A și în livrarea acestuia într-un alt loc. Apropo, s-ar putea ca pe drum să fiți interceptați, iar dacă e vorba despre „băieții răi", trebuie să mințiți în privința locului de unde ați ridicat pachetul.

Unii cercetători chiar știu să se distreze. Vrij și colegii lui asta au făcut când au analizat ceea ce poate fi o nouă modalitate de a detecta minciunile: cereți-le suspecților să deseneze locul unde se aflau în momentul comiterii infracțiunii.

Indiferent de ceea ce vedeți prin filme, nu prea avem un sistem bun de detectare a minciunilor și nici nu există așa-numitul „ser al adevărului". Sunt medicamente care vă pot ameți, predispunându-vă la mărturisiri, însă ceea ce spuneți poate fi la fel de bine adevărul sau relatarea unui vis pe care-l aveți în acel moment de alterare a stării de conștiență.

Vrij și colegii lui au descoperit o modalitate nouă și interesantă de a afla dacă cineva minte – care implică agenți, pachete și băieți răi. Să vedem cum au procedat.

EXPERIMENTUL ORIGINAR

Sosiţi la „laborator" pentru ceea ce se dovedeşte a fi cel mai neobişnuit experiment psihologic la care aţi participat vreodată:

Sunteţi informaţi că veţi fi trimişi în misiune şi că va trebui să primiţi un pachet de la Agentul A, aflat într-un anumit loc, urmând să-l duceţi în altă parte. Este posibil ca pe parcursul misiunii să fiţi interceptaţi de agenţi care fac parte din organizaţia pe care o reprezentaţi sau dintr-o altă organizaţie ostilă. Agenţilor prietenoşi trebuie să le dezvăluiţi detaliile misiunii. În schimb, agenţilor ostili se impune să le comunicaţi aspecte inventate despre misiunea pe care o aveţi.

Dar cum veţi şti care sunt prietenii şi care duşmanii? O parolă secretă, desigur. După ce livraţi pachetul, un alt agent vă va invita înăuntru, ca să răspundeţi la câteva întrebări. Vi se pune următoarea întrebare:

> „Vreţi să-mi spuneţi cât e ceasul, vă rog?"

Dacă agentul răspunde:

> „Îmi pare rău, ceasul meu s-a oprit la ora 6.38 în dimineaţa asta",

atunci ştiţi că e prietenos. Vă va pune întrebări despre misiune şi îi puteţi spune adevărul. Dacă agentul răspunde altfel decât prin formula de mai sus, instrucţiunile primite vă fac să minţiţi în legătură cu locul de unde aţi ridicat pachetul.

Vi se vor pune câteva întrebări despre misiune şi veţi fi rugaţi să desenaţi unde vă aflaţi atunci când aţi intrat în posesia pachetului. Cei cărora li s-a spus să mintă au ales un loc de pe drum, dar nu au dezvăluit locul exact al punctului de livrare.

Un alt grup de participanţi a citit răspunsurile la întrebări şi s-a uitat la desene. Nu i s-a spus cine a minţit şi cine nu. Ce credeţi? Au identificat corect mincinoşii în 87% din cazuri. Cum au făcut asta? Să aflăm încercând şi noi.

SĂ ÎNCERCĂM ŞI NOI!

Iată de ce aveţi nevoie:

- 4 prieteni (colegi de cercetare): 2 îi însoţesc pe participanţi de la începutul până la sfârşitul experimentului, iar 2 se uită pe desene şi încearcă să-şi dea seama cine minte şi cine spune adevărul
- 10-20 de participanţi
- un drum de 5-10 minute pe care trebuie să-l parcurgă agenţii
- un pachet mic. Pentru a mări suspansul, puteţi pune o cutie într-o pungă din hârtie (adăugându-i un pic de greutate). Dar chiar nu contează ce se află în pachet
- foi albe de hârtie şi creioane.

CUM PROCEDĂM:

- **PASUL 1**: stabiliţi un drum de la biroul dumneavoastră până într-un alt loc (o altă cameră din campus ori o încăpere sau garajul din casa cuiva). Includeţi câteva cotituri. Poate fi un drum pietonal sau o şosea. Schiţaţi drumul pe foi de hârtie, apoi daţi-le participanţilor.
- **PASUL 2**: alegeţi un punct de la jumătatea traseului, unde cineva îi aşteaptă pe participanţi/agenţi, pentru a le înmâna pachetul. Acest loc poate fi marcat de orice – chiar şi de un copac.
- **PASUL 3**: chemaţi participanţii acolo unde aţi stabilit că se află punctul de pornire al „misiunilor". Participanţii le vor îndeplini individual.
- **PASUL 4**: vă întâlniţi cu unul dintre participanţi la punctul de pornire. Îi spuneţi că este un agent şi că vreţi să parcurgă traseul de pe foaia de hârtie. Se va opri la mijlocul drumului şi se va întâlni cu o persoană care-i va da un pachet. Va lua pachetul şi va continua drumul până la capăt.
- **PASUL 5**: spuneţi-i participantului că la capătul traseului trebuie să-i dea pachetul persoanei care-l aşteaptă. Trebuie s-o întrebe: „Vreţi să-mi spuneţi cât e ceasul, vă rog?"

- **PASUL 6**: dacă persoana zice: „Îmi pare rău, ceasul meu s-a oprit la ora 6.38 în dimineața asta", participantul trebuie să răspundă sincer la întrebări. Orice alt răspuns (cum ar fi ora reală) îi face pe participanți să mintă când răspund la întrebările care li se pun.
- **PASUL 7**: după ce participanții („agenții") răspund la toate întrebările, sunt lăsați să plece mai departe.
- **PASUL 8**: persoana de la capătul traseului trebuie să-i ceară participantului să „deseneze locația de unde a luat pachetul".
- **PASUL 9**: după ce participantul termină de desenat locația, scrieți pe spatele desenului A (de la adevăr – adică participantul a răspuns „Ceasul meu s-a oprit la ora 6.38 în dimineața asta") sau M (de la minciună – agentului i s-a comunicat ora reală, ceea ce înseamnă că participantul a mințit când i s-au pus întrebări sau i s-a cerut să deseneze ceva). Studiul se încheie în acest punct. Urmați această procedură în cazul tuturor participanților.
- **PASUL 10**: după ce ați trecut toți participanții prin această procedură, adunați desenele, numerotați-le în colțul din dreapta sus şi arătați-le celor doi evaluatori. Aceştia nu trebuie să ştie dacă „agentul" a fost nevoit să mintă sau să spună adevărul pe baza răspunsului dat la întrebare de celălalt agent.
- **PASUL 11**: folosind o altă coală de hârtie, fiecare evaluator trebuie să lucreze singur şi să aprecieze desenele pe baza detaliilor conținute. Trebuie să încercuiască o cifră pe următoarea scală:

Nedetaliat **1 2 3 4 5 6 7** Foarte detaliat

Evaluatorii ar mai trebui să indice pe foaia lor dacă desenul a fost făcut „privind peste umăr" sau „privind de deasupra".

REZULTATELE

Ar trebui să faceţi descoperirile pe care le-a făcut şi Vrij – evaluările desenelor realizate de cei care au fost nevoiţi să mintă sunt mai puţin detaliate decât cele ale participanţilor care au spus adevărul. De asemenea, Vrij a mai aflat şi că „participanţii care au zis adevărul" au desenat din perspectiva „privind peste umăr", în vreme ce „mincinoşii" au avut tendinţa să adopte tehnica „privitului de deasupra". Oamenii care spun adevărul desenează din memorie locul unde au fost, în aşa fel încât să includă numeroase detalii. Probabil că vor desena scena din propria lor perspectivă. Mincinoşii trebuie să inventeze un loc, aşa că, probabil, nu vor da prea multe detalii, desenând de parcă ar vedea locaţia de deasupra.

DE CE CONTEAZĂ

Deoarece instrumentele şi substanţele folosite pe post de „detectoare de minciuni" au o rată ridicată de eşec, avem nevoie de abordări noi. Cea utilizată de Vrij şi de colegii lui este foarte logică. Poate că ea va înlocui – sau măcar se va adăuga la – instrumentele pe care le folosim acum pentru a ne da seama cine minte şi cine spune adevărul.

CORPUL VĂ AFECTEAZĂ GÂNDIREA

OHO! – IDEEA ASTA E GREA

CONCEPT PSIHOLOGIC: *embodied cognition*

DENUMIREA EXPERIMENTULUI: greutatea ca întrupare a importanței

CERCETĂTORUL/CERCETAREA INIȚIALĂ: Nils B. Jostmann, Daniël Lakens şi Thomas W. Schubert (2009)

COGNIȚIE

Controverse. Oamenii de ştiinţă discută şi uneori o fac în contradictoriu. Iată unul dintre subiectele disputei: reproducerea cercetării. Metodele ştiinţifice presupun că, odată ce crezi că ai descoperit ceva, trebuie să repeți studiul pentru a fi sigur. Apoi alți cercetători trebuie să realizeze studiul tău, pentru a vedea dacă descoperă acelaşi lucru. Reproducere. Problema e că n-o facem suficient de des. Există îngrijorarea că unele dintre studiile publicate, pur şi simplu, nu sunt reproduse (studiile reproduse nu prea sunt publicate) sau că, dacă cineva reproduce un studiu şi nu descoperă acelaşi lucru ca în cazul studiului inițial, acesta este uitat în „dulapul cu dosare" şi nimeni nu află că ideea aia minunată despre care ați auzit vorbindu-se nu există în realitate.

Intră în scenă ideea de „minte întrupată" – potrivit căreia corpul poate influența puternic gândirea. De exemplu, dacă vă aplecați înainte, oare sunteți mai predispuşi să vă gândiți la viitor decât în cazul în care vă lăsați pe spate? Unii cercetători ajung la această concluzie, alții nu. Trebuie să vă mărturisesc că sunt destul de sceptic în privința acestor studii. Cum e posibil ca o simplă mişcare a corpului să aibă un efect puternic asupra minții?

În secțiunea de față vom vorbi despre un studiu care a stabilit o relație între corp şi minte. Un alt studiu a susținut aceste descoperiri. Alte trei n-au găsit nicio dovadă. Poate că veți reuşi să depăşiți acest impas.

În cunoscutul film *Înapoi în viitor* există o glumă despre ideea de „greutate". Marty (care vine din viitor) foloseşte expresia pe care o cunoaştem azi – atunci când ceva este dificil sau complex, se spune că e „greu". „Doc", care se află în film în anul 1955, nu e familiarizat cu utilizarea cuvântului „greu" în acest sens şi se întreabă: „De ce sunt atât de grele lucrurile în viitor? Oare există vreo problemă cu gravitaţia Pământului?"

În vorbirea curentă, folosim mereu metafore de genul „greu" şi „uşor" („E de categorie uşoară"). Oare e posibil ca, atunci când completezi un sondaj despre un subiect important, opinia ta să fie influenţată de greutatea clipboardului pe care-l ţii în mână?

EXPERIMENTUL ORIGINAR

Jostmann, Lakens şi Schubert au realizat un studiu destul de simplu. Au venit cu nişte întrebări şi le-au cerut studenţilor să evalueze importanţa problemei. De exemplu, au fost întrebaţi cât de important este faptul că grupul studenţilor are un cuvânt de spus în procesul de luare a deciziilor din cadrul colegiului. Participanţii care mergeau prin campus au fost opriţi şi li s-a cerut să ţină în mâini un clipboard în timp ce completau chestionarul. Cercetătorii s-au aşteptat ca atunci când ţii în mână un clipboard greu (aproximativ 1 039 grame), să ai impresia că problema respectivă este mai importantă (pe o scală de la 1 la 7) decât în cazul în care clipboardul este uşor (657 grame). Iată ce au descoperit – o medie de 5,27 în cazul clipboardului greu faţă de 4,21 pentru cel uşor.

Au obţinut rezultate similare şi în cazul altor întrebări: cât de mulţumiţi sunt de oraş, de calitatea vieţii de acolo sau de primar.

Ideea are o oarecare logică, însă alţi patru cercetători au încercat şi ei acelaşi lucru, dar nu au descoperit niciun efect al greutăţii clipboardului. Dumneavoastră puteţi?

SĂ ÎNCERCĂM ŞI NOI!

Iată de ce aveţi nevoie:

- un clipboard uşor
- un clipboard greu
- foi de hârtie pentru clipboard
- creion
- 4 întrebări, fiecare având sub ea o scală de la 1 la 7 (1 = lipsit de importanţă, 7 = foarte important)
- aproximativ 30 de participanţi

În privinţa greutăţii clipboardului, Jostmann a descoperit o soluţie ingenioasă: folosiţi un clipboard cu un compartiment pentru stocare. Pentru a-l face mai greu, umpleţi compartimentul cu foi de hârtie. Utilizarea aceluiaşi clipboard este avantajoasă şi pentru că nu trebuie să folosiţi clipboarduri de culori diferite în cele două condiţii, „greu" şi „uşor".

CUM PROCEDĂM:

- **PASUL 1**: trebuie să concepeţi propriile întrebări pentru realizarea sondajului. Alegeţi subiecte deschise discuţiei, despre care există multe opinii. Reţineţi faptul că nu contează ce simte persoana respectivă în legătură cu subiectul (dacă este pentru sau împotrivă). Vrem să ştim doar dacă problema i se pare importantă.
- **PASUL 2**: încercaţi să staţi de vorbă cu 30 de participanţi – 15 completează chestionarul atunci când compartimentul clipboardului este plin, iar 15 răspund la întrebări atunci când compartimentul este gol.

REZULTATELE

Având în vedere controversa din jurul subiectului, chiar nu ştiu care va fi rezultatul experimentului. Jostmann crede că veţi descoperi ceea ce a descoperit şi el – însă nenumăraţi alţi cercetători nu au descoperit nimic.

DE CE CONTEAZĂ

Dacă Jostmann are dreptate, gândiţi-vă la implicaţii: dacă vreţi ca subiecţii sondajului să ia lucrurile în serios, scrieţi întrebarea pe un clipboard greu! Ce tactică simplă ar fi pentru politicieni şi agenţii de vânzări. Sau nu e decât o pierdere de timp? Descoperirea lui Jostmann a fost neaşteptată şi amuzantă, aşa că a făcut valuri, iar mulţi oameni cred în prezent că efectul e real. Cele patru reproduceri ale experimentului care nu au găsit nimic n-au beneficiat de atenţia presei. Nu uitaţi că, atunci când un cercetător descoperă ceva „semnificativ din punct de vedere statistic", aşa cum a făcut Jostmann, asta înseamnă că descoperirea lui este un eveniment improbabil, dar care poate avea loc în mod accidental. Singura cale prin care putem dobândi încredere constă în reproducerea repetată a experimentului şi în obţinerea de rezultate similare de fiecare dată. Tocmai despre asta este vorba în cartea de faţă.

CAUZELE SATISFACȚIEI PROFESIONALE

SLUJBA ASTA POȚI S-O...

CONCEPT PSIHOLOGIC: teoria celor doi factori ai satisfacției și motivării profesionale

DENUMIREA EXPERIMENTULUI: Încă o dată: cum îți motivezi angajații?

CERCETĂTORUL/CERCETAREA INIȚIALĂ: Frederick Herzberg (1957)

DENUMIREA REPRODUCERII/EXTENSIEI: Atitudini profesionale: evaluarea cercetărilor și opiniilor

CERCETĂTORUL/CERCETAREA REPRODUCERII: J. Richard Hackman și Greg R. Oldham (1974)

EMOȚII

Printre diversele tipuri de psihologi se numără și cei denumiți industriali/organizaționali – dar nu, nu se ocupă de psihoterapie la locul de muncă. De fapt, nu au deloc pregătire de psihoterapeuți. Ei sunt specializați în ajutorul dat managerilor referitor la conducerea și motivarea angajaților, creșterea productivității și selectarea celor mai buni candidați dintre cei care solicită un anumit post.

Dacă analizați fișele posturilor, printre calitățile cerute veți descoperi sintagma „foarte motivat". Motivarea angajaților – sau aflarea cauzei lipsei de motivare – este o sarcină dificilă. Mulți angajați sunt motivați la început, iar în timp își pierd această însușire. De ce? Ce anume îi face pe unii să muncească mult, iar pe alții puțin. Asta a vrut să afle Herzberg.

[E]XPERIMENTUL ORIGINAR

Abordarea lui Herzberg a fost destul de simplă: i-a întrebat pe oameni ce anume îi face să se simtă motivaţi şi mulţumiţi şi ce nu. El a împărţit răspunsurile în două categorii de factori, pe care i-a numit „de igienă" şi „motivatori". Iată câteva exemple:

Factori de igienă

- salariul
- relaţia cu şeful
- relaţia cu colegii
- statutul asigurat de postul ocupat
- siguranţa postului

Factori motivatori

- recunoaşterea aptitudinilor
- realizări
- responsabilitate
- oportunităţi de avansare
- munca în sine este plăcută

Observaţi că factorii de igienă nu au legătură cu propria persoană – ci cu alţi oameni sau cu profilul postului –, în timp ce factorii motivatori sunt mai interiorizaţi, exprimă un sentiment de împlinire şi de dezvoltare.

Herzberg a tras concluzia că posturile care stau prost la capitolul factori de igienă sau motivatori au ca rezultat o motivaţie şi o satisfacţie scăzută a angajaţilor. Există totuşi o particularitate: dacă un post oferă securitate, un salariu bun şi relaţii pozitive cu colegii (toţi fiind factori de igienă), atunci sunteţi mulţumiţi? Nu chiar. Herzberg afirmă că, deşi e bine să beneficiezi de ei, aceşti factori nu vor face altceva decât să vă împiedice să fiţi nemulţumiţi. Gândiţi-vă puţin: dacă postul pe care-l ocupaţi vă oferă securitate, săriţi într-un picior de fericire? Dacă salariul este bun, probabil că veţi fi mulţumiţi o vreme, dar după câţiva ani vă obişnuiţi cu banii respectivi (se numeşte „deprindere") şi efectele pozitive pălesc.

Potrivit lui Herzberg, singura modalitate prin care putem fi mulțumiți de postul ocupat este prezența factorilor motivatori: muncă plăcută, recunoaștere și oportunități de dezvoltare.

Nu toată lumea crede că teoria lui Herzberg e cea mai bună. Așa cum probabil știți, cu toții avem tendința de a da vina pe alții când lucrurile merg prost și de a ne face un serviciu interpretând realitatea în favoarea noastră, chiar dacă interpretarea e subiectivă, când situația e bună (asta se numește *self-serving bias*). Poate că subiecții lui Herzberg se comportau în acest fel, sau cel puțin așa reiese când luăm în considerare acești factori „de igienă" și „motivatori".

SĂ ÎNCERCĂM ȘI NOI!

Reproducerea studiului lui Herzberg nu necesită un echipament deosebit. Iată de ce aveți nevoie:

- aproximativ 30 de participanți
- foi de hârtie pentru fiecare

CUM PROCEDĂM:

- **PASUL 1**: trebuie să vorbiți cu oameni care au avut servicii de-a lungul timpului și să-i întrebați ce anume i-a mulțumit la locul de muncă și ce anume i-a făcut nefericiți.
- **PASUL 2**: pregătiți câte o foaie de hârtie pentru fiecare participant. Împărțiți foaia în două cu ajutorul unei linii verticale. Scrieți „Mulțumit" în stânga și „Nemulțumit" în dreapta. Nu trebuie să consemnați ce spun participanții sau să scrieți totul cuvânt cu cuvânt. Notați în fiecare coloană cuvinte sau sintagme menționate de subiecți când vorbesc despre mulțumirea sau nemulțumirea de la locul de muncă.

J. Richard Hackman și Greg Oldham au studiat și ei satisfacția și motivarea legate de locul de muncă. Au fost conștienți de faptul că abordarea lui Herzberg, deși a furnizat informații valoroase, avea limitele ei. Studiile lor au scos la iveală că mai există și factori subtili, care sunt mai importanți, de pildă prezența sau absența unei activităţi zilnice variate, sentimentul importanţei muncii depuse, posibilitatea de a lua decizii referitoare la munca depusă sau sentimentul de împlinire în urma ducerii la bun sfârşit a unei sarcini. Întrebaţi-vă subiecţii dacă, în cazul lor, aceşti factori sunt prezenţi.

REZULTATELE

După ce vorbiţi cu cei 30 de oameni, concentraţi-vă atenţia asupra însemnărilor şi faceţi ceea ce se numeşte o „analiză de conţinut". Analiza de conţinut, spre deosebire de cea statistică, necesită citirea atentă a notiţelor şi căutarea temelor şi a expresiilor stereotipe. E posibil să descoperiţi acelaşi lucru ca Herzberg: oamenilor le plac posturile în care se simt provocaţi şi respectaţi pentru contribuţia lor. Factorii pe care subiecţii i-au menţionat în cazul posturilor care nu le plac sunt, probabil, cele de genul: „Nu-mi place şeful" sau „Primesc un salariu mic".

Căutaţi câţiva dintre factorii menţionaţi de Hackman şi Oldham: varietate, însemnătate, împlinire şi autonomie. S-ar putea ca factorii aceştia să nu apară de la început în discuţie, dar îi veţi descoperi ulterior.

DE CE CONTEAZĂ

Cei mai mulţi oameni îşi doresc slujbe care să le placă şi prin care să se simtă motivaţi. Simplul fapt de a-i acorda cuiva titlul de „angajat al lunii" nu e suficient. Dar ce ar trebui să facă managerii pentru ca posturile să-i „împlinească" pe angajaţi? Studiile realizate de Herzberg, Hackman şi Oldham ne oferă sugestii concrete. Nu putem face în aşa fel ca toate posturile să fie foarte interesante, însă toate pot fi reproiectate pentru a li se părea amuzante oamenilor care le îndeplinesc.

UN STIMULENT PSIHOLOGIC

N-O SĂ MĂ DAU ÎN VÂNT NICIODATĂ DUPĂ ASTA!

CONCEPT PSIHOLOGIC: persuasiune, fabulă personală, dopamină, lob frontal

DENUMIREA EXPERIMENTULUI: Spulberarea iluziei de invulnerabilitate: motivațiile şi mecanismele rezistenței la persuasiune

CERCETĂTORUL/CERCETAREA INIȚIALĂ: Brad J. Sagarin, Robert B. Cialdini, William E. Rice şi Sherman B. Serna (2002)

SOCIAL

Adolescenții au ceea ce psihologii numesc o „fabulă personală". Ei cred că, într-un fel, sunt nişte oameni speciali cărora nu li se poate întâmpla nimic rău. Acesta este motivul pentru care mulți adolescenți îşi asumă riscuri foarte mari. Un alt motiv ar putea fi şi faptul că, în această etapă timpurie a vieții, atunci când un adolescent îşi asumă un risc (de pildă, conducerea maşinii cu viteză foarte mare), recompensa – prin eliberarea în creier a neurotransmițătorului dopamină – este foarte mare. Adulții uită cât de pozitive (sau negative) pot fi sentimentele în adolescență. Totodată, lobul frontal al creierului – zona în care se desfăşoară procesele complexe de gândire – nu este complet dezvoltat în cazul adolescenților.

Managerii din domeniul publicității sunt foarte conştienți de aceste adevăruri şi le folosesc pentru a-i face pe adolescenți să cumpere. Robert Cialdini, care s-a străduit cel mai mult să ne atragă atenția asupra modului în care suntem persuadați zilnic, a identificat şase tactici utilizate de firmele de publicitate:

1. Consecvența
2. Preferința
3. Autoritatea
4. Deficitul
5. Dovada socială
6. Reciprocitatea

Ne vom concentra asupra autorității și a deficitului, dar dacă vreți să aflați mai multe despre aceste tactici, citiți cartea lui Cialdini, *Influence: Science and Practice – Psihologia persuasiunii. Totul despre influențare. Amplifică-ți puterea de convingere și învață să te aperi de manipulare.*

Studiul de față împrumută o idee din domeniul medical: îmbolnăvirea de variolă poate fi evitată cu ajutorul unui vaccin care conține o cantitate mică de virus. Organismul poate lupta cu succes împotriva unei cantități mici de virus, iar rezultatul este dobândirea imunității la variolă.

Am putea, oare, folosi aceeași tactică pentru a deveni „imuni" la tacticile persuasive ale agenților de publicitate? Să vedem.

EXPERIMENTUL ORIGINAR

Sagarin și colegii săi știu că, pentru a le slăbi puterea de influențare, nu e suficient doar să le povestești oamenilor despre tacticile de persuasiune și funcționarea lor. Ei au creat o mică „experiență" pentru a le arăta participanților cât de vulnerabili sunt la aceste tactici. Conținutul experienței: participanților le este arătată o reclamă la care participă un actor cunoscut (ei l-au folosit pe Arnold Schwarzenegger), fără ca el să fie expert în domeniul respectiv (televiziunea online). Unii dintre participanți s-au uitat la reclamă și și-au scris părerea pe hârtie, inclusiv opinia despre caracterul persuasiv al acesteia. S-a dovedit că reclama a fost destul de persuasivă. Cercetătorii le-au demonstrat apoi cât de tare au fost influențați de prezența unei „persoane cu autoritate" (Schwarzenegger), care, deși are autoritate într-un anumit domeniu (ridicarea greutăților), probabil că nu e la fel de pricepută și la televiziunea online. Cât de greu ar trebui să cântărească opinia sa? Când și-au dat seama cum au fost păcăliți, studenții au fost convinși de forța utilizării personajelor cu autoritate la realizarea reclamelor.

Concluzia le-a fost inoculată. Și a funcționat. Când le-a fost arătată o altă reclamă cu o persoană cu autoritate, au fost mai sceptici decât participanții care văzuseră clipul cu Schwarzenegger. Totodată, ei au fost mai „rezistenți la persuasiune" decât participanții informați doar în legătură cu modul în care firmele de publicitate folosesc oameni cunoscuţi, care nu ar trebui consideraţi autorităţi în ceea ce priveşte produsul respectiv.

Să vedem cum anume putem „vaccina" oamenii împotriva forţei de persuasiune a reclamelor.

SĂ ÎNCERCĂM ŞI NOI!

Oamenii sunt puternic persuadaţi şi atunci când cred că un produs este rar sau că ar putea să dispară curând de pe piaţă („Vânzarea se termină mâine!"). Prin urmare, un grup va fi „vaccinat", iar celălalt nu. Apoi vom vedea dacă se lasă cineva înşelat de falsa raritate a produsului. Iată de ce aveţi nevoie:

- 2 grupuri de participanţi
- 2 produse în privinţa cărora participanţii ar putea fi interesaţi să le cumpere. Încercaţi să găsiţi două produse pe care participanţii chiar nu le deţin. Câteva sugestii: creioane de forma beţelor pentru tobă (ca să poţi bate în tăblia mesei în timp ce te gândeşti), căşti elegante care se conectează la telefonul mobil prin Bluetooth sau un suport de birou pentru creioane şi pixuri, confecţionat dintr-un lemn rar şi frumos
- reclamă pentru fiecare produs în parte
- ustensile de scris

CUM PROCEDĂM:

- **PASUL 1**: înainte de a printa cópii ale acestor reclame, găsiţi un spaţiu gol în partea de sus a paginilor şi adăugaţi acolo câteva referiri la raritatea sau la preţul produsului. În cazul unuia din produse, accentuaţi unicitatea preţului. Iată câteva exemple: „Disponibil pentru scurt timp la acest preţ!" sau „Vânzarea se termină mâine!" În cazul celuilalt produs, accentuaţi raritatea produsului însuşi: „Au fost produse 50 de bucăţi şi au mai rămas doar 5!"
- **PASUL 2**: într-un spaţiu gol din partea de jos a paginii scrieţi întrebarea şi scala:

Cât de persuasivă este această reclamă?

Deloc persuasivă **1 2 3 4 5 6 7 8 9 10** Foarte persuasivă

- **PASUL 3**: alegeți o reclamă (cea care pune accentul pe unicitatea prețului) care să fie A, iar pe cealaltă (care pune accentul pe cantitatea mică de produse) denumiți-o B. Printați cópii ale reclamei A și arătați-le participanților.
- **PASUL 4**: pentru reclama B, printați doar jumătate din numărul de cópii ale reclamei A.

GRUPUL A: GRUPUL „VACCINAT"

- **PASUL 1**: arătați-le participanților reclama B (raritatea produsului).
- **PASUL 2**: rugați-i să se uite cu atenție și să încercuiască apoi una dintre cifrele de pe scală. Probabil că vor alege 6 sau alte cifre după aceasta.
- **PASUL 3**: după ce s-au hotărât, vorbiți-le despre tactica rarității sau unicității și despre modul în care agențiile de publicitate o folosesc pentru a încerca să-i facă pe privitori să acționeze. Adesea, această „raritate" este falsă: compania poate fabrica destul de ușor mai multe produse (mai ales dacă e vorba despre unul digital, cum ar fi un cântec sau o carte în format electronic). Această experiență legată de modul în care suntem păcăliți de reclame, împreună cu discuția despre raritate, reprezintă procesul de vaccinare.
- **PASUL 4**: arătați-le participanților reclama A (unicitatea prețului).
- **PASUL 5**: la fel ca mai sus, rugați-i să se uite cu atenție și să încercuiască o cifră de pe scală.
- **PASUL 6**: acesta este finalul studiului pentru participanți, dar, desigur, aveți libertatea să le vorbiți despre reclamă și despre încercarea de a folosi efectul rarității (companiile pot prelungi cu ușurință perioada în care produsul este disponibil la acel preț).

GRUPUL B: GRUPUL DE CONTROL

- **PASUL 1**: arătați-i reclama A (unicitatea prețului).
- **PASUL 2:** rugați-i să încercuiască o cifră de pe scală.
- **PASUL 3:** studiul se încheie aici, dar le puteți vorbi despre tactica rarității sau despre țelul acestui experiment.

REZULTATELE

Grupul B va acorda, probabil, o notă mare (7-10) produsului din reclama A. Grupul B va acorda, poate, o notă mai mică produsului din reclama A. Motivul este că, pe de-o parte, participanții au aflat cum funcționează raritatea, iar pe de altă parte, au trăit-o direct și și-au dat seama că până și ei pot fi influențați de ea.

DE CE CONTEAZĂ

Companiile încearcă zilnic să ne influențeze, prin contact direct sau online. Trebuie să fim conștienți care sunt tacticile de influențare și cum anume ne putem apăra de ele. Puneți-vă câteva întrebări: „Este produsul acesta chiar atât de rar?" „Oare personajul cu autoritate din această reclamă este cu adevărat un expert în domeniul respectiv?" Evident că, dacă lucrați în publicitate sau marketing, sunteți tentați să întrebuințați aceste tactici. Să sperăm că o faceți respectând principiile eticii.

PERCEPȚIA ÎNSEAMNĂ MAI MULT DECÂT CEEA CE VEDEM

CONSTRUIȚI-VĂ PROPRIILE ILUZII

CONCEPT PSIHOLOGIC: iluzii vizuale

DENUMIREA EXPERIMENTULUI: atenuarea iluziei Müller-Lyer, odată cu mişcarea sacadată şi de urmărire a ochilor

CERCETĂTORUL/CERCETAREA INIȚIALĂ: Clarke Burnham (1968)

În afară de fotografiile cu pisici, iluziile optice fac parte dintre subiectele preferate de pe internet. Ne place să privim imagini cu lucruri care, pur şi simplu, nu există, cum sunt cele realizate de M.C. Escher. El a creat imaginile unor clădiri cu scări care nu duc nicăieri sau ale unor mâini care se desenează singure.

Evident, psihologii sunt interesați şi ei de aceste imagini. De ce suntem păcăliți? Am învățat de-a lungul timpului că mintea este implicată în înțelegerea semnalelor care ajung la ochii noştri. Dar cum? Cum putem vedea adâncime când ştim că o imagine este plată? Cum e posibil ca liniile să pară curbate când ştim că sunt drepte? Este clar că nu vedem exact ceea ce se află în fața ochilor noştri. Probabil, cea mai cunoscută iluzie optică este cea creată de Franz Müller-Lyer în 1889 (vezi alăturat).

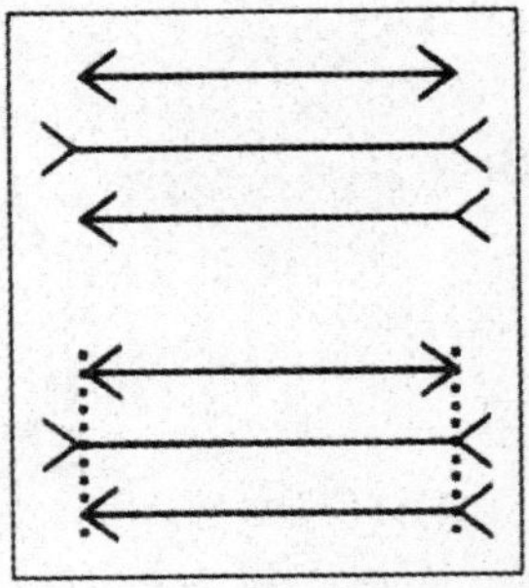

E chiar greu de spus că liniile acestea au aceeaşi lungime. Privirea noastră este atrasă spre exterior de „aripioarele" de la capătul liniei îndreptate în afară şi spre interior de cele îndreptate înăuntru. Burnham şi numeroşi alți cercetători au încercat să afle cum am putea diminua efectul acestei iluzii.

Să vedem ce au făcut ei, apoi să creăm propriile noastre iluzii optice şi să constatăm ce efect au asupra oamenilor.

EXPERIMENTUL ORIGINAR

Burnham s-a întrebat dacă nu cumva efectul Müller-Lyer ar putea fi diminuat (adică să vedem că liniile respective au lungimi apropiate) dacă ne uităm la ele dintr-un alt unghi. Adesea, privim lucrurile din jurul nostru folosind un tipar vizual „sacadat". Asta înseamnă că ochii „sar" dintr-un loc în altul. Acest lucru se întâmplă atunci când citim (ochii sar de la un cuvânt la altul), dar şi când examinăm un tablou. Fenomenul poate fi observat mai ales în acea etapă a somnului în care ochii se mişcă rapid (*rapid eye movement* – REM).

Burnham a utilizat un echipament destul de sofisticat:

> Studiul a fost realizat într-o încăpere protejată de lumină, iar vârfurile săgeţilor au fost trasate cu vopsea forforescentă. Cele două linii înclinate ale săgeţilor erau late de 0,6 cm şi lungi de 4,5 cm, formând un unghi de 30 de grade cu orizontala. Porţiunea standard a iluziei, localizată în stânga şi constând în liniile îndreptate spre interior, avea 17 cm de la un vârf la celălalt. Aparatul pentru mişcarea sacadată era prevăzut cu un bec plasat în cele trei vârfuri. Aparatul pentru mişcarea de urmărire avea un singur bec mobil ataşat de o bandă din spatele instalaţiei. Acest bec era mişcat de la un vârf la altul de un motor şi un troliu, fiind vizibil de-a lungul întregului traseu.

Dumneavoastră şi cu mine considerăm că iluziile sunt distractive, însă aceşti cercetători au luat totul foarte în serios. Burnham a descoperit că singura modalitate prin care se putea vedea că liniile în speţă erau egale era aceea de a folosi echipamentul de urmărire – instrumente prin care ochii rămân nemişcaţi în timp ce ne uităm în sus şi în jos la lungimea liniilor. Deoarece, de obicei, nu vedem în acest fel, este foarte greu să evităm iluzia.

Cred că nu dispuneţi de echipamentul descris de Burnham. Nu-i nimic, există totuşi şi alte metode de a experimenta iluziile optice.

SĂ ÎNCERCĂM ŞI NOI!

Capacitatea de a concepe iluzii uimitoare, cum sunt cele ale lui Escher, implică şi abilitatea de a desena la fel de bine ca el. Presupun că nu aveţi un asemenea talent. Atunci, haideţi să desenăm iluzia Müller-Lyer folosind un echipament demodat. Iată de ce aveţi nevoie:

- creion
- echer
- hârtie
- iluzia Müller-Lyer

CUM PROCEDĂM:

Putem utiliza mai multe persoane împărţite în două grupuri sau le putem întrebuinţa individual, trecându-le succesiv prin grupurile A şi B.

GRUPUL A

- **PASUL 1**: desenaţi pe o foaie de hârtie o linie dreaptă, de aproximativ 15 cm. Cereţi-le participanţilor să marcheze cu un punct centrul liniei. Nu e ceva prea greu şi nici nu durează mult, aşa că toată lumea va fi capabilă să pună un punct pe la mijlocul liniei.

GRUPUL B

- **PASUL 1**: mai desenaţi o linie de 15 cm, dar de data asta puneţi-i „aripioare" la capete, la fel ca în cazul imaginii Müller-Lyer. Există trei modalităţi de ataşare a acestor aripioare:
  1. vârfuri de săgeată la ambele capete
  2. un vârf de săgeată la un capăt şi o „coadă" la celălalt
  3. cozi la ambele capete.

Trasaţi toate cele trei tipuri de linii. Dacă doriţi exactitate în cazul „aripioarelor", unghiul dintre ele şi orizontală este de 30 de grade.

- **PASUL 2**: cereți-le participanților să marcheze mijlocul liniilor cu un punct.

REZULTATELE

Veți descoperi că participanților le va trebui mai mult timp să localizeze centrul liniei orizontale când sunt prezente aripioarele Müller-Lyer. În cazul liniei cu un vârf de săgeată la un capăt și o aripioară la celălalt capăt, punctul va fi, probabil, mai aproape de capătul unde se află vârful de săgeată. Ochiul este atras spre ea și este greu să-i rezişti. În cazul celorlalte două linii, participanții vor exclama ceva de genul „Oho – este destul de greu". Şi, într-adevăr, este. Ochiul este atras în direcții diferite și e greu să rezişti influenței exercitate de „aripioare".

DE CE CONTEAZĂ

În afară de faptul că sunt utile împărtășirii experiențelor în mediile de socializare, aceste iluzii ne amintesc că imaginile pe care le „vedem" cu ochii noștri reprezintă un amestec de ceea ce se află acolo și ceea ce credem noi că ar trebui să fie acolo. Percepția creierului legată de ceea ce „ar trebui" să fie văzut este influențată de experiențele trecute cu obiecte fizice din lumea reală și de ceea ce știm că este posibil sau imposibil.

SMARTPHONE-URILE: NE ÎNGREUNEAZĂ SAU NE ÎMBUNĂTĂȚESC EXPERIENȚELE DE VIAȚĂ?

STAI AȘA! LASĂ-MĂ SĂ FAC O FOTOGRAFIE!

CONCEPT PSIHOLOGIC: implicare/fericire

DENUMIREA EXPERIMENTULUI: modul în care fotografiile sporesc bucuria experiențelor

CERCETĂTORUL/CERCETAREA INIȚIALĂ: Kristin Diehl, Gal Zauberman şi Alixandra Barasch (2016)

ÎNVĂȚARE

În unele săli de concert sau restaurante este interzisă folosirea smartphone-urilor. Vi s-a luat vreodată telefonul, din cauza convingerii că procesul de fotografiere a evenimentului va diminua experiența? Ei bine, cercetătorii au studiat acest aspect. În urmă cu o sută de ani cercetătorii erau obsedați de înțelegerea iluziilor optice. În prezent, în mod firesc, vrem să aflăm ce efect are asupra bucuriilor izvorâte dintr-o experiență omniprezentul telefon mobil cu cameră foto incorporată.

Avem câteva idei legate de motivul pentru care sunteți atât de dependenți de telefonul mobil. Iată câteva:

- **Recompense variabile**: așa cum ne-a învățat cu multă vreme înainte B.F. Skinner, unii dintre factorii care au cea mai mare influență asupra comportamentului nostru sunt recompensele neașteptate. Skinner ne-a demonstrat că nesiguranța referitoare la recompensă duce la dependența de jocurile de noroc. La fel se întâmplă și cu telefonul mobil. Din când în când, scoate un sunet și nu știi niciodată când ne semnalează primirea unei recompense. E greu să-i rezişti.
- **Dopamina şi creierul adolescentului**: şi adulții primesc semnale sonore pe telefoanele lor, dar nu au acelaşi impuls imediat de a-şi verifica aparatele cum se întâmplă în cazul adolescenților.

De ce? Fiindcă eliberarea unui nivel redus de dopamină care apare înainte de o recompensă are un efect puternic asupra adolescenţilor. Nu şi la adulţi. Acesta este motivul pentru care adulţii nu înţeleg „chemarea telefonului".

- **Misterul**: telefoanele mobile moderne ne oferă acces la o lume de informaţii şi stimuli. Există întrebări care necesită răspunsuri; probleme şi puzzle-uri cărora nu le putem rezista. Oamenilor le place necunoscutul.

Dar ce ziceţi de camera foto a telefonului mobil? Oare folosirea ei diminuează bucuria experienţei trăite? Diehl şi colegii lui au vrut să afle acest lucru.

EXPERIMENTUL ORIGINAR

Unii cercetători se distrează de minune. Studiul lui Diehl conţine, de fapt, nouă studii mai mici. Cercetătorii i-au luat pe participanţi la o plimbare cu autobuzul (real sau virtual), i-au dus la restaurant pentru cină şi i-au implicat într-un proiect artistic sau artizanal. Pe cel de-al doilea îl vom face şi noi. O să fie distractiv.

Imaginaţi-vă că vă faceţi apariţia la studiul psihologic şi vi se spune că fie veţi realiza o replică după Turnul Eiffel din napolitane, fie veţi construi un alt turn din spaghete şi bezele. Aşa studiu mai zic şi eu.

Diehl şi colegii lui au avut următoarea idee: unii dintre participanţi doar au urmărit cum altcineva construieşte turnul, făcând fotografii cu smartphone-ul („observatorii"); alţi participanţi au construit propriu-zis turnul, în timp ce erau fotografiaţi („constructorii").

Au mai existat şi grupuri de participanţi care doar au observat şi alţii care au construit, fără să li se ceară grupurilor respective să facă fotografii. Da, multe grupuri. A fost un studiu foarte ambiţios. Toţi participanţii au completat un chestionar pentru a vedea cât de pasionantă li s-a părut experienţa pe care au avut-o. Ce s-a descoperit? Iată un rezumat al descoperirilor:

- Deloc surprinzător, observarea procesului de construcţie şi fotografierea sunt amuzante, dar nu foarte palpitante. La urma urmei, doar aţi urmărit acţiunea.

- Totuşi, observarea şi fotografierea au fost mai amuzante decât simpla urmărire a acţiunii.
- În cazul constructorilor, a fost mai puţin palpitant să faci fotografii în timp ce construieşti.
- Totuşi, deşi constructorii cărora li s-a cerut să fotografieze au fost distraşi de această acţiune, au afirmat că sarcina a fost la fel de palpitantă ca în cazul constructorilor care nu au făcut fotografii.

Concluzie: fotografierea în timpul unei activităţi nu micşorează implicarea în activitatea respectivă.

Să facem rost de nişte napolitane şi să trecem la treabă!

SĂ ÎNCERCĂM ŞI NOI!

La acest studiu au participat numeroase grupuri. Să ne folosim doar de acea parte în care subiecţii construiesc un Turn Eiffel din napolitane. Unii sunt rugaţi să fotografieze pe durata acestei activităţi, iar celorlalţi li se cere să nu utilizeze camerele foto. În felul acesta vom afla dacă procesul de fotografiere ne distrage atenţia de la bucuria activităţii. Iată de ce aveţi nevoie:

- multe napolitane
- participanţi care au telefoane mobile cu camere foto incorporate. Împărţiţi-i în două grupuri – unii care au voie să facă fotografii şi alţii care nu au voie să fotografieze
- o încăpere mare cu mese
- foi de hârtie pe care participanţii trebuie să scrie după încheierea activităţii.

CUM PROCEDĂM:

- **PASUL 1**: aparent, construirea Turnului Eiffel din napolitane este destul de comună. Pentru a afla exact ce anume vă trebuie, căutaţi pe internet „Cum să construieşti un Turn Eiffel din napolitane” (varianta în limba engleză: „How to make eiffel tower out of wafers”). Veţi găsi multe instrucţiuni specifice. Printaţi-le pentru participanţi.

- **PASUL 2**: introduceți-i în încăpere pe toți participanții care nu vor face fotografii. Dați-le instrucțiunile și cereți-le să nu fotografieze chiar dacă sunt tentați s-o facă.
- **PASUL 3**: după ce fiecare participant și-a construit turnul (Diehl le-a acordat aproximativ 12 minute), înmânați-le (individual) foi de hârtie cu următoarele întrebări:

Cât de mult v-a plăcut lucrarea artizanală?
Deloc **1 2 3 4 5 6 7** Foarte mult

În ce măsură v-ați implicat în lucrarea respectivă?
0 10 20 30 40 50 60 70 80 90 100
Nu m-am simțit deloc implicat M-am implicat total

În ce măsură ați fost captivați de lucrare?
Deloc **1 2 3 4 5 6 7** Foarte mult

- **PASUL 4**: după ce participanții încercuiesc cifra de pe scală, nu uitați să le dezvăluiți tema studiului. De asemenea, amintiți-vă să scrieți un „cod" pe spatele foilor de hârtie, ca să știți mai târziu din ce grup a făcut parte fiecare (de pildă, „FF" pentru „fără fotografii" și „F" pentru cei care au avut voie să facă fotografii).
- **PASUL 5**: după plecarea participanților „FF", aduceți-i pe cei care au voie să fotografieze. Urmați aceleași etape ca în cazul grupului anterior, dar spuneți-le să construiască și să facă în același timp și fotografii.

REZULTATELE

Dacă Diehl are dreptate (prin urmare, mulți adulți se înșală), ar trebui să nu existe nicio diferență între cele două grupuri. Este interesant de văzut dacă participanții care au făcut fotografii au simțit că este mai puțin captivantă activitatea. Nu uitați că studiul lui Diehl nu a fost încă reprodus (puteți fi primii), așa că nu știm ce rezultate vor obține alți cercetători.

DE CE CONTEAZĂ

Fotografierea cu ajutorul smartphone-urilor este un comportament care nu va dispărea. Adevărul este că tuturor le place s-o facă. Smartphone-urile reprezintă o parte normală din viața actuală a fiecăruia, aşa că trebuie să ştim exact ce efect au asupra noastră. Ştim sigur că trimiterea mesajelor în timp ce conducem maşina este o activitate periculoasă, dar suntem, oare, la fel de siguri că a face fotografii în cursul unui eveniment ne strică plăcerea? Aceste întrebări, şi altele legate de telefoanele mobile, vor trebui investigate.

BIBLIOGRAFIE

Ariely, D., Gri. Loewenstein şi D. Prelec, „«Coherent Arbitrariness»: Stable Demand Curves Without Stable Preferences", *The Quarterly Journal of Economics* 118, nr. 1 (2003): 73-106, doi:10.1162/00335530360535153.

Asch, Solomon E., „Group Forces in the Modification and Distortion of Judgments", *Social Psychology* (1952): 450-501, doi:10.1037/10025-016.

Barrett, Deirdre, *Supernormal Stimuli: How Primal Urges Overran Their Evolutionary Purpose*, New York: W.W. Norton & Company, 2010.

Burger, Jerry M., „Replicating Milgram: Would People Still Obey Today?", *American Psychologist* 64, nr. 1 (2009): 1-11, doi:10.137/a0010932

Burnham, Clarke A., „Decrement of the Müller-Lyer Illusion with Saccadic and Tracking Eye Movements", *Perception & Psychophysics* 3, nr. 6 (1968): 424-26, doi: 10.3758/bf03205749.

Chabris, Christopher F. şi Daniel J. Simons, *The Invisible Gorilla: And Other Ways Our Intuitions Deceive Us*, New York: Crown, 2010.

Cialdini, Robert B. et al, „Reciprocal Concessions Procedure for Inducing Compliance: The Door-in-the-Face Technique", *Journal of Personality and Social Psychology* 31, nr. 2 (1975): 206-15, doi:10.1037/h0076284.

Craik, Fergus I.M. şi Endel Tulving, „Depth of Processing and the Retention of Words in Episodic Memory", *Journal of Experimental Psychology*: General 104, nr. 3 (1975): 268-94, doi:10.1037/0096-3445.104.3.268.

Damisch, L., B. Stoberock şi T. Mussweiler, „Keep Your Fingers Crossed!: How Superstition Improves Performance", *Psychological Science* 21, nr. 7 (2010): 1014-020, doi:10.1177/0956797610372631.

Darley, John M. şi C. Daniel Batson, „«From Jerusalem to Jericho»: A Study of Situational and Dispositional Variables in Helping Behavior", *Journal of Personality and Social Psychology* 27, nr. 1 (1973): 100-08, doi:10.1037/h0034449.

De Beni, Rossana şi Cesare Cornoldi, „Does The Repeated Use Of Loci Create Interference?", *Perceptual and Motor Skills* 67, nr. 2 (1988): 415-18, doi:10.2466/pms.1988.67.2.415.

Diehl, Kristin, Gal Zauberman şi Alixandra Barasch, „How Taking Photos Increases Enjoyment of Experiences", *Journal of Personality and Social Psychology*, 2016, doi:10.1037/pspa0000055.

Dion, Karen, Ellen Berscheid şi Elaine Walster, „What Is Beautiful Is Good", *Journal of Personality and Social Psychology* 24, nr. 3 (1972): 285-90, doi:10.1037/h0033731.

Djordjevic, Sanja și Hans Ijzerman, „Weight As an Embodiment of Importance: Replication and Extensions", *SSRN Electronic Journal*, doi:10.2139/ssrn.2586261.

Drews, Frank A., Monisha Pasupathi şi David L. Strayer, „Passenger and Cell Phone Conversations in Simulating Driving", *Journal of Experimental Psychology: Applied* 14, nr. 4 (2008): 392-400, doi:10.1037/a0013119.

Eastwick, Paul W. şi Wendi L. Gardner, „Is It a Game? Evidence for Social Influence in the Virtual World", *Social Influence* 4, nr. 1 (2009): 18-32, doi:10.1080/15534510802254087.

Ebbinghaus, Hermann, *Memory: A Contribution to Experimental Psychology*, New York: Dover Publications, 1964.

Ekman, Paul şi Wallace V. Friesen, „Constants Across Cultures in the Face and Emotion”, *Journal of Personality and Social Psychology* 17, nr. 2 (1971): 124-29, doi:10.1037/h0030377.

Elliot, Andrew J. şi Daniela Niesta, „Romantic Red: Red Enhances Men's Attraction to Women”, *Journal of Personality and Social Psychology 95*, nr. 5 (2008): 1150-164, doi:10.1037/0022-3514.95.5.1150.

Festinger, Leon, Henry W. Riecken şi Stanley Schachter, *When Prophecy Fails*, 1956, doi:10.1037/10030-000.

Festinger, Leon şi James M. Carlsmith, „Cognitive Consequences of Forced Compliance”, *The Journal of Abnormal and Social Psychology* 58, nr. 2 (1959): 203-10, doi:10.1037/h0041593.

Gilligan, Carol, *In a Different Voice: Women's Conceptions of Self and of Morality*, New York: Routledge, 1997.

Glucksberg, Sam, „The Influence of Strength of Drive on Functional Fixedness and Perceptual Recognition”, *Journal of Experimental Psychology* 63, nr. 1 (1962): 36-41, doi:10.1037/h0044683.

Granello, Darcy Haag şi Todd A. Gibbs, „The Power of Language and Labels: «The Mentally Ill» versus «People with Mental Illnesses»”, *Journal of Counseling & Development* 94, nr. 1 (2016): 31-40, doi:10.1002/jcad.12059.

Hackman, J. Richard şi Greg. R. Oldham, *Motivation through the Design of Work: Test of a Theory*, New Haven, CT: Yale University, Dept. Of Administrative Sciences, 1974.

Haney, C., Banks, W.C. şi Zimbardo, P.G., „A Study of Prisoners and Guards in a Simulated Prison”, *Naval Research Reviews*, Office of Naval Research, 1973.

Hansen, Christine H. şi Ranald D. Hansen, „Finding the Face in the Crowd: An Anger Superiority Effect”, *Journal of*

Personality and Social Psychology 54, nr. 6 (1988): 917-24, doi:10.1037/0022-3514.54.6.917.

Harlow, Harry F., „The Nture of Love", *American Psychologist* 13(12), dec. 1958, 673-685.

Haught-Tromp, Catrinel, „The Green Eggs and Ham Hypothesis: How Constraints Facilitate Creativity", *Psychology of Aesthetics, Creativity, and the Arts*, 2016, doi:10.1037/aca0000061.

Herzberg, Frederick, *Job Attitudes: Review of Research and Opinion*, Pittsburgh, 1957.

Hunt, Morton M., *The Story of Psychology*, New York: Doubleday, 1993.

Jostmann, Niels B., Daniël Lakens şi Thomas W. Schubert, „Weight As an Embodiment of Importance", *Psychological Science* 20, nr. 9 (2009): 1169-174, doi:10.1111/j.1467-9280.2009.02426.x.

Kang, Min Jeong, Ming Hsu, Ian M. Krajbich, George Loewenstein, Samuel M. McClure, Joseph Tao-yi Wang şi Colin F. Camerer, „The Wick in the Candle of Learning: Epistemic Curiosity Activates Reward Circuitry and Enhances Memory", *Psychological Science* 20, nr. 8 (2009): 963-73, doi:10.1111/j.1467-9280.2009.02402.x.

Kohlberg, Lawrence, „The Development of Modes of Thinking and Choices in Years 10 to 16", disertație, 1958.

Larsson, A., N. Hooper, L.A. Osborne, P. Bennett şi L. McHugh, „Using Brief Cognitive Restructuring and Cognitive Defusion Techniques to Cope with Negative Thoughts", *Behavior Modification* 40, nr. 3 (2015): 452-82, doi:10.1177/0145445515621488.

Latham, Gary P. şi Gary A. Yukl, „Assigned versus Participative Goal Setting with Educated and Uneducated Woods Workers", *Journal of Applied Psychology* 60, nr. 3 (1975): 299-302, doi:10.1037/h0076753.

Loftus, Elizabeth F. şi John C. Palmer, „Reconstruction of Automobile Destruction: An Example of the Interaction between Language and Memory", *Journal of Verbal Learning and Verbal Behavior* 13, nr. 5 (1974): 585-89, doi:10.1016/s0022-5371(74)80011-3.

Luchins, A.S., „Classroom Experiments on Mental Set", *The American Journal of Psychology* 59, nr. 2 (1946): 295, doi:10.2307/1416894.

Maier, S.F. şi M.E. Seligman (2016), „Learned Helplessness at Fifty: Insights from Neuroscience", *Psychological Review* 123 (4), 349-367, doi:10.1037/rev0000033.

McCabe, David P. şi Alan D. Castel, „Seeing Is Believing: The Effect of Brain Images on Judgments of Scientific Reasoning", *Cognition* 107, nr. 1 (2008): 343-52, doi:10.1016/j.cognition.2007.07.017.

Michael, Robert B., Eryn J. Newman, Matti Vuorre, Geoff Cumming şi Maryanne Garry, „On the (Non)Persuasive Power of a Brain Image", *Psychonomic Bulletin & Review* 20, nr. 4 (2013): 720-25, doi:10.3758/s13423-013-0391-6.

Middlemist R. Dennis, Eric S. Knowles şi Charles F. Matter, „Personal Space Invasions in the Lavatory: Suggestive Evidence for Arousal", *Journal of Personality and Social Psychology* 33, nr. 5 (1976): 541-46, doi:10.1037/0022-3514.33.5.541.

Milgram, S., „Some Conditions of Obedience and Disobedience to Authority", *Human Relations* 18, nr. 1 (1965): 57-76, doi:10.1177/001872676501800105.

Miller, George A., „The Magical Number Seven, Plus or Minus Two: Some Limits on Our Capacity for Processing Information", *Psychological Review* 101, nr. 2 (1994): 343-52, doi:10.1037/0033-295x.101.2.343.

Norman, Donald A., *The Design of Everyday Things*, New York: Basic Books, 2002.

Oppenheimer, Daniel M., „Consequences of Erudite Vernacular Utilized Irrespective of Necessity: Problems with Using Long Words Needlessly", *Applied Cognitive Psychology* 20, nr. 2 (2006): 139-56, doi:10.002/acp.1178.

Pavlov, Ivan Petrovich şi William Henry Thompson, *The Work of the Digestive Glands*, Londra: C. Griffin, 1910.

Piaget, Jean, *The Origin of Intelligence in Children*, New York: International Universities Press, 1952.

Radvansky, Gabriel A. şi David E. Copeland, „Walking Through Doorways Causes Forgetting: Situation Models and Experienced Space", *Memory & Cognition* 34, nr. 5 (2006): 1150-156, doi:10.3758/bf03193261.

Reicher, S.D. şi S.A Haslam, „Rethinking the Psychology of Tyranny: The BBC Prison Study", *British Journal of Social Psychology* 45 (2006): 1-40.

Rind, Bruce şi David Strohmetz, „Effect on Restaurant Tipping of Presenting Customers with an Interesting Task and of Reciprocity", *Journal of Applied Social Psychology* 31, nr. 7 (2001): 1379-384, doi:10.1111/j.1559-1816.2001.tb02678.x.

Roediger, Henry L. şi Kathleen B. McDermott, „Creating False Memories: Remembering Words Not Presented in Lists", *Journal of Experimental Psychology: Learning, Memory, and Cognition* 21, nr. 4 (1995): 803-14, doi:10.1037/0278-7393.21.4.803.

Rorschach, Hermann, *Psychodiagnostik*, Berna: Huber, 1948.

Rose, Susan A. şi Marion Blank, „The Potency of Context in Children's Cognition: An Illustration Through Conservation", *Child Development* 45, nr. 2 (1974): 499, doi:10.2307/1127977.

Rosenhan, D.L., „On Being Sane in Insane Places", *Perspectives in Abnormal Behavior*, 1974, 509-24, doi:10.1016/b978-0-08-017738-0.50055-7.

Sagarin, Brad J., Robert B. Cialdini, William E. Rice şi Sherman

B. Serna, „Dispelling the Illusion of Invulnerability: The Motivations and Mechanisms of Resistence to Persuasion", *Journal of Personality and Social Psychology* 83, nr. 3 (2002): 526-41, doi:10.1037/0022-3514.83.3.526.

Seligman, Martin E. şi Steven F. Maier, „Failure to Escape Traumatic Shock", *Journal of Experimental Psychology* 74, nr. 1 (1967): 1-9, doi:10.1037/h0024514.

Sherif, Muzafer, *Experimental Study of Positive and Negative Intergroup Attitudes Between Experimentally Produced Groups: Robbers Cave Study*, Norman, OK, 1954.

Simons, Daniel J. şi Daniel T. Levin, „Failure to Detect Changes to People During a Real-World Interaction", *Psychonomic Bulletin & Review* 5, nr. 4 (1998): 644-49, doi:10.3758/bf03208840.

Skinner, B.F., „«Superstition» in the Pigeon", *Journal of Experimental Psychology* 38, nr. 2 (1948): 168-72, doi:10.1037/h0055873.

Soussignan, Robert, „Duchenne Smile, Emotional Experience, and Autonomic Reactivity: A Test of the Facial Feedback Hypothesis", *Emotion* 2, nr. 1 (2002): 52-74, doi:10.1037/1528-3542.2.1.52.

Stefanucci, Jeanine K. şi Dennis R. Proffitt, „The Roles of Altitude and Fear in the Perception of Height", *Journal of Experimental Psychology: Human Perception and Performance*, vol. 35(2), aprilie 2009, 424-438.

Tajfel, Henri, „Experiments in Intergroup Discrimination", *Scientific American* 223, nr. 5 (1970): 96-102, doi:10.1038/scientificamerican1170-96.

Tifferet, Sigal, Daniel J. Kruger, Orly Bar-Lev şi Shani Zeller, „Dog Ownership Increases Atractiveness and Attenuates Perceptions of Short-Term Mating Strategy in Cad-Like Men", *Journal of Evolutionary Psychology* 11, nr. 3 (2013): 121-29, doi:10.1556/jep.11.2013.3.2.

Tinbergen, Nikolaas, *The Study of Instinct*, Oxford: Clarendon Press, 1951.

Tversky, Amos şi Daniel Kahneman, *Rational Choice and the Framing of Decisions*, Ft. Belvoir: Defence Technical Information Center, 1986.

Van Boven, Leaf şi Thomas Gilovich, „To Do or to Have? That Is the Question", *Journal of Personality and Social Psychology* 85, nr. 6 (2003): 1193-202, doi:10.1037/0022-3514.85.6.1193.

Vrij, Aldert, Sharon Leal, Samantha Mann, Lara Warmelink, Par Anders Granhag şi Ronald P. Fisher, „Drawings As an Innovative and Successful Lie Detection Tool", *Applied Cognitive Psychology*, 2009, doi:10.1002/acp.1627.

Williams, L.E. şi J.A. Bargh, „Experiencing Physical Warmth Promotes Interpersonal Warmth", *Science* 322, nr. 5901 (2008): 606-07, doi:10.1126/science.1162548.

Wiseman, Richard, *Quirkology: How We Discover the Big Truths in Small Things*, New York: Basic Books, 2007.

Zimbardo, P.G., „The Human Choice: Individuation, Reason, and Order versus Deindividuation, Impulse, and Chaos", *Nebraska Symposium on Motivation*, vol. 17 (1969): 237-307.

INDEX

Ferguson, Craik I.M., 143-145